应用技能型院校"十三五"会计类专业
精品规划教材

基础会计

杨月锋　夏岩／主编

刘卫民／副主编

立信会计出版社
LIXIN ACCOUNTING PUBLISHING HOUSE

图书在版编目(CIP)数据

基础会计 / 杨月锋,夏岩主编. —上海:立信会计出版社,2019.2
ISBN 978-7-5429-6062-7

Ⅰ.①基… Ⅱ.①杨… ②夏… Ⅲ.①会计学—基本知识 Ⅳ.①F230

中国版本图书馆 CIP 数据核字(2019)第 016601 号

策划编辑　王斯龙
责任编辑　王斯龙
封面设计　南房间

基础会计

Jichu Kuaiji

出版发行	立信会计出版社		
地　　址	上海市中山西路 2230 号	邮政编码	200235
电　　话	(021)64411389	传　　真	(021)64411325
网　　址	www.lixinaph.com	电子邮箱	lxaph@sh163.net
网上书店	www.shlx.net	电　　话	(021)64411071
经　　销	各地新华书店		
印　　刷	江阴市天源印刷有限公司		
开　　本	787 毫米×1092 毫米　1/16		
印　　张	13.75		
字　　数	374 千字		
版　　次	2019 年 2 月第 1 版		
印　　次	2019 年 2 月第 1 次		
印　　数	1—3100		
书　　号	ISBN 978-7-5429-6062-7/F		
定　　价	30.00 元		

如有印订差错,请与本社联系调换

前　言

本书结合我国应用技能型教育改革步伐，以"加强专业和课程建设，提高人才培养质量"为指导，以"能力本位、工学结合、校企合作、教学做一体、满足就业需求"为理念进行编写。以项目为导向，以工作任务为核心，以学生为主体，以企业真实会计业务为载体，以实训为手段，是一本集教、学、做为一体的项目化教材。

本书根据培养高素质应用技能型专门人才的培养目标，在编写过程中，不仅考虑课程本身的体系，更注意到经济管理类学生的专业素质和职业能力，本着"必须、够用"的教学要求，删繁就简，有侧重地组织编写内容，力争做到实用。本书从专业学历教育与执业认证教育融合视角，立足学校实际，针对应用技能型会计、市场营销、电子商务、金融管理、互联网金融等专业，紧扣其专业培养目标，充分考虑国家对相关执业认证统一考试大纲的要求，系统介绍了会计基础知识、会计对象、会计等式与记账方法、借贷记账法下主要经济业务的账务处理、会计凭证、会计账簿、财产清查及账务处理、财务报告、账务处理程序、会计档案、计算机会计和手工会计等。

本书特点如下：

（1）本书突出账务处理的连续性，重点培养会计职业应用能力。以实账为主线，按照会计工作顺序，依次进行编制会计分录、填制记账凭证、登记明细账和日记账、科目汇总、登记总账、试算平衡、编制报表等工作。以任务为基础，项目为导向，连续实训，培养学生会计实账实操能力。

（2）在总体设计上，本书充分体现项目导向、任务驱动，基于工作过程的课程设计理念。本书以项目作为教学的基本组织单元，以任务设计作为引领和激励目标，以企业会计基本业务为载体，以培养学生综合职业能力和职业可持续发展能力为核心，以训练项目为途径，把教、学、做融为一体，满足学生就业与发展的需要。

（3）在体例和结构的编排上，本书采用项目式的编写模式，改变了过去基础会计教材的章节编写模式，通过设置"知识教学目标""实战演练""温馨提示""项目小结""项目考核"等栏目，既方便教学，也便于学生把握学习目标、了解教学内容中的知识点和技能点；同时，突出实证分析的内容，注重培养学生分析问题、解决问题的能力。

（4）本书补充了会计及相关法规的新增内容，修订了增值税、会计报表的变化内容；回顾会计历史与展望会计未来相结合；内容排列有序，过渡顺理成章。

本书具体编写分工如下：由杨月锋、夏岩任主编，刘卫民任副主编。杨月锋负责编写了项目九，夏岩负责编写了项目四，刘卫民负责编写了项目一、项目二，方平负责编写了项目五，张影负责编写了项目六，田乃心负责编写了项目三，王骋远负责编写了项目七，张兵战负责编写了项目八、项目十、项目十一。

本书在写作过程中，参考了大量文献资料、教材及网络资源，并使用了河南省教育科学"十三五"规划课题的研究成果，在此向作者们表示衷心的感谢！

注册会计师、高级会计师朱振恒参与了本书体系的构建和实战演练账务的设计、审阅了全书并负责了部分内容的编写。立信会计出版社王斯龙编辑给予了大力支持，在此表示诚挚的感谢！

由于编者水平有限，加之时间仓促，难免有疏漏之处，欢迎广大同仁及读者批评指正。

编者

2019 年 2 月

目　　录

项目一　会计基础知识 ··· 1
　　知识教学目标 ··· 1
　　任务一　会计的产生与发展 ·· 2
　　任务二　会计的含义与职能 ·· 2
　　任务三　会计对象与基本假设 ··· 4
　　任务四　会计信息使用者及会计信息质量要求 ······················· 9
　　任务五　会计准则体系 ·· 10
　　项目小结 ··· 11
　　项目考核 ··· 11

项目二　会计对象 ··· 13
　　知识教学目标 ·· 13
　　任务一　资金运动 ··· 14
　　任务二　会计要素 ··· 15
　　任务三　会计科目 ··· 21
　　任务四　账户 ··· 24
　　项目小结 ··· 26
　　项目考核 ··· 26

项目三　会计等式与记账方法 ·· 28
　　知识教学目标 ·· 28
　　任务一　会计等式 ··· 29
　　任务二　会计记账方法 ··· 32
　　项目小结 ··· 43
　　项目考核 ··· 44

项目四　借贷记账法下主要经济业务的账务处理 ························ 46
　　知识教学目标 ·· 46
　　任务一　资金筹集的核算 ·· 47
　　任务二　采购业务的核算 ·· 51

  任务三 生产业务的核算 ··· 57
  任务四 销售业务的核算 ··· 61
  任务五 利润分配的核算 ··· 65
 项目小结 ··· 70
 项目考核 ··· 70

项目五 会计凭证 ··· 80
 知识教学目标 ·· 80
  任务一 会计凭证概述 ··· 81
  任务二 原始凭证 ·· 82
  任务三 记账凭证 ·· 87
  任务四 会计凭证的传递和保管 ·· 91
 项目小结 ··· 92
 项目考核 ··· 92

项目六 会计账簿 ··· 97
 知识教学目标 ·· 97
  任务一 会计账簿概述 ··· 98
  任务二 设置与登记会计账簿 ·· 101
  任务三 登记会计账簿的规则 ·· 112
 项目小结 ·· 118
 项目考核 ·· 118

项目七 财产清查及账务处理 ·· 127
 知识教学目标 ··· 127
  任务一 财产清查概述 ·· 128
  任务二 财产清查方法 ·· 130
  任务三 财产清查账务处理 ·· 136
 项目小结 ·· 140
 项目考核 ·· 141

项目八 财务报告 ·· 144
 知识教学目标 ··· 144
  任务一 财务报告概述 ·· 145
  任务二 资产负债表 ··· 147
  任务三 利润表 ··· 154
 项目小结 ·· 158
 项目考核 ·· 159

项目九　账务处理程序 ·· 162
知识教学目标 ·· 162
任务一　账务处理程序概述 ·· 163
任务二　记账凭证账务处理程序 ·· 164
任务三　科目汇总表账务处理程序 ·· 184
任务四　汇总记账凭证账务处理程序 ·· 188
项目小结 ·· 190
项目考核 ·· 191

项目十　会计档案 ·· 196
知识教学目标 ·· 196
任务一　会计档案的含义和内容 ·· 197
任务二　会计档案的装订和保管 ·· 198
任务三　会计档案的保管期限 ·· 201
任务四　会计档案的销毁 ·· 202
项目小结 ·· 203
项目考核 ·· 203

项目十一　计算机会计和手工会计 ·· 206
知识教学目标 ·· 206
任务一　计算机会计概述 ·· 207
任务二　计算机会计和手工会计的比较 ·· 209
项目小结 ·· 211
项目考核 ·· 211

项目一 会计基础知识

 知识教学目标

- ➤ 认识会计的产生与发展。
- ➤ 掌握会计的基本概念。
- ➤ 认识会计的含义与职能。
- ➤ 掌握会计对象与会计基本假设。

任务一　会计的产生与发展

一、会计的起源

会计是人类社会发展到一定历史阶段的产物,它是随着社会生产的发展和经济管理的要求而产生、发展并不断完善起来的。会计在我国有着悠久的历史,起源于西周时代。历史上的"四柱清册""龙门账""天地合账"都是中式会计发展的里程碑。

在国外,会计历史也很悠久,借贷复式记账法理论形成的重要标志是1494年意大利数学家卢卡·帕乔利所著《算术、几何、比及比例概要》一书的问世。人们习惯上把复式记账看作现代会计的开端,卢卡·帕乔利也被尊为"现代会计之父"。

二、会计的发展阶段

(一) 古代会计阶段

古代会计,从时间跨度上说,就是从旧石器时代的中晚期至封建社会末期。此间会计所运用的技术方法主要涉及原始计量记录法、单式账簿法、初创时期的复式记账法等。会计所进行的计量、记录、分析等工作,一开始是同其他计算工作混合在一起的,经过漫长的发展过程后,才逐步形成一套具有自己特征的方法体系,成为一种独立的管理工作。

(二) 近代会计阶段

近代会计的时间跨度标志一般认为应从1494年意大利数学家卢卡·帕乔利所著《算术、几何、比及比例概要》一书公开出版开始,至20世纪40年代末止。此间在会计的方法技术与内容上有两点重大发展:其一是复式记账法的不断完善和推广;其二是成本会计的产生和迅速发展,继而成为会计学中管理会计分支的重要基础。

(三) 现代会计阶段

现代会计的时间跨度是自20世纪50年代开始的。此间会计方法技术和内容的发展有两个重要标志:一是会计核算手段实现了质的飞跃,即现代电子技术与会计融合而产生了"会计电算化";二是随着生产和管理科学的发展,会计分化为财务会计和管理会计两个分支。1946年第一台电子计算机在美国诞生,1953年计算机便在会计中得到初步应用,其后迅速发展。至20世纪70年代,发达国家就已经出现了电子计算机数据库软件方面的应用,并建立了电子计算机的全面管理系统。从系统的财务会计中分离出来的"管理会计"这一术语在1952年的世界会计学会上获得正式通过。

任务二　会计的含义与职能

一、会计的含义

(一) 会计的概念

会计是指以货币为主要计量单位,运用专门的方法,核算和监督一个单位经济活动的一种经济管理工作。具体地说,会计是以货币为主要计量单位,以凭证为主要依据,借助于专门的技术方法,对一定单位的资金运动进行全面、综合、连续、系统的核算与监督,向有关方面提供会计信息、参与经营管理、旨在提高经济效益的一种经济管理活动。

会计的概念有以下4层含义:

(1) 会计的本质是一种经济管理活动,它属于管理的范畴。

(2) 会计主体为某一特定的单位,可以是一个企业,也可以是企业内部一个独立核算的部门。

(3) 会计以货币作为主要计量单位。除货币计量外,会计还可以运用实物计量(千克、吨、米、台、件等)和劳动计量(工作日、工时等)。在会计上,各种经济事务即使已按实物量或劳动量进行计算和记录,最终仍需要按货币量综合加以核算。

(4) 会计的主要作用是反映和监督单位的经济活动。

(二)会计的分类

会计按其报告的对象不同,分为财务会计和管理会计。财务会计侧重于向企业外部关系人提供有关企业财务状况、经营成果和现金流量情况等信息;管理会计主要侧重于向企业内部管理者提供进行经营规划、经营管理、预测决策所需的相关信息。财务会计侧重于过去信息,为外部有关各方面提供所需数据;管理会计侧重于未来信息,为内部管理部门提供所需数据。

二、会计的基本职能

会计的基本职能包括会计核算和会计监督两个方面。

(一)会计的核算职能

1. 会计核算的概念

会计核算职能又称会计反映职能,是指会计以货币为主要计量单位,对特定主体的经济活动进行确认、计量和报告的职能。会计核算具有全面性、连续性、系统性和综合性。

2. 会计核算方法体系

会计核算方法体系由填制和审核会计凭证、设置会计科目和账户、复式记账、登记会计账簿、成本计算、财产清查、编制财务报告等专门方法构成。它们相互联系、紧密结合,确保会计工作有序进行。填制和审核会计凭证是会计核算的起点。

3. 会计核算职能的特点

(1) 会计主要是利用货币计量,综合反映各单位的经济活动情况,为经济管理提供可靠的会计信息。

(2) 会计核算不仅是记录已发生的经济业务,还要面向未来,为各单位的经营决策和管理控制提供有效依据。

(3) 会计核算所产生的会计信息,应具有完整性、连续性和系统性。完整性是指对属于会计对象的全部经济活动都予以记录。连续性是指对各种经济业务应按照其发生的时间顺序依次进行登记。系统性是指对会计提供的数据资料应当按照科学的方法进行分类,系统地加工、整理、汇总,以便为经济活动提供所需的各类会计信息。

(二) 会计监督

1. 会计监督职能的概念

会计监督职能又称会计控制职能,是指对特定主体经济活动和相关会计核算的真实性、合法性和合理性进行监督检查的职能。

2. 会计监督职能的特点

(1) 会计监督主要是利用核算职能所提供的各种价值指标进行的货币监督。

(2) 会计监督不仅体现在过去已发生的经济业务上,还体现在业务发生过程之中和尚未发生之前,包括事前、事中和事后监督。

3. 会计的两个基本职能的关系

两个基本职能是相辅相成、辩证统一的关系。会计核算是会计监督的基础;而会计监督又是会计核算质量的保障。

(三) 其他职能

除上述两项基本职能外,会计还具有预测经济前景、参与经济决策、进行经济控制和评价经营业绩等功能。

会计职能不是一成不变的。会计预测是指根据已有的会计信息和相关资料,对生产经营过程及其发展趋势进行判断、预测和估测,找到财务方面的预定目标,作为下一个会计期间进行经济活动的指标的过程。会计决策是指会计按照提供的预测信息和既定目标,在多个备选方案中,帮助主管人员选择最佳方案的过程。会计控制是指通过会计反馈信息和利用信息对经济活动偏离目标的倾向进行调整、干预或施加影响,使其达到预定目标的过程。会计评价是指以会计核算资料为基础,结合其他相关资料,运用专门的方法,对经济活动的过程和结果进行分析,肯定成绩,找出薄弱环节和原因,提出改进措施,改善经营管理的过程。

任务三 会计对象与基本假设

一、会计对象

(一) 会计对象的概念

会计对象是指会计所核算和监督的内容,具体是指社会再生产过程中能以货币表现的经济活动,即资金运动或价值运动。

中国会计理论界对于会计对象问题的主要观点包括以下 4 种。

1. 财产说

财产说认为,在社会主义制度下,会计对象就是在企业、事业、机关等单位中能用货币表现的社会主义再生产过程及社会主义财产。

2. 劳动量说

劳动量说认为,社会主义会计的核算对象是社会主义扩大再生产过程中一切事物的社会劳动量。

3. 资金运动说

资金运动说认为,财务会计的对象是价值运动过程中能够用货币表现的数量方面。此观点已经成为被广泛接受的主流观点。

4. 价值说

价值说认为,会计学理论体系可以把价值作为起点,价值自然是最简单、最抽象的范围,从价值出发也就是要从会计与其对象的联系出发。

(二) 对会计对象的理解

以货币表现的经济活动通常又称价值运动或资金运动。企业的资金运动表现为资金投入、资金运用和资金退出的过程。

资金投入是指企业通过各种方式筹集资金的过程,是资金运动的起点。它包括企业所有者投入的资金和债权人投入的资金。投入企业的资金一部分构成流动资产;另一部分构成非流动资产。

资金运用是指资金的循环和周转过程。以工业企业为例,资金依次由货币资金转化为固定资金、储备资金,再转化为生产资金、产品资金,最后转化为货币资金的过程称为资金的循环。随着生产经营过程的不断进行,资金周而复始不断循环的过程即为资金的周转。

资金退出,包括偿还各项债务、上缴各项税费、向所有者分配利润等也会使部分资金离开企业,退出本企业的资金循环与周转。

二、会计核算的基本假设

会计基本假设是会计确认、计量和报告的前提,是对会计核算所处时间、空间环境所作的合理假定。它包括会计主体、持续经营、会计分期和货币计量 4 项。

(一) 会计主体

1. 会计主体的概念

会计主体是指会计所核算和监督的特定单位或组织,是会计确认、计量和报告的空间范围。明确界定会计主体是开展会计确认、计量和报告工作的重要前提。

只有明确了会计主体,才能界定不同会计主体会计核算的范围,把握会计处理的立场。只有界定了会计核算的范围,才能正确反映会计主体的资产、负债和所有者权益情况,才能准确提供反映企业财务状况和经营成果的财务报告,才能提供会计信息的使用者所需要的信息资料。

2. 会计主体与法律主体的关系

会计主体与法律主体不是对等的概念,法人可作为会计主体,而会计主体不一定是法人。法律主体必然是一个会计主体,而会计主体不一定是法律主体。

会计主体可以是独立的法人,也可以是非法人;可以是一个企业,也可以是企业内部的某一个单位或企业中的一个特定的部分;可以是一个单一的企业,也可以是由几个独立企业组成的企业集团。

企业集团由若干个具有法人资格的企业组成,各个企业既是独立的会计主体也是法律主体。企业集团是会计主体,但通常不是一个法人。

实战 演练

【例 1-1】 下列项目中,可以作为一个会计主体进行核算的有( )。

A. 母公司 B. 子公司
C. 母公司和子公司组成的企业集团 D. 销售部门

【答案】 ABCD

【解析】 选项A和选项B均是独立的法人,符合会计主体的定义;选项C和选项D虽然不是独立法人,但符合会计主体的定义。

【例1-2】 下列项目中,不能作为会计主体的是( )。

A. 单个工厂 B. 企业内部的一个单位或部门
C. 企业集团 D. 不相关联的多个企业

【答案】 D

(二)持续经营

持续经营是指在可以预见的未来,企业将会按照当前的规模和状态持续经营下去,不会停业,也不会大规模削减业务。即在可预见的未来,企业不会破产清算,所持有的资产将正常营运,所负有的债务将正常偿还。

会计核算所使用的一系列的会计处理方法和原则都是建立在持续经营前提的基础上的。企业将按照既定的用途使用资产,按照既定的合约条件清偿债务,会计人员在此基础上选择会计原则和方法。

实战演练

【例1-3】 企业资产以历史成本计价而不以现行成本或清算价格计价,依据的会计基本假设是( )。

A. 会计主体 B. 持续经营 C. 会计分期 D. 货币计量

【答案】 B

【例1-4】 会计上将销售产品确认为收入依据的会计基本假设是( )。

A. 会计主体 B. 持续经营 C. 会计分期 D. 货币计量

【答案】 B

(三)会计分期

1. 会计分期的概念

会计分期是指将一个企业持续经营的生产经营活动划分成一个个连续的、长短相同的(若干个相等的)会计期间,以便分期结算账目和编制财务报告。会计分期的目的在于通过会计期间的划分,将持续经营的生产经营活动划分成连续、相等的期间,据以结算盈亏,按期编制财务报告,从而及时向财务报告使用者提供有关企业财务状况、经营成果和现金流量的信息。

2. 会计期间的分类

在会计分期假设下,企业应当划分会计期间,分期结算账目和编制财务报告。会计期间通常分为年度和中期。中期是指短于一个完整的会计年度的报告期间。

根据我国《企业会计制度》的规定,会计期间分为年度、半年度、季度和月度。年度、半年度、季度和月度均按公历起讫日期确定。以1年作为一个会计期间称为会计年度,我国的会计年度从每年1月1日至12月31日。短于1年的会计期间统称为会计中期。

> **温馨提示**
>
> 当企业开业不是在1月1日、终止不是在12月31日时,会计期间的确定是这样的:例如,某企业是某年3月10日开业的,那么第一个会计年度就是当年的3月1日至当年的12月31日。又如,某企业是某年的10月31日终止的,那么最后一个会计年度就是当年的1月1日至当年的10月31日。

3. 会计期间划分的意义

会计期间的划分对会计核算有着重要影响。由于有了会计期间,才产生了本期与非本期的区别,从而出现权责发生制和收付实现制的区别,进而又需要在会计的处理方法上运用预收、预付、应收、应付等一些特殊的会计方法。会计期间的划分还有利于企业及时结算账目、编制财务报告以及提供反映企业经营情况的财务信息。

实战演练

【例1-5】 企业应当分期结算账目和编制财务报告,其依据的会计假设为( )。

A. 会计主体　　　　B. 持续经营　　　　C. 会计分期　　　　D. 货币计量

【答案】 C

【例1-6】 会计分期的划分对会计核算的重要影响表现在( )。

A. 产生了本期与非本期的区别

B. 有了权责发生制和收付实现制的区别

C. 运用预收、预付、应收、应付等特殊的会计方法

D. 及时结算账目、编制财务报告和提供反映企业经营情况的财务信息

【答案】 ABCD

(四) 货币计量

1. 货币计量的概念

货币计量是指会计主体在财务会计确认、计量和报告时(会计核算过程中)采用货币作为统一的计量单位反映会计主体的生产经营活动。

2. 记账本位币的选择

单位的会计核算应以人民币作为记账本位币。业务收支以外币为主的单位也可以选择某种外币作为记账本位币,但编制的财务报告应当折算成人民币反映。在境外设立的中国企业向国内报送的财务报告,也应当折算为人民币。

> **温馨提示**
>
> 业务单位以外币为主的单位也可以选择某种外币作为记账本位币,这里只能选择某一种外币作为记账本位币,不能是多种,如公司业务有美元、日元、欧元等外币,只能选一种主要的外币,不可以在这个期间选美元,而在下个期间选日元或欧元。

会计核算的四项基本假设具有相互依存、相互补充的关系。会计主体确立了会计核算

的空间范围,持续经营与会计分期确立了会计核算的时间长度,而货币计量则为会计核算提供了必要手段。没有会计主体,就没有持续经营;没有持续经营,就不会有会计分期;没有货币计量就不会有现代会计。

实战 演练

【例1-7】 我国的会计核算必须以人民币作为记账本位币。 （　　）

【答案】 错

【例1-8】 下列说法中,不正确的有(　　)。

A. 单位的核算应当以人民币作为记账本位币
B. 业务收支以外币为主的单位也可以选择某种外币作为记账本位币,但记账时必须用人民币,编制的财务报告也应当折算成人民币反映
C. 在境外设立的中国企业向国内报送的财务报告也应当折算为人民币
D. 在境内设立的外国企业向中国报送的财务报告可以不用人民币反映

【答案】 BD

三、会计基础

会计基础是指会计确认、计量和报告的基础,包括权责发生制和收付实现制。

(一)权责发生制

权责发生制也称应计制或应收应付制,是指收入、费用的确认应当以收入和费用的实际发生作为确认的标准,合理确认当期损益的一种会计基础。在我国,企业会计核算采用权责发生制。

实战 演练

【例1-9】 20×8年10月,某企业销售产品一批,价款为50 000元,产品已经提供,那么无论货款是否已收到,按权责发生制要求,均应作为10月的收入入账。如果该企业10月预定20×9年上半年报纸杂志,共付5 600元。尽管企业已经支付款项,但由于报纸杂志在20×9年才受益,按权责发生制要求,这5 600元不应作为10月的费用处理,而应由20×9年1~6月分摊。

采用权责发生制的会计处理比较科学合理,能真实地反映本期收入和费用,正确计算本期损益。但其会计处理手续比较复杂,在会计期末需要进行账项调整。

(二)收付实现制

收付实现制也称现金制,是指以收到或支付现金作为确认收入和费用的标准,是与权责发生制相对应的一种会计基础。

在收付实现制下,凡在本期收到的收入和付出的费用,不论是否属于这一会计期间,均作为本期收入和费用处理;凡在本期末收到的收入和未付出的费用,即使应归属于本期,也不作为本期收入和费用处理。

实战 演练

【例1-10】 企业在20×9年5月销售产品一批,价款为10 000元,月底仍未收到货款。

按收付实现制的要求,这10 000元不作为5月的收入。如果20×9年5月,企业以银行存款1 000元支付6月的保险费,由于企业已经支付现款1 000元,尽管企业5月未受益,但按收付实现制的要求,这1 000元应作为5月的费用。

在收付实现制下,因为把一些应计入本期收入或费用的款项不列入本期,而一些不应计入本期收入或费用的款项却列入了本期,所以会计处理不尽合理,不能准确计算和确定各个会计期间的损益。这种会计处理基础的好处是在会计期末不需进行账项调整,计算简便。根据财政部2013年颁布的《行政单位会计制度》,行政单位会计核算一般采用收付实现制。

任务四　会计信息使用者及会计信息质量要求

一、《会计信息使用者》

会计信息使用者主要包括投资者、债权人、企业管理者、政府及其相关部门和社会公众等。

二、会计信息质量要求

会计信息质量要求是针对企业财务报告中提供高质量会计信息的基本规范,是使财务报告中所提供会计信息对投资者等使用者决策有用应具备的基本特征,主要包括可靠性、相关性、可理解性、可比性、实质重于形式、重要性、谨慎性和及时性。

(一) 可靠性

可靠性要求企业应当以实际发生的交易或者事项为依据进行确认、计量和报告,如实反映符合确认和计量要求的各项会计要素及其他相关信息,保证会计信息真实可靠、内容完整。

(二) 相关性

相关性要求企业提供的会计信息应当与财务报告使用者的经济决策需要相关,有助于财务报告使用者对企业过去和现在的情况作出评价,对未来的情况作出评价或者预测。

(三) 可理解性

可理解性要求企业提供的会计信息应当清晰明了,便于财务报告使用者理解和使用。

(四) 可比性

可比性要求企业提供的会计信息应当相互可比,保证同一企业不同时期可比,不同企业相同会计期间可比。

> **温馨提示**
>
> 可比性是衡量会计信息质量的一个重要特征。强调可比性,就是为了投资者等有关方面能对同一企业不同时期、不同企业同一时期的会计信息进行比较、分析和利用,也有利于国家进行宏观经济管理。

（五）实质重于形式

实质重于形式要求企业应当按照交易或者事项的经济实质进行会计确认、计量和报告，不应仅以交易或者事项的法律形式为依据。

（六）重要性

重要性要求企业提供的会计信息应当反映与企业财务状况、经营成果和现金流量等有关的所有重要交易或者事项。

> **温馨提示**
>
> 在评价项目的重要性时，很大程度上取决于会计人员的职业判断。一般来说，其判断标准应当从质和量两个方面进行分析。从性质上看，当某一事项有可能对决策产生一定影响时，就应认为是重要项目；从数量来看，当某一项目的数量达到一定的规模，可能对决策产生影响时，也应视同重要项目。

（七）谨慎性

谨慎性要求企业对交易或事项进行会计确认、计量和报告时保持应有的谨慎，不应高估资产或者收益、低估负债或者费用。

（八）及时性

及时性要求企业对已经发生的交易或事项，应当及时进行会计确认、计量和报告，不得提前或者延后。

任务五 会计准则体系

会计准则是反映经济活动、确认产权关系、规范收益分配的会计技术标准，是生成和提供会计信息的重要依据，也是政府调控经济活动、规范经济秩序和开展国际经济交往等的重要手段。会计准则具有严密和完整的体系。我国已颁布的会计准则有《企业会计准则》《小企业会计准则》和《政府会计准则》。

一、《企业会计准则》

我国的企业会计准则体系包括基本准则、具体准则、应用指南和解释公告。2006年2月15日，财政部发布了《企业会计准则》，自2007年1月1日起在上市公司范围内施行，并鼓励其他企业执行。2014年，财政部对《企业会计准则——基本准则》和其他具体准则进行了修订，并新发布了3个具体准则，自2014年7月1日起施行。财政部于2017年制定（或修订）了企业会计准则第14号、第16号、第22号、第23号、第24号、第37号和第42号共7项具体准则，在所有执行《企业会计准则》的企业范围内陆续施行。

二、《小企业会计准则》

2011年10月18日，财政部发布了《小企业会计准则》，要求符合适用条件的小企业自2013年1月1日起执行，并鼓励提前执行。《小企业会计准则》一般适用于在我国境内依法设立、经济规模较小的企业。

三、《政府会计准则》

2015年10月23日,中华人民共和国财政部令第78号公布《政府会计准则——基本准则》,其分总则、政府会计信息质量要求、政府预算会计要素、政府财务会计要素、政府决算报告和财务报告、附则共6章62条,自2017年1月1日起施行。自2019年1月1日起,政府会计制度在全国各级各类行政事业单位全面施行。执行政府会计制度的单位,不再执行《事业单位会计准则》《行政单位会计制度》(财库〔2013〕218号)、《事业单位会计制度》(财会〔2012〕22号)、《医院会计制度》(财会〔2010〕27号)、《基层医疗卫生机构会计制度》(财会〔2010〕26号)、《高等学校会计制度》(财会〔2013〕30号)、《中小学校会计制度》(财会〔2013〕28号)、《科学事业单位会计制度》(财会〔2013〕29号)、《彩票机构会计制度》(财会〔2013〕23号)、《地质勘查单位会计制度》(财会字〔1996〕15号)、《测绘事业单位会计制度》(财会字〔1999〕1号)、《国有林场与苗圃会计制度(暂行)》(财农字〔1994〕第371号)、《国有建设单位会计制度》(财会字〔1995〕45号)等制度。

项目小结

会计是指以货币为主要计量单位,运用专门的方法,核算和监督一个单位经济活动的一种经济管理工作。具体地说,会计是以货币为主要计量单位,以凭证为主要依据,借助于专门的技术方法,对一定单位的资金运动进行全面、综合、连续、系统的核算与监督,向有关方面提供会计信息、参与经营管理、旨在提高经济效益的一种经济管理活动。

会计的基本职能是会计核算和会计监督。除上述两项基本职能外,会计还具有预测经济前景、参与经济决策、进行经济控制和评价经营业绩等功能。

会计对象是指会计所核算和监督的内容,具体是指社会再生产过程中能以货币表现的经济活动,即资金运动或价值运动。

会计基本假设是会计确认、计量和报告的前提,是对会计核算所处时间、空间环境所作的合理设定。它包括会计主体、持续经营、会计分期和货币计量四项。

会计基础有权责发生制和收付实现制。在我国,企业采用权责发生制,行政单位会计核算一般采用收付实现制。

会计信息质量要求主要包括可靠性、相关性、可理解性、可比性、实质重于形式、重要性、谨慎性和及时性。

我国已颁布的会计准则有《企业会计准则》《小企业会计准则》和《政府会计准则》。

项目考核

一、单选题

1. 在会计核算中,产生权责发生制和收付实现制两种不同的会计基础所依据的会计基本假设是( )。
   A. 会计主体   B. 持续经营   C. 会计分期   D. 货币计量
2. 会计是以( )为主要计量单位,核算与监督一个单位的经济活动的一种经济管理工作。

A. 实物　　　　B. 货币　　　　　C. 工时　　　　　D. 劳动耗费
3. 下列项目中,属于会计基本职能的是(　　)。
　　A. 计划职能、核算职能　　　　　B. 预测职能、监督职能
　　C. 核算职能、监督职能　　　　　D. 决策职能、监督职能
4. 会计对象是企事业单位的(　　)。
　　A. 资金运动　　B. 经济活动　　　C. 经济资源　　　D. 劳动成果
5. (　　)是将一个企业持续经营的生产经营活动划分成若干个相等的会计期间。
　　A. 会计时段　　B. 会计分期　　　C. 会计区间　　　D. 会计年度
6. 界定从事会计工作和提供会计信息的空间范围的前提是(　　)。
　　A. 会计主体　　B. 持续经营　　　C. 会计分期　　　D. 货币计量

二、判断题
1. 会计主体界定了从事会计工作和提供会计信息的空间范围。一般来说,法律主体都是会计主体,会计主体一定都有法人资格。　　　　　　　　　　　　　　(　　)
2. 凡是特定主体以货币形式表示的经济活动,都是会计核算和监督的内容,也就是会计的对象。　　　　　　　　　　　　　　　　　　　　　　　　　　　(　　)

项目二 会计对象

知识教学目标

- 认识资金运动。
- 了解会计要素并熟练掌握会计要素。
- 了解并熟记常用的会计科目。
- 了解账户的含义和结构。
- 了解会计科目与账户的关系。

任务一　资金运动

会计对象回答了"会计是做什么工作的"。它是指会计核算和监督的具体内容。以货币表现的经济活动通常又称价值运动或资金运动。任何单位开展经济活动，都必须具备一定的财产物资，这些财产物资的价值以货币形式表现。这些能够用价值形式来表现的经济活动正是会计核算和监督的内容。会计的具体对象依据各单位会计工作内容的不同而有所不同。

一、工业企业的资金运动

对工业企业而言，资金是指企业所拥有的各项财产物资的货币表现。在生产经营过程中，资金的存在形态不断地发生变化，构成了企业的资金运动，表现为资金的投入、资金运用（也称资金的循环与周转）和资金的退出三个过程。

资金的投入是指资金的取得，是资金运动的起点。投入企业的资金包括投资者投入的资金和债权人提供的资金，前者形成企业的所有者权益，后者属于债权人权益（形成企业的负债）。

资金的循环与周转是资金运动的主要组成部分，企业将资金运用于生产经营过程就形成了资金的循环与周转。资金运动分为供应过程、生产过程和销售过程三个阶段。

供应过程是生产的准备过程。在供应过程中，随着采购活动的进行，企业的资金从货币资金形态转化为储备资金形态。

生产过程既是产品的制造过程，又是资产的耗费过程。在生产过程中，在产品完工之前，企业的资金从储备资金形态转化为生产资金形态，在产品完工后又由生产资金形态转化为成品资金形态。

销售过程是产品价值的实现过程。在销售过程中，销售产品取得收入，企业的资金从成品资金形态又转化为货币资金形态。

由此可见，随着生产经营活动的进行，企业的资金从货币资金形态开始，依次经过供应过程、生产过程和销售过程三个阶段，分别表现为储备资金、生产资金、成品资金等不同的存在形态，最后又回到货币资金形态，这种运动过程称为资金的循环。资金周而复始地不断循环，称为资金的周转。

资金的退出是指资金离开本企业并退出资金的循环与周转，主要包括偿还各项债务、上缴各项税金以及向所有者分配利润等。它是资金运动的终点。

二、商品流通企业的资金运动

商品流通企业是从事商品流通的经营者。商品流通企业通过购销活动，组织商品流通，满足市场需要。商品流通企业的经营过程分为购进过程和销售过程。在购进过程中，随着商品采购，货币资金转化为商品资金。在销售过程中，商品资金又转化回货币资金。因此，商品流通企业的资金运动是沿着"货币资金—商品资金—货币资金"的形式连续不断地循环和周转的。

三、行政事业单位的资金运动

企业、行政事业单位在社会再生产过程中所处地位不同,担负的任务不同,经济活动的方式和内容也不同,因而其会计对象的具体内容也不相同。

通过上述分析可知,凡是能够引起单位资金变动的经济业务都是会计对象的核算内容。会计对象的涉及面广,内容复杂,为了对会计对象所反映的内容进行明确、详细地反映,必须将会计对象按一定的经济特征进行分类。

任务二 会计要素

一、会计要素的含义和分类

会计要素是对会计对象进行的基本分类,是会计核算对象的具体化。为了系统、完整地核算和监督单位经济活动的发生情况及结果,为经济管理提供有用的会计信息,我们必须对错综复杂的会计对象进行科学归类,从而会计要素形成了。

会计要素是构成会计报表的基本因素,同时也是设置账户的依据。我国《企业会计准则——基本准则》规定,资产、负债、所有者权益、收入、费用、利润统称为企业的六大会计要素。其中,资产、负债和所有者权益三项会计要素反映企业在某一特定点(如月末、季末、半年末、年末)的财务状况,称为静态会计要素;收入、费用和利润三项会计要素反映企业在一定时期(月度、季度、半年度、年度)的经营成果,称为动态会计要素。

二、会计要素的确认

(一) 资产

1. 资产的定义

资产是指由企业过去的交易或者事项形成的、由企业拥有或控制的、预期会给企业带来经济利益的资源。

2. 资产的基本特征

(1) 资产是由过去的交易或事项所形成的,企业预期在未来发生的交易或事项不形成资产。例如,企业2月份计划购买新型机器设备,与厂家签订了合同,预计6月份购买,那么只有到实际发生交易的6月份,该机器设备才可确认为资产。

(2) 资产是企业拥有或控制的资源。由企业拥有或控制,是指企业享有某项资产的所有权,或者虽然不享有某项资源的所有权,但该资源能被企业所控制。例如,融资租入固定资产,所有权归出租人,使用权归于承租人。但是,承租人承担了基于该项资源所有权上的主要风险和获得了基于该项所有权上的主要报酬,在会计上承租人应将其列为本企业的资产。

(3) 资产预期会给企业带来经济利益。那些已经没有经济价值,不能给企业带来经济利益的项目,不能确认为企业的资产。

3. 资产的确认

资产的确认必须同时满足以下条件:

(1) 与该资产有关的经济利益很可能流入企业。
(2) 该资产的成本或价值能够可靠地计量。

4. 资产的分类

企业的资产按其流动性可分为流动资产和非流动资产。流动资产是指预计在一个正常营业周期内或一个会计年度内变现、出售或耗用的资产和现金及现金等价物,主要包括库存现金、银行存款、交易性金融资产、应收票据、应收账款、预付账款、应收利息、应收股利、其他应收款、存货等。

非流动资产是指流动资产以外的资产,主要包括长期股权投资、固定资产、无形资产、长期待摊费用等。其中,长期股权投资是指企业投出的期限在1年以上(不含1年)的各种股权性质的投资,包括购入的股票、其他股权投资等。长期股权投资通常为长期持有,不准备随时出售,投资企业作为被投资单位的股东,按所持股份比例享有权益并承担责任。固定资产是指企业为生产商品、提供劳务、出租或经营管理而持有的、使用寿命超过一个会计年度的有形资产。固定资产是企业的主要劳动资料,使用期限长,能够连续参与若干生产经营过程,并在长期的使用过程中保持原有的实物形态基本不变,其价值是随着生产经营活动的进行逐渐地、部分地以折旧的形式转移到费用、成本中去,并从销售收入中得到补偿的。无形资产是指企业拥有或控制的、没有实物形态的可辨认非货币性资产,包括专利权、非专利技术、商标权、著作权、土地使用权等。长期待摊费用是指企业已经发生但应由本期和以后各期负担的、分摊期限在1年以上(不含1年)的各项费用,如以经营租赁方式租入固定资产发生的改良支出等。

(二) 负债

1. 负债的定义

负债是指由企业过去的交易或事项形成的,预期会导致经济利益流出企业的现时义务。

2. 负债的基本特征

(1) 负债是基于过去的交易或事项形成的。正在筹划的未来交易或事项不会产生负债。

(2) 负债是企业承担的现时义务。

(3) 负债的清偿预期会导致企业经济利益的流出,通常是通过交付资产或提供劳务来清偿的。

3. 负债的确认

负债的确认必须同时满足以下条件:

(1) 与该义务有关的经济利益很可能流出企业。

(2) 未来流出的经济利益的金额能够可靠地计量。

4. 负债的分类

企业的负债按其流动性可分为流动负债和非流动负债。

流动负债是指预计在一个正常营业周期中清偿或者自资产负债表日起1年内到期应予以清偿的债务,包括短期借款、应付票据、应付账款、预收款项、应交税费、应付职工薪酬、应付利息、应付股利、1年内到期的长期借款、其他应付款等。

非流动负债是指偿还期在1年或超过1年的一个营业周期以上的负债,主要包括长期借款、应付债券、长期应付款等。

(三) 所有者权益

1. 所有者权益的定义

所有者权益也称净资产,是指企业资产扣除负债后由所有者享有的剩余权利。股份制公司的所有者权益又称股东权益。

2. 所有者权益的基本特征

所有者权益具有以下特征:

(1) 除非发生减资、清算或分派现金股利,企业不需要偿还所有者权益。

(2) 企业清算时,只有在清偿所有的负债后,所有者权益才返还给所有者。

(3) 所有者凭借所有者权益能够参与企业利润的分配。

3. 所有者权益的确认条件

所有者权益的确认、计量主要取决于资产、负债、收入、费用等其他会计要素的确认和计量。所有者权益在数量上等于企业资产总额扣除债权人权益后的净额,即为企业的净资产,反映所有者(股东)在企业资产中享有的经济利益。

4. 所有者权益的来源构成

所有者权益的来源包括所有者投入的资本、直接计入所有者权益的利得和损失、留存收益等。

所有者投入的资本是指所有者投入企业的资本部分。它既包括构成企业注册资本或者股本部分的金额,也包括投入资本超过注册资本或者股本部分的金额,即资本(或股本)溢价。直接计入所有者权益的利得和损失是指不应计入当期损益、会导致所有者权益发生增减变动的、与所有者投入资本或者向所有者分配利润无关的利得或损失。利得是指由企业非日常活动所形成的、会导致所有者权益增加的、与所有者投入资本无关的经济利益的流入。损失是指由企业非日常活动所形成的、导致所有者权益减少的、与向所有者分配利润无关的经济利益的流出。留存收益是指企业实现的净利润留存于企业的部分,包括计提的盈余公积和未分配利润。

5. 所有者权益的分类

所有者权益的构成内容通常划分为实收资本(或股本)、资本公积、盈余公积、未分配利润等项目,如图 2-1 所示。

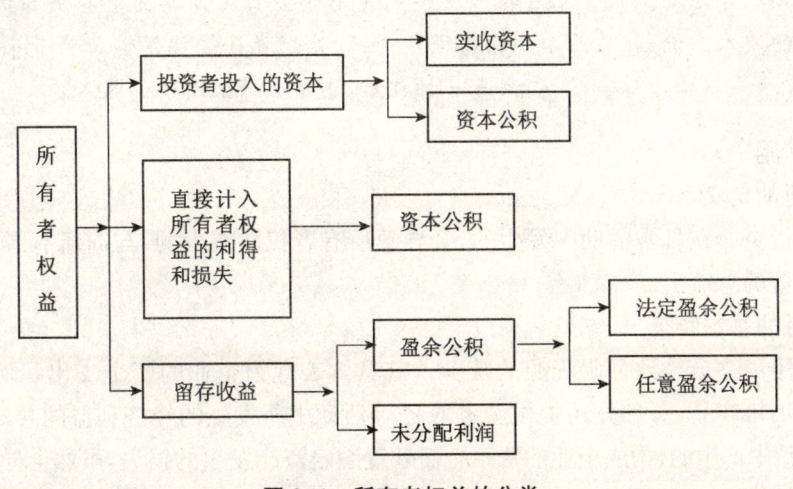

图 2-1 所有者权益的分类

(四) 收入

1. 收入的定义

收入是指企业在日常活动中形成的、会导致所有者权益增加的、与所有者投入资本无关的经济利益的总流入。

2. 收入的基本特征

(1) 收入是从企业的日常活动中产生,而不是从偶发的交易或事项中产生。日常活动是指企业为完成其经营目标所从事的经营性活动以及与之相关的活动,如工业企业的产品生产和销售活动,商品流通企业的商品购销活动,金融企业的存贷款业务等。企业非日常活动形成的经济利益的流入不能确认为收入,而应当作为利得。

(2) 收入会导致企业所有者权益的增加。收入可能表现为企业资产的增加,也可能表现为负债的减少,或两者兼而有之,如用商品销售的部分收入来抵偿债务。

(3) 收入是与所有者投入资本无关的经济利益的总流入。收入只包括本企业经济利益的流入,不包括为第三方或者客户代收的款项。

3. 收入的确认

收入的确认除了应当符合定义以外,至少应当符合以下条件:

(1) 与收入相关的经济利益应当很可能流入企业。

(2) 经济利益流入企业的结果会导致资产的增加或者负债的减少。

(3) 经济利益的流入额能够可靠计量。

4. 收入的分类

根据企业从事日常活动的性质不同,企业的收入分为销售商品收入、提供劳务收入和让渡资产使用权收入;根据企业经营业务的主次不同,企业的收入分为主营业务收入和其他业务收入。

> **温馨提示**
>
> 营业外收入不属于收入。收入,作为会计六大要素之一,是指企业在日常活动中所形成的经济利益的总流入,这表明收入产生于企业的"日常活动",主要有销售商品、提供劳务及让渡资产使用权等活动。而营业外收入反映的是与企业日常活动无直接关系的、偶发的各种经济利益的流入。例如,工业企业出售固定资产、无形资产等偶发性行为带来的收入。可见,营业外收入虽然称为"收入",但只是一种收益,不是会计上所讲的收入。

(五) 费用

1. 费用的定义

费用是指企业在日常活动中发生的、会导致所有者权益减少的、与向所有者分配利润无关的经济利益的总流出。

2. 费用的基本特征

(1) 费用最终会导致企业资源的减少。其具体表现为企业的资金支出。例如,在工业企业制造并销售产品、劳务公司提供劳务服务等活动中所发生的经济利益的总流出,是从企业的日常活动中产生的,构成企业的费用。而处置固定资产发生的损失,虽然会导致经济利益的总流出,但不属于企业的日常活动,因此,不应确认为企业的费用,而应确认为营业外支出。

(2) 费用最终会减少企业的所有者权益。一般而言,企业的所有者权益会随着收入的增加而增加;相反,费用的增加会减少所有者权益。但是所有者权益减少也不一定都列入费用,如企业偿债性支出和向投资者分配利益,显然减少了所有者权益,但不能归入费用。

(3) 费用可能表现为企业负债的增加,或企业资产的减少,或者两者兼而有之。

3. 费用的确认

符合费用定义的经济利益总流出,在同时满足以下条件时,应确认为费用:

(1) 与费用相关的经济利益很可能流出企业。

(2) 经济利益流出会导致企业资产减少或者负债增加。

(3) 经济利益的流出额能够可靠计量。

(六) 利润

1. 利润的含义与特征

利润是企业在一定会计期间的经营成果。在通常情况下,如果企业实现了利润,表明企业的所有者权益将增加,业绩得到了提升;反之,如果企业发生了亏损(即利润为负数),表明企业的所有者权益将减少,业绩下降。利润是评价企业管理层业绩的指标之一,也是投资者等财务报告使用者进行决策时的重要参考依据。

2. 利润的确认条件

利润反映收入减去费用、直接计入当期利润的利得减去损失后的净额。利润的确认主要依赖于收入和费用,以及直接计入当期利润的利得和损失的确认,其金额的确认也主要取决于收入、费用、利得、损失金额的计量。

3. 利润的分类

利润包括收入减去费用后的净额、直接计入当期损益的利得和损失等。其中,收入减去费用后的净额反映企业日常活动的经营业绩;直接计入当期损益的利得和损失反映企业非日常活动的业绩。

直接计入当期损益的利得和损失,是指应当计入当期损益、会导致所有者权益发生增减变动的、与所有者投入资本或者向所有者分配利润无关的利得或者损失。企业应当严格区分收入和利得、费用和损失,以便全面反映企业的经营业绩。

三、会计要素的计量

会计要素的计量是为了将符合确认条件的会计要素登记入账并报于财务报告而确定其金额的过程。企业应当按照规定的会计计量属性进行计量,确定相关金额。

(一) 会计计量属性及其构成

会计计量属性是指会计要素的数量特征或外在表现形式。它反映了会计要素金额的确定基础,主要包括历史成本、重置成本、可变现净值、现值、公允价值等。

1. 历史成本

历史成本又称实际成本,是指为取得或制造某项财产物资而实际支付的现金或其他等价物的金额。

历史成本包括工资、利息、土地和房屋的租金、原材料费用、折旧等。在历史成本计量下,资产按照购置时支付的现金或现金等价物的金额,或者按照购置资产时所付出的对价的公允价值计量。负债按照因承担现时义务而实际应支付的款项或资产的金额,或者承担现时义务的合同金额计量,或者按照日常活动中为偿还负债预期需要支付的现金或者现金等价物的金额计量。例如,企业购买材料的历史成本,应根据其购买时所支付的全部金额(包括卖价、运输费、装卸费等)予以确认。同理,材料购进时,若不能及时支付价款而产生负债的,其历史成本的确认金额与资产相等。

历史成本计量属性的优点是有合法的原始凭证,具有可靠性、可验证性,避免了人为的判断。但是,由于通货膨胀等原因,历史成本计量使会计信息的可比性、相关性下降,非货币资产和负债会出现高估或低估,难以真实揭示企业的财务状况。

2. 重置成本

重置成本又称现行成本,是指按照当前市场条件,重新取得同样一项资产所需要支付的现金或者现金等价物的金额。

在重置成本计量下,资产按现在购买相同或者相似资产所需支付的现金或者现金等价物的金额计量。负债按现在偿付该项债务所需支付的现金或者现金等价物的金额计量。例如,企业在财产清查时盘盈设备一台,经评估其重置成本为 80 000 元,有 5 成新。企业对价值评估采用重置成本法,其入账价值为 40 000 元(80 000 − 80 000 × 50%)。

重置成本计量属性的优点是以市场价格形式表现为一个现在时点的价值,避免在物价上涨时虚计利润,能真实地反映企业的财务状况。但是,重置成本的确定比较困难,在计算上缺乏足够可信的证据,影响会计信息的可靠性。

3. 可变现净值

可变现净值是指在正常的生产经营过程中,以预计售价减去进一步加工成本和预计销售费用以及相关税费后的净值。

在可变现净值计量下,资产按照其正常对外销售所能收到的现金或现金等价物的金额扣减该资产至完工时估计将要发生的成本、估计的销售费用以及相关税费后的金额计量。例如,20×9 年 3 月 31 日企业库存准备直接对外销售的 A 材料账面价值为 90 000 元,市场售价为 88 000 元,销售 A 材料可能发生的销售费用为 2 000 元。则 A 材料的可变现净值为 86 000 元。

4. 现值

现值是指对未来现金流量以恰当的折现率进行折现后的价值。它是考虑货币时间价值的一种计量属性。

在现值计量下,资产按照预计从其持续使用和最终处置中所产生的未来净现金流入量的折现金额计量,负债按照预计期限内需要偿还的未来净现金流出量的折现金额计量。在所有可能的计量属性当中,仅有现值考虑了现金流量的数额、时间分布和不确定性,真正体现了资产、负债作为"未来经济利益的获得或者牺牲"的本质属性。因此,现值提供的财务信息对于使用者也是最为相关的。

5. 公允价值

公允价值是指市场参与者在计量日发生的有序交易中出售一项资产所能收到或者转移一项负债所需支付的价格。

通俗地说,某项资产在某一时点上的取得的公认价值,是社会大众普遍认同和接受的价值,这个价值必须是在有活跃的市场上取得的。能够让市场接受的价值,就如同证券交易市场上得到的股票价、房地产交易市场上的房价等。

(二)计量属性的运用原则

企业在对会计要素进行计量时,一般应当采用历史成本。若采用重置成本、可变现净值、现值、公允价值计量的,企业应当保证所确定的会计要素能够持续取得并可靠计量。

任务三 会 计 科 目

一、会计科目的概念和分类

(一)会计科目的概念

会计科目是对会计对象的具体内容进行分类核算的项目,也就是按照经济内容对各个会计要素所作的进一步分类。

会计科目是进行会计核算和提供会计信息的基础,是对资金运动第三层次的划分。会计对象三个层次之间的关系如图2-2所示。

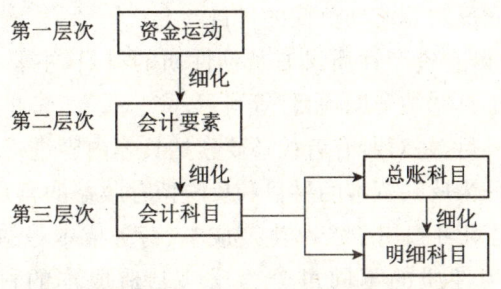

图2-2 会计对象三个层次

(二)会计科目的分类

1. 按其所提供信息的详细程度及其统驭关系分类

在设置会计科目时,要兼顾对外报告信息和企业内部经营管理的需要,并根据其所提供信息的详细程度及其统驭关系不同,将会计科目分为总分类科目和明细分类科目。

(1)总分类科目即一级科目,也称总账科目,是对会计要素的具体内容进行总括分类的会计科目,是进行总分类核算的依据。为了满足会计信息使用者对信息质量的要求,总账科目是由财政部《企业会计准则——应用指南》统一规定的。

(2)明细分类科目也称明细科目、细目,是在总账科目的基础上,对总账科目所反映的经济内容进行进一步详细的、以提供更详细、更具体会计信息的科目。如在"原材料"科目下,按材料类别开设"原料及主要材料""辅助材料""燃料"等二级科目。明细科目的设置,除了要符合财政部统一规定外,一般根据经营管理需要,由企业自行设置。对于明细科目较多的科目,可以在总账科目和明细科目之间设置二级或多级科目。例如,在"原料及主要材料"下,可再根据材料规格、型号等开设三级明细科目。

实际工作中,并不是所有的总账科目都需要开设二级科目和三级科目,根据会计信息使用者所需不同信息的详细程度,有些单位只需设总账科目,有些单位只需要设总账科目和二级科目,不需要设置三级科目等。会计科目的级别如表2-1所示。

表2-1　　　　　　　　　　　"原材料"总账科目和明细科目

总账科目 (一级科目)	明细科目	
	二级科目(子目)	三级科目(细目)
原材料	原料及主要材料	圆钢、角钢
	辅助材料	润滑剂、石炭酸
	燃料	汽油、原煤

2. 按反映的经济内容分类

会计科目按其所归属的会计要素不同,分为资产类、负债类、共同类、所有者权益类、成本类和损益类六大类。

(1) 资产类科目,是对资产要素的具体内容进行分类核算的项目,按资产的流动性分为反映流动资产的科目和反映非流动资产的科目。

(2) 负债类科目,是对负债要素的具体内容进行分类核算的项目,按负债的偿还期限分为反映流动负债的科目和反映非流动负债的科目。

(3) 共同类科目,是既有资产性质又有负债性质的科目,主要有"清算资产往来""外汇买卖""衍生工具""套期工具""被套期项目"等科目。

(4) 所有者权益类科目,是对所有者权益要素的具体内容进行分类核算的项目,按所有者权益的形成和性质可分为反映资本的科目和反映留存收益的科目。

(5) 成本类科目,是对可归属于产品生产成本、劳务成本等的具体内容进行分类核算的项目,按成本的内容和性质的不同可分为反映制造成本的科目、反映劳务成本的科目等。

(6) 损益类科目,是对收入、费用等的具体内容进行分类核算的项目。

二、会计科目的设置

(一) 会计科目设置的原则

各单位由于经济业务活动的具体内容、规模大小与业务繁简程度等情况不尽相同,在具体设置会计科目时,应考虑其自身特点和具体情况,但设置会计科目时都应遵循以下原则:

(1) 合法性原则。它是指所设置的会计科目应当符合国家统一的会计制度的规定。

(2) 相关性原则。它是指所设置的会计科目应当为提供有关各方所需要的会计信息服务,满足对外报告与对内管理的要求。

(3) 实用性原则。它是指所设置的会计科目应符合单位自身特点,满足单位实际需要。

(二) 常用会计科目

财政部颁布了《企业会计准则——应用指南》,统一制定了企业在实际工作中需要使用的会计科目(见表2-2)。

表 2-2　　　　　　　　　　　　　　会计科目表

序号	编号	会计科目名称	序号	编号	会计科目名称	序号	编号	会计科目名称
		一、资产类	32	1602	累计折旧	62	3101	衍生工具
1	1001	库存现金	33	1603	固定资产减值准备	63	3201	套期工具
2	1002	银行存款	34	1604	在建工程	64	3202	被套期项目
3	1015	其他货币资金	35	1605	工程物资			四、所有者权益类
4	1101	交易性金融资产	36	1606	固定资产清理	65	4001	实收资本
5	1121	应收票据	37	1701	无形资产	66	4002	资本公积
6	1122	应收账款	38	1702	累计摊销	67	4101	盈余公积
7	1123	预付账款	39	1703	无形资产减值准备	68	4103	本年利润
8	1131	应收股利	40	1711	商誉	69	4104	利润分配
9	1132	应收利息	41	1801	长期待摊费用	70	4201	库存股
10	1231	其他应收款	42	1811	递延所得资产			五、成本类
11	1241	坏账准备	43	1901	待处理财产损溢	71	5001	生产成本
12	1321	代理业务资产			二、负债类	72	5101	制造费用
13	1401	材料采购	44	2101	交易性金融负债	73	5201	劳务成本
14	1402	在途物资	45	2201	应付票据	74	5301	研发支出
15	1403	原材料	46	2202	应付账款			六、损益类
16	1404	材料成本差异	47	2205	预收账款	75	6001	主营业务收入
17	1406	库存商品	48	2211	应付职工薪酬	76	6051	其他业务收入
18	1407	发出商品	49	2221	应交税费	77	6101	公允价值变动损益
19	1410	商品进销差价	50	2231	应付股利	78	6111	投资收益
20	1411	委托加工物资	51	2232	应付利息	79	6301	营业外收入
21	1412	包装物及低值易耗品	52	2241	其他应付款	80	6401	主营业务成本
22	1461	存货跌价准备	53	2314	代理业务负债	81	6402	其他业务成本
23	1521	持有至到期投资	54	2411	预计负债	82	6405	税金及附加
24	1522	持有至到期投资减值准备	55	2501	递延收益	83	6601	销售费用
25	1523	可供出售金融资产	56	2601	长期借款	84	6602	管理费用
26	1524	长期股权投资	57	2602	长期债券	85	6603	财务费用
27	1525	长期股权投资减值准备	58	2801	长期应付款	86	6604	勘探费用
28	1526	投资性房地产	59	2802	未确认融资费用	87	6701	资产减值损失
29	1531	长期应收款	60	2811	专项应付款	88	6711	营业外支出
30	1541	未实现融资收益	61	2901	递延所得税负债	89	6801	所得税费用
31	1601	固定资产			三、共同类	90	6901	以前年度损益调整

> **温馨提示**
>
> 会计科目只是对会计要素进行具体分类的项目,提供会计核算所需要运用的内容,但如何反映某一类经济项目变化情况及变化结果?如"银行存款"科目反映企业存放在金融机构的款项,涉及"银行存款"科目的业务很多,如提取现金存款、支付货款等,经过这些频繁、复杂的经济业务后,如何反映银行存款在一定会计期间增加多少?减少多少?期末结余多少?

任务四 账 户

一、账户的概念

会计科目只是对会计对象的具体内容进行分类的项目。为了及时、连续、系统地记录经济业务发生而引起的会计要素的增减变动,我们还必须根据会计科目开设相应的账户。

账户是指具有一定格式和结构,用来分类、连续地记录经济业务,反映会计要素增减变动及其结果的一种核算工具。设置会计科目以后,我们还要根据规定的会计科目开设一系列反映不同经济内容的账户。每个账户都有一个科学而简明的名称,账户的名称就是会计科目。账户是根据会计科目设置的。设置账户是会计核算的一种专门方法,运用账户,把各项经济业务的发生情况及由此引起的资产、负债、所有者权益、收入、费用和利润各要素的变化,系统地、分门别类地进行核算,以便提供所需要的各项指标。

账户是对会计要素的内容所作的科学再分类。会计科目与账户是两个既有区别,又有联系的不同概念。它们的共同点是:会计科目是设置账户的依据,是账户的名称,账户是会计科目的具体运用,会计科目所反映的经济内容,就是账户所要登记的内容。它们之间的区别在于:会计科目只是对会计要素具体内容的分类,本身没有结构;账户则有相应的结构,是一种核算方法,能具体反映资金运用状况。因此,账户比会计科目更为明细,内容更为丰富。

二、账户的结构和内容

账户是用来记录经济业务的,必须具有一定的结构和内容。作为会计核算对象的会计要素,随着经济业务的发生在数量上进行增减变化,并相应产生变化结果。因此,用来分类记录经济业务的账户必须确定其基本结构,即增加的数额记在哪里,减少的数额记在哪里,增减变动后的结果记在哪里。

采用不同记账方法,相同的账户其结构是不同的。即使采用同一记账方法,不同性质的账户结构也是不同的。但是,不管采用何种记账方法,也无论是何种性质的账户,其基本结构总是相同的。具体归纳如下:

(1)任何账户一般可以划分为左、右两方。每一方再根据实际需要分成若干栏次,用来分类登记经济业务及其会计要素的增加与减少,以及增减变动的结果。账户的格式(见表2-3)设计一般应包括以下内容:①账户名称,即会计科目。②日期,即所依据记账凭证中注明的日期。③凭证字号,即所依据记账凭证的编号。④摘要,即经济业务的简要说明。⑤金额,即增加额、减少额和余额。

表 2-3　　　　　　　　　　账户的基本结构

会计科目(账户名称)

日期	凭证号数	摘要	增加	减少	增或减	余额

(2) 账户的左右两方是按相反方向来记录增加额和减少额。也就是说,如果规定在左方记录增加额,就应该在右方记录减少额;反之,如果在右方记录增加额,就应该在左方记录减少额。在具体账户的左、右两个方向中究竟哪一方记录增加额,哪一方记录减少额,取决于账户所记录的经济内容和所采用的记账方法。

(3) 账户的余额一般与记录的增加额在同一方向。

(4) 账户所记录的主要内容满足这样一个恒等关系:

$$本期期末余额＝期初余额＋本期增加额－本期减少额$$

本期增加额和本期减少额是指在一定会计期间内(月、季或年),账户在左右两方分别登记增加金额的合计数和减少金额的合计数,又可以将其称为本期增加发生额和本期减少发生额。期初余额加本期增加发生额和本期减少发生额相抵后的差额,就是本期期末余额。如果将本期的期末余额转入下一期,就是下一期的期初余额。

为了教学方便,在教科书中经常采用简化格式丁字账来说明账户结构。这时,账户就省略了有关栏次。丁字账的格式如图 2-3 所示。

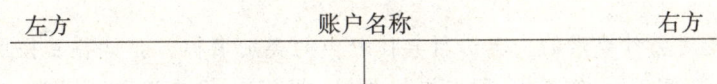

图 2-3　丁字账的格式

三、账户的分类

账户可根据其核算的经济内容、提供信息的详细程度及其统驭关系进行分类。

(一) 根据核算的经济内容分类

根据核算的经济内容,账户分为资产类账户、负债类账户、共同类账户、所有者权益类账户、成本类账户和损益类账户六类。其中,有些资产类账户、负债类账户和所有者权益类账户存在备抵账户。备抵账户又称抵减账户,是指用来抵减被调查账户余额,以确定被调查账户真实数额而设置的独立账户。

(二) 根据提供信息的详细程度及其统驭关系分类

根据提供信息的详细程度及其统驭关系,账户分为总分类账户和明细分类账户。总分类账户和所属明细分类账户核算的内容相同,只是反映内容的详细程度有所不同,两者相互补充,相互制约,相互核对。总分类账户统驭和控制所属明细分类账户,明细分类账户从属于总分类账户。

通过明细分类账户对经济业务进行的核算称为明细分类核算。明细分类核算除了能用货币度量外,有些账户还要用实物度量。总分类账户统驭明细分类账户;明细分类账户则对总分类账户起着进一步补充说明的作用。账户的级别如表 2-4 所示。

表 2-4　　　　　　　　"原材料"总分类账户和明细分类账户

总账分类账户 （一级账户）	明细分类账户	
	二级明细分类账户	三级明细分类账户
原材料	原料及主要材料	圆钢、角钢
	辅助材料	润滑剂、石炭酸
	燃料	汽油、原煤

四、账户与会计科目的关系

从理论上讲，会计科目与账户是两个不同的概念，两者既有联系，又有区别。会计科目与账户都是对会计对象具体内容的分类，两者核算内容一致，性质相同。会计科目是账户的名称，也是设置账户的依据；账户是会计科目的具体运用，具有一定的结构和格式，并通过其结构反映某项经济内容的增减变动及其余额。

项目小结

本项目主要介绍了资金运动、会计要素、会计科目与账户。

会计对象是会计核算和监督的内容。会计要素是会计对象的基本分类。会计要素分为六大类。其中资产、负债和所有者权益是反映财务状况的要素，收入、费用和利润是反映经营成果的要素。

会计科目是对会计要素的内容进行具体分类的类别名称。会计科目按照所反映的经济内容分为六类，即资产类、负债类、所有者权益类、成本类、损益类和共同类；按照反映经济内容的详细程度分为总分类科目和明细分类科目。

账户是根据会计科目开设的，用来连续、系统地记录会计科目所反映内容的一种工具。账户和会计科目的名称相同，反映内容相同，但会计科目没有结构，而账户有结构。账户的基本结构分为左右两方，一方表示增加额，另一方表示减少额。哪一方表示增加，哪一方表示减少，需要根据账户的性质来决定。

项目考核

一、填空题

1. 工业企业的资金运动，主要表现为＿＿＿＿、＿＿＿＿和＿＿＿＿三个过程。
2. 会计要素包括＿＿＿＿、＿＿＿＿、＿＿＿＿、＿＿＿＿、＿＿＿＿和＿＿＿＿六大类。
3. 利润是指企业在一定会计期间的经营成果。利润包括＿＿＿＿、＿＿＿＿和＿＿＿＿。
4. 会计科目按照所需要的核算指标的详细程度不同可分为＿＿＿＿和＿＿＿＿。

二、单选题

1. "预收账款"账户属于（　　）账户。
   A. 资产类　　　B. 负债类　　　C. 损益类　　　D. 成本类
2. "累计折旧"账户是（　　）账户的备抵调整账户。
   A. "原材料"　　B. "应收账款"　　C. "固定资产"　　D. "在建工程"
3. 账户是根据（　　）开设的。
   A. 核算需要　　B. 会计科目　　C. 单位需要　　D. 经济业务
4. 下列各项中，不能作为资产的是（　　）。
   A. 房屋　　　B. 汽车　　　C. 已损毁的存货　　D. 盘盈的设备

三、多选题

1. 下列会计科目中，属于负债类的有（　　）。
   A. "应付职工薪酬"　　　　B. "应付账款"
   C. "应收账款"　　　　　　D. "应交税费"
2. 下列会计科目中，属于所有者权益类的有（　　）。
   A. "实收资本"　　B. "固定资产"　　C. "原材料"　　D. "本年利润"
3. 下列说法中，正确的有（　　）。
   A. "应收账款"科目属于资产类　　　B. "预付账款"科目属于负债类
   C. "累计折旧"科目属于资产类　　　D. "固定资产"科目属于资产类
4. 账户一般包括（　　）等要素。
   A. 账户名称　　　　　　B. 日期和摘要
   C. 会计分录　　　　　　D. 增加或减少的金额

项目三

会计等式与记账方法

知识教学目标

- 掌握会计恒等式。
- 掌握账户设置与登记。
- 了解复式记账。
- 掌握借贷记账法的应用。

任务一 会 计 等 式

会计等式又称会计恒等式、会计方程式或会计平衡公式,它是表明各会计要素之间基本关系的等式。

一、会计等式的表现形式

(一) 财务状况等式

财务状况等式亦称基本会计等式和静态会计等式,是用以反映企业某一特定时点资产、负债和所有者权益三者之间平衡关系的会计等式,即:

$$资产 = 负债 + 所有者权益$$

这一等式是复式记账法的理论基础,也是编制资产负债表的依据。

> **温馨提示**
>
> 任何企业为了实现其经营目标,都需要拥有一定数量的资产,包括库存现金、银行存款、机器设备等。企业资产的最初来源渠道有两种:一是由债权人提供;二是由所有者提供。由于企业的债权人和所有者为企业提供了全部资产,就应该对企业的资产享有要求权。这种对企业资产的要求权,在会计上称为权益。其中,属于债权人的部分,称为债权人权益,会计上称为负债;属于所有者的部分,称为所有者权益。

资产表明企业拥有什么经济资源和拥有多少经济资源;权益则表明是谁提供了这些经济资源,谁对这些资源拥有要求权。资产与权益之间是相互依存的关系,没有资产,就没有实际有效的权益,资产是权益的载体;同样,没有权益,也就表明没有资产。而且,从数量上看,有一定数额的资产,必定有相应数额的权益;反之,有一定数额的权益,也必定有一定数额的资产。也就是说,一个企业的资产总额和权益总额,从任何时点来看,两者都保持着数量上的平衡关系,即:

$$资产 = 权益$$

也可表示为:
$$资产 = 债权人权益 + 所有者权益$$
$$资产 = 负债 + 所有者权益$$

(二) 经营成果等式

经营成果等式亦称动态会计等式,是用以反映企业一定时期收入、费用和利润之间恒等关系的会计等式,即:

$$收入 - 费用 = 利润$$

这一等式反映了利润的实现过程,是编制利润表的依据。

二、经济业务对会计等式的影响

经济业务又称会计事项,是指在经济活动中使会计要素发生增减变动的交易或事项。

企业经济业务按其对财务状况等式的影响不同可以分为以下四种类型、九种业务。

（1）资产和权益同增，增加的金额相等：
① 一项资产和一项负债同增；
② 一项资产和一项所有者权益同增。

（2）资产和权益同减，减少的金额相等：
① 一项资产和一项负债同减；
② 一项资产和一项所有者权益同减。

（3）资产内部有增有减，增减的金额相等。

（4）权益内部有增有减，增减的金额相等：
① 一项负债增加，另一项负债减少；
② 一项所有者权益增加，另一项所有者权益减少；
③ 一项负债增加，一项所有者权益减少；
④ 一项所有者权益增加，一项负债减少。

以上类型发生的经济业务，不会破坏会计等式的平衡关系。下面举例说明该种类型等式的恒等性。

实战演练

【例3-1】 东方化工厂20×9年1月1日拥有2 000万元资产，其中，现金0.4万元，银行存款57.6万元，应收账款282万元，存货960万元，固定资产700万元。该化工厂接受投资形成实收资本1 100万元，银行短期借款400万元，应付账款400万元，尚未支付的职工薪酬100万元。具体如表3-1所示。

表3-1　　　　　东方化工厂20×9年1月1日相关账户余额表　　　　　单位：万元

资产		负债和所有者权益	
库存现金	0.4	短期借款	400
银行存款	57.6	应付账款	400
应收账款	282	应付职工薪酬	100
库存商品	960	实收资本	1 100
固定资产	700		
合　计	2 000	合　计	2 000

该例中，资产＝负债＋所有者权益，反映了某一时点上企业会计要素之间的平衡关系，这是一种静态关系。

当企业在继续经营时，发生的经济业务会引起各个会计要素数额上增减变化，这些变化可分为以下四种类型：

（1）资金进入企业：资产和权益等额增加，即资产增加，负债和所有者权益增加，会计等式保持平衡。

实战演练

【例3-2】 东方化工厂20×9年2月从银行取得短期贷款800万元，现已办妥手续，款项已划入本企业存款账户。这项经济业务对会计恒等式的影响为：

$$资产+银行存款增加=(负债+所有者权益)+银行借款增加$$
$$2\,000\,万元+800\,万元=2\,000\,万元+800\,万元$$
$$资产=负债+所有者权益=2\,800(万元)$$

可以看出,会计等式两方等额增加 800 万元,没有破坏等式的平衡关系。

（2）资金退出企业：资产和权益等额减少,即资产减少,负债和所有者权益减少,会计等式保持平衡。

实战演练

【例 3-3】 东方化工厂支付上年未还的应付货款,已从企业账户中开出转账支票 300 万元,该经济业务对会计等式的影响为：

$$资产-银行存款减少额=(负债+所有者权益)-应付账款减少额$$
$$2\,800\,万元-300\,万元=2\,800\,万元-300\,万元$$
$$资产=负债+所有者权益=2\,500(万元)$$

可以看出,会计等式两方等额减少 300 万元,没有破坏等式的平衡关系。

（3）资产形态变化：一种资产项目增加,另一种资产项目等额减少,会计等式保持平衡。

实战演练

【例 3-4】 东方化工厂开出现金支票 2 万元,以备日常开支使用。该项经济业务对会计等式的影响为：

$$资产-银行存款减少额+现金增加额=负债+所有者权益$$
$$2\,500\,万元-2\,万元+2\,万元=2\,500\,万元$$
$$资产=负债+所有者权益=2\,500(万元)$$

（4）权益类别转化：一种权益项目增加,另一种权益项目等额减少,即负债类内部项目之间、所有者权益类内部项目之间或者负债类项目与所有者权益类项目之间此增彼减,会计等式也保持平衡。

实战演练

【例 3-5】 东方化工厂应付给三洋公司的应付账款 100 万元,经协商同意转作三洋公司对东方化工厂的投资款。该项经济业务对会计等式的影响为：

$$资产=负债+所有者权益-应付账款+接受长期投资$$
$$2\,500\,万元=2\,500\,万元-100\,万元+100\,万元$$
$$资产=负债+所有者权益=2\,500(万元)$$

可以看出,东方化工厂的负债类账户减少 100 万元,所有者权益账户增加 100 万元,等式右方总额没有变化,没有破坏等式的平衡关系。

经过上述变化后的相关账户余额如表 3-2 所示。

表 3-2　　　　　　　　东方化工厂变动后的相关账户余额　　　　　　　单位：万元

资产		负债和所有者权益	
库存现金	0.4+2=2.4	短期借款	400+800=1 200
银行存款	57.6+800－300－2=555.6	应付账款	400－300－100=0
应收账款	282	应付职工薪酬	100
库存商品	960	实收资本	1 100+100=1 200
固定资产	700		
合计	2 500	合计	2 500

任务二　会计记账方法

客观、公正地记录反映会计主体单位发生的各项经济业务，是会计的基本职能之一。这就需要在设置账户后，运用会计专门的方法对经济业务进行记录。

记账方法就是指在账簿中登记经济业务的方法，即根据一定的记账原则、记账符号、记账规则，采用一定的计量单位，利用文字和数字把经济业务登记到账簿中去的一种专门方法。记账方法按记录方式不同，可分为单式记账法和复式记账法，在此主要介绍复式记账法。

一、单式记账法

单式记账法是指对发生的每一项经济业务，只在一个账户中加以登记的记账方法。

二、复式记账法

复式记账法是指对每一笔经济业务，都要用相等的金额，在两个或两个以上相互联系的账户中进行记录的记账方法。例如，以银行存款1 000元购买原材料。这笔业务在记账时，不仅记"银行存款"账户减少1 000元，同时还要记"原材料"账户增加1 000元。所以，在复式记账法下，有科学的账户体系，通过对应账户的双重等额记录，能反映经济活动的来龙去脉，并能运用账户体系的平衡关系来检查全部会计记录的正确性。所以，复式记账法作为科学的记账方法一直被广泛地运用。目前，我国的企业和行政、事业单位所采用的记账方法都属于复式记账法。

复式记账法根据记账符号、记账规则等不同，又可分为借贷记账法、增减记账法和收付记账法。其中，借贷记账法是世界各国普遍采用的一种记账方法，在我国也是应用最广泛的一种记账方法。我国颁布的《企业会计准则》明文规定中国境内的所有企业都应该采用借贷记账法记账。企业采用借贷记账法在相关账户中记录各项经济业务，可以清晰地表明经济业务的来龙去脉，同时也便于试算平衡和检查账户记录的正确性。

三、借贷记账法

借贷记账法是以"借""贷"两字作为记账符号，记录会计要素增减变动情况的一种复式记账法。借贷记账法最早出现于中世纪的意大利沿地中海一带的城市。"借"和"贷"的概念是在借贷资本运动过程中产生的。"借"和"贷"两个字最初是适应借贷资本家记录其货币资金的存入和放出,表示借贷资本的债权、债务及其增减变化的。

随着商品经济的发展,经济活动的内容日益丰富,记账内容逐步扩展,"借"和"贷"两个字逐渐失去原来的含义而作为会计专业术语,转化为纯粹的记账符号。

(一) 借贷记账法的特点

1. 用"借"和"贷"作为记账符号

"借"和"贷"作为借贷记账法的记账符号,用来表示所记账户中会计要素的增加或减少。但是,在哪些账户中表示增加,又在哪些账户中表示减少,要根据账户的性质来确定。

2. 以"有借必有贷,借贷必相等"作为记账规则

根据复式记账原理,对每项经济业务都要以相等金额,同时在两个或两个以上相互联系的账户中进行登记。记账时,对每项经济业务必须以相同的金额,一方面记入一个或几个有关账户的借方;另一方面记入一个或几个有关账户的贷方,记入借方账户和贷方账户的数额必然相等。这就形成了借贷记账法的记账规则,"有借必有贷,借贷必相等"。

3. 以"借方金额等于贷方金额"作为试算平衡公式

由于借贷记账法在处理每项交易或事项时,都遵循了"有借必有贷,借贷必相等"的记账规则,那么在一定时期内(一个月、一个季度或一年),所记录的全部经济业务的借方发生额总和与贷方发生额总和总是相等的;所有期末有余额的账户,账户的借方余额和贷方余额也必然是相等的。其试算平衡公式为:

$$全部账户期初借方余额合计=全部账户期初贷方余额合计$$
$$全部账户本期借方发生额合计=全部账户本期贷方发生额合计$$
$$全部账户期末借方余额合计=全部账户期末贷方余额合计$$

利用这种关系,就可以检查各账户的记录是否正确,以确保会计核算的准确性。

4. 可以设置和运用双重性质的账户

在借贷记账法下,账户根据不同的经济性质,一般分为资产、负债和所有者权益三类。但为了灵活处理账务,也可以设置和运用双重性质的账户。双重性质的账户根据期末余额方向来确定其性质,如果余额在借方,就是资产类账户;如果余额在贷方,就是负债类账户。如"待处理财产损溢""投资收益""清算资金往来"等账户。

(二) 借贷记账法下的账户结构

在借贷记账法中,账户的基本结构是:左方为借方,右方为贷方。

1. 资产类账户

资产类账户结构特点是借方记录资产增加额,贷方记录资产减少额,期初、期末余额都在借方。资产类账户的结构如图 3-1 所示。

借方	应付账款	贷方
期初余额 a		
增加额 b	减少额 c	
	减少额 d	
本期增加发生额:b	本期减少发生额:c+d	
期末余额:a+b−c−d		

图 3-1 资产类账户的结构

该账户的发生额和余额之间的关系表示为：

资产类账户期末余额＝借方期初余额＋本期借方发生额－本期贷方发生额

2. 负债类和所有者权益类账户

负债类和所有者权益类账户的结构特点是负债或所有者权益的增加额记入贷方，减少额记入借方，期初期末余额反映在贷方。其账户结构如图 3-2 所示。

借	负债类和所有者权益类账户名称	贷
		期初余额 a
减少额 c		增加额 b
减少额 d		
本期减少发生额：c＋d		本期增加发生额：b
		期末余额：a＋b－c－d

图 3-2 负债类和所有者权益类账户的结构

该账户的发生额和余额之间的关系表示为：

负债类或所有者权益类账户期末余额＝贷方期初余额＋本期贷方发生额－本期借方发生额

3. 成本、费用类账户

企业在生产经营过程中要有各种耗费，有成本、费用发生，在费用、成本抵销收入之前，可以将其看作一种资产，如"生产成本"账户用于归集在生产过程中某产品所发生的所有耗费，但在尚未完工结转入库时，其反映企业在产品这项资产的金额。同时，费用、成本与资产同处于等式的左方，因此其结构与资产类账户的结构基本相同，只是由于借方记录的费用、成本的增加额一般都要通过贷方转出，所以该类账户通常没有期末余额。如果因某种情况有余额，也表现为借方余额。其账户结构如图 3-3 所示。

借	成本、费用类账户名称	贷
增加额 a		减少额 c
增加额 b		转出额 a＋b－c
本期增加发生额：a＋b		本期减少发生额：a＋b

图 3-3 成本、费用类账户的结构

4. 收入类账户

收入类账户的结构与负债和所有者权益的结构一样，收入的增加额记入账户的贷方，收入减少额（转出额）则应记入账户的借方，由于贷方记录的收入增加额一般要通过借方转出，所以该类账户通常也没有期末余额。其账户结构如图 3-4 所示。

借	收入类账户名称	贷
减少额 c		增加额 a
转出额 a＋b－c		增加额 b
本期减少发生额：a＋b		本期增加发生额：a＋b

图 3-4 收入类账户的结构

综上所述可以看出,"借""贷"两字作为记账符号所表示的经济含义是不一样的,如表3-3所示。

表3-3　　　　　　　　　　　　　　借贷方向

借	贷
资产增加	资产减少
负债和所有者权益减少	负债和所有者权益增加
成本、费用增加	成本、费用减少或转出
收入减少(或转出)	收入增加

下面以中信公司发生的经济业务为例,具体说明借贷记账法的特点。

实战演练

【例3-6】 中信公司20×8年12月31日资产类、负债类、所有者权益类账户的期末余额如表3-4所示。

表3-4　　　　　　　　中信公司各账户期末余额表　　　　　　　　单位:元

资产类账户	金额	负债类和所有者权益类账户	金额
库存现金	1 000	短期借款	150 000
银行存款	49 000	应付账款	100 000
应付账款	80 000	应付职工薪酬	30 000
原材料	220 000	应付股利	40 000
固定资产	230 000	实收资本	180 000
		资本公积	80 000
总计	580 000	总计	580 000

从表3-4中,我们可以看到,资产580 000元＝负债320 000元＋所有者权益260 000元。

中信公司20×9年1月发生以下业务:

(1) 20×9年1月中信公司投资者继续投入货币资金200 000元,手续已办妥,款项已转入本公司的存款户头。该项业务的发生说明,中信公司在拥有260 000元资本金的前提下,继续扩大规模,投入货币资金200 000元。这对中信公司来讲,一方面公司银行存款增加;另一方面公司实收资本的规模也扩大。经进一步分析,银行存款属于资产类账户,实收资本属于所有者权益类账户。根据借贷记账法下的账户结构,资产的增加通过账户的借方反映;所有者权益的增加通过账户的贷方反映。最后确定,借记"银行存款"账户200 000元,贷记"实收资本"账户200 000元。该业务属于等式两边资产与所有者权益等额增加的业务,应登记账户如图3-5所示。

借	银行存款	贷	借	实收资本	贷
(1) 200 000					(1) 200 000

图3-5　登记账户

(2) 中信公司从新乐公司购买所需原材料,但由于资金周转紧张,70 000 元货款尚未支付。

该项业务的发生说明,由于购料款未付,一方面使公司原材料增加;另一方面使公司应付账款增加。经分析,原材料属于资产类账户,应付账款属于负债类账户。根据借贷记账法下的账户结构,资产的增加通过账户的借方反映;负债的增加通过账户的贷方反映。最后确定,借记"原材料"账户 70 000 元,贷记"应付账款"账户 70 000 元。该业务属于等式两边资产与负债等额增加的业务,登记账户如图 3-6 所示。

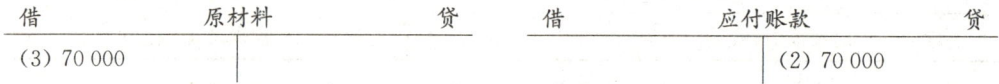

图 3-6 登记账户

(3) 中信公司通过银行转账支付给银行于本月到期的银行借款 80 000 元。

该项业务说明,由于归还以前的银行借款,一方面使公司属于资产项目的银行存款减少 80 000 元;另一方面使属于负债项目的短期借款减少 80 000 元。银行存款属于资产类账户,短期借款属于负债类账户。根据借贷记账法下的账户结构,资产的减少通过账户的贷方反映;负债的减少通过账户的借方反映。最后确定,借记"短期借款"账户 80 000 元,贷记"银行存款"账户 80 000 元。该业务属于等式两边的资产与负债同时等额减少的业务,登记账户如图 3-7 所示。

借	短期借款	贷	借	银行存款	贷
(3) 80 000				(3) 80 000	

图 3-7 登记账户

(4) 上级主管部门按法定程序将一台价值 100 000 元的设备调出,以抽回国家对中信公司的投资。

该项业务的发生说明,由于国家调出设备,抽回投资,一方面使公司属于资产项目的固定资产减少 100 000 元;另一方面使属于所有者权益项目的实收资本减少 100 000 元。根据借贷记账法下的账户结构,资产的减少通过账户的贷方反映;所有者权益的减少通过账户的借方反映。因此,借记"实收资本"账户 100 000 元,贷记"固定资产"账户 100 000 元。等式两边的资产与所有者权益同时等额减少,登记账户如图 3-8 所示。

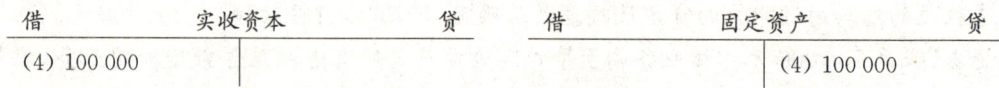

图 3-8 登记账户

(5) 中信公司开出转账支票 40 000 元,购买一台电子仪器。

该项业务的发生说明,由于购买仪器设备款已付,一方面使公司新的电子仪器固定资产增加 40 000 元;另一方面使银行存款减少 40 000 元。固定资产和银行存款都属于公司的资产账户。根据借贷记账法下的账户结构,资产的增加通过账户的借方反映,资产的减少通过账户的贷方反映。因此,借记"固定资产"账户 40 000 元,贷记"银行存款"账户 40 000 元。等式左边的资产一增一减,登记账户如图 3-9 所示。

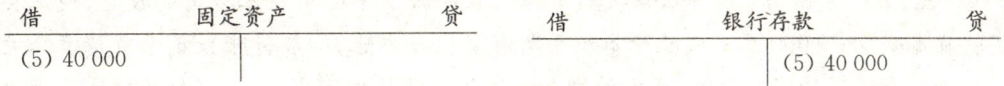

图 3-9　登记账户

(6) 中信公司开出一张面值为 50 000 元的商业汇票,以抵偿原欠新乐公司的材料款。

该项经济业务中,由于用商业汇票抵偿原欠材料款,一方面使公司的应付票据增加了 50 000 元;另一方面使企业的应付账款减少 50 000 元。应付票据和应付账款都属于公司的负债类账户。根据借贷记账法下的账户结构,负债的增加通过账户的贷方反映,负债的减少通过账户的借方反映。因此,借记"应付账款"账户 50 000 元,贷记"应付票据"账户 50 000 元。等式右边负债一增一减,登记账户如图 3-10 所示。

借	应付账款	贷	借	应付票据	贷
(6) 50 000					(6) 50 000

图 3-10　登记账户

(7) 中信公司按法定程序将资本公积 60 000 元转增资本金。

该业务中,由于将资本公积 60 000 元转增资本金,一方面使公司的实收资本增加 60 000 元;另一方面使资本公积减少 60 000 元。资本公积和实收资本都属于所有者权益类账户。根据借贷记账法下的账户结构,所有者权益的增加通过账户的贷方反映,所有者权益的减少通过账户的借方反映。最后确定,借记"资本公积"账户 60 000 元,贷记"实收资本"账户 60 000 元。等式右边的所有者权益一增一减,登记账户如图 3-11 所示。

借	资本公积	贷	借	实收资本	贷
(7) 60 000					(7) 60 000

图 3-11　登记账户

(8) 中信公司按法定程序将应支付给投资者的股利 20 000 元转增资本金。

该业务中,由于将应付利润转增资本金,一方面使公司实收资本增加 20 000 元;另一方面使应付股利减少 20 000 元。实收资本属于所有者权益类账户,应付股利属于负债类账户。根据借贷记账法下的账户结构,所有者权益的增加通过账户的贷方反映,负债的减少通过账户的借方反映。最后确定,借记"应付股利"账户 20 000 元,贷记"实收资本"账户 20 000 元。等式右边的所有者权益增加与负债减少等额,登记账户如图 3-12 所示。

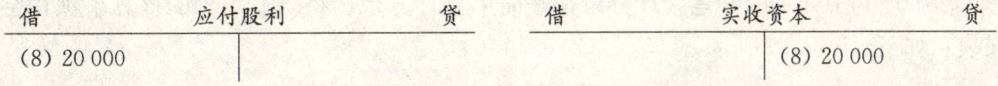

图 3-12　登记账户

(9) 中信公司已承诺代甲公司偿还甲公司前欠乙公司的货款 90 000 元,但款项尚未支付。与此同时,办妥相关手续,冲减甲公司在中信公司的投资。

该业务说明,一方面由于中信公司已承诺但未支付一笔欠款,使公司的应付账款增加 90 000 元;另一方面由于代甲公司支付此项欠款而减少甲公司在本公司的投资,使本公司的实收资本减少 90 000 元。实收资本属于所有者权益类账户,应付账款属于负债类账户。根据借贷记账法下的账户结构,负债的增加通过账户的贷方反映,所有者权益的减少通过账户的借方反映。最后确定,借记"实收资本"账户 90 000 元,贷记"应付账款"账户 90 000 元。导致等式右边的负债及所有者权益类之间有增有减,登记账户如图 3-13 所示。

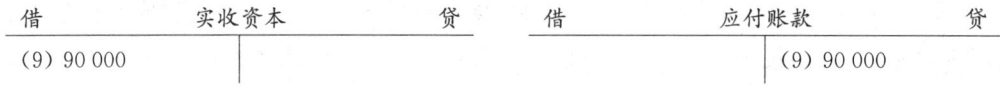

图 3-13 登记账户

以上举例,已经概括了企业的所有业务类型。无论哪种类型的经济业务,都是以相等的金额同时记入有关账户的借方和另一账户的贷方。这样就可以归纳出借贷记账法的记账规则为"有借必有贷,借贷必相等"。

借贷记账法的账户结构要求对发生的任何经济事项,都要按借贷相反的方向进行记录,如果在一个账户中记借方,必然在另一账户中记贷方,即"有借必有贷"。

(三) 借贷记账法下的账户对应关系与会计分录

1. 账户的对应关系

从以上举例可以看出,在运用借贷记账法进行核算时,在有关账户之间存在着应借、应贷的相互关系,账户之间的这种相互关系称为账户的对应关系。存在对应关系的账户称为对应账户。例如,用现金 500 元购买原材料,就要在"原材料"账户的借方和"库存现金"账户的贷方进行记录。这样"原材料"账户与"库存现金"账户就发生了对应关系,两个账户也就成了对应账户。掌握账户的对应关系很重要,通过账户的对应关系,会计人员可以了解经济业务的内容,检查对经济业务的处理是否合理、合法。

2. 会计分录

(1) 会计分录的含义。会计分录简称分录,是对每一项经济业务列示出应借、应贷的账户名称及其金额的一种记录。会计分录由应借应贷方向、相互对应的科目及其金额三个要素构成。在我国,会计分录记载于记账凭证中。

(2) 会计分录的分类。按照所涉及账户的多少,会计分录分为简单会计分录和复合会计分录。简单会计分录是指只涉及一个账户借方和另一个账户贷方的会计分录,即一借一贷的会计分录。复合会计分录是指由两个以上(不含两个)对应账户组成的会计分录,即一借多贷、多借一贷或多借多贷的会计分录。

[例 3-6]中列举的 9 笔会计分录都是简单会计分录。将[例 3-6]的核算事项用会计分录表示如下:

(1) 借:银行存款   200 000
   贷:实收资本   200 000

(2) 借：原材料　　　　　　　　　　　　　　　　　　　　70 000
　　　贷：应付账款　　　　　　　　　　　　　　　　　　　　70 000
(3) 借：短期借款　　　　　　　　　　　　　　　　　　　　80 000
　　　贷：银行存款　　　　　　　　　　　　　　　　　　　　80 000
(4) 借：实收资本　　　　　　　　　　　　　　　　　　　 100 000
　　　贷：固定资产　　　　　　　　　　　　　　　　　　　 100 000
(5) 借：固定资产　　　　　　　　　　　　　　　　　　　　40 000
　　　贷：银行存款　　　　　　　　　　　　　　　　　　　　40 000
(6) 借：应付账款　　　　　　　　　　　　　　　　　　　　50 000
　　　贷：应付票据　　　　　　　　　　　　　　　　　　　　50 000
(7) 借：资本公积　　　　　　　　　　　　　　　　　　　　60 000
　　　贷：实收资本　　　　　　　　　　　　　　　　　　　　60 000
(8) 借：应付股利　　　　　　　　　　　　　　　　　　　　20 000
　　　贷：实收资本　　　　　　　　　　　　　　　　　　　　20 000
(9) 借：实收资本　　　　　　　　　　　　　　　　　　　　90 000
　　　贷：应付账款　　　　　　　　　　　　　　　　　　　　90 000

在实际工作中，不允许将多项经济业务合并编制复合会计分录，但若同属一项经济业务，则可编制复合会计分录。对复合会计分录举例如下。

实战演练

【例 3-7】 某公司购买原材料一批，价值 98 000 元，用银行存款支付 48 000 元，其余款项尚未支付。该项业务涉及资产类账户的"原材料"账户、"银行存款"账户和负债类账户的"应付账款"账户，编制复合会计分录如下（假定不考虑相关税费）：

借：原材料　　　　　　　　　　　　　　　　　　　　　　98 000
　贷：银行存款　　　　　　　　　　　　　　　　　　　　　48 000
　　　应付账款　　　　　　　　　　　　　　　　　　　　　50 000

书写会计分录时应做到：
(1) 会计科目应书写完整，一级会计科目必须规范。
(2) 先借后贷，前后错开，分上下行写。
(3) 同方向的会计科目、金额要对齐。
(4) 保持借方金额等于贷方金额。

3. 借贷记账法的试算平衡

各项经济业务编制会计分录后，都应记入有关账户，该步骤通常称为过账。过账以后，一般要在月末进行结账，即结算出各账户的本期发生额合计和期末余额。现将[例 3-6]中的会计分录记入各账户，如图 3-14 所示。

借	库存现金	贷	借	应付职工薪酬	贷
期初余额　1 000					期初余额　30 000
本期发生额	本期发生额		本期发生额		本期发生额
期末余额　1 000					期末余额　30 000

借	银行存款		贷		借	应付账款		贷
期初余额	49 000						期初余额	100 000
本期发生额		本期发生额			本期发生额		本期发生额	
(1)	200 000	(3)	80 000		(6)	50 000	(2)	70 000
		(5)	40 000				(9)	90 000
期末余额	129 000						期末余额	210 000

借	原材料		贷		借	短期借款		贷
期初余额	220 000						期初余额	150 000
本期发生额		本期发生额			本期发生额		本期发生额	
(2)	70 000				(3)	80 000		
期末余额	290 000						期末余额	70 000

借	固定资产		贷		借	应付票据		贷
期初余额	230 000						期初余额	0
本期发生额		本期发生额			本期发生额		本期发生额	
(5)	40 000	(4)	100 000				(6)	50 000
期末余额	170 000						期末余额	50 000

借	应付股利		贷		借	资本公积		贷
		期初余额	40 000				期初余额	80 000
本期发生额		本期发生额			本期发生额		本期发生额	
(8)	20 000				(7)	60 000		
		期末余额	20 000				期末余额	20 000

借	应收账款		贷		借	实收资本		贷
期初余额	80 000						期初余额	180 000
本期发生额		本期发生额			本期发生额		本期发生额	
					(4)	100 000	(1)	200 000
					(9)	90 000	(7)	60 000
							(8)	20 000
期末余额	80 000						期末余额	270 000

图 3-14 登记账户

四、试算平衡

企业对日常发生的经济业务都要记入有关账户,由于内容庞杂,次数繁多,记账稍有疏忽,便有可能发生差错。因此,对全部账户的记录必须定期进行试算,借以验证账户记录是否正确。所谓试算平衡,是指根据会计恒等式"资产=负债+所有者权益"以及借贷记账法的记账规则,通过汇总、检查和验算确定所有账户记录是否正确的过程。它包括发生额试算平衡和余额试算平衡。

(一) 发生额试算平衡

发生额试算平衡包括两方面的内容:一是每笔会计分录的发生额平衡,即每笔会计分录的借方发生额必须等于贷方发生额,这是由借贷记账法的记账规则决定的;二是本期发生额的平衡,即本期所有账户的借方发生额合计必须等于所有账户的贷方发生额合计。因为本期所有账户的借方发生额合计,相当于把复式记账的借方发生额相加;所有账户的贷方发生额合计,相当于把复式记账的贷方发生额相加,两者必然相等。这种平衡关系用公式表示为:

$$第一笔会计分录的借方发生额 = 第一笔会计分录的贷方发生额$$
$$\vdots \qquad \vdots$$
$$第 n 笔会计分录的借方发生额 = 第 n 笔会计分录的贷方发生额$$
$$\sum 所有业务借方发生额 = \sum 所有业务贷方发生额$$

本期全部账户借方发生额合计=本期全部账户贷方发生额合计

发生额试算平衡是根据上面两种发生额平衡关系,来检验本期发生额记录是否正确的方法。在实际工作中,本项工作是通过编制发生额试算平衡表进行的,如表3-5所示。

表 3-5 发生额试算平衡表 单位:元

会计科目	本期发生额	
	借方	贷方
库存现金		
银行存款	200 000	120 000
应收账款		
原材料	70 000	
固定资产	40 000	100 000
短期借款	80 000	
应收票据		50 000
应付账款	50 000	160 000
应付职工薪酬		
应付股利	20 000	
实收资本	190 000	280 000
资本公积	60 000	
合计	710 000	710 000

(二)余额试算平衡

余额试算平衡是指所有账户的借方余额之和与所有账户的贷方余额之和相等。余额试算平衡就是根据此恒等关系检验本期记录是否正确的方法。这是由"资产=负债+所有者权益"的恒等关系决定的。在某一时点上,有借方余额的账户应是资产类账户,有贷方余额的账户应是权益类账户,分别合计其金额,即可得到有相等关系的资产总额与权益总额。根据余额的时间不同,可分为期初余额平衡和期末余额平衡。本期的期末余额平衡结转到下一期,就成为下一期的期初余额平衡。这种关系也可用下列公式表示:

资产=负债+所有者权益
本期期末资产借方余额=本期期末负债贷方余额+本期期末所有者权益贷方余额
本期期末全部账户的借方余额合计=本期期末全部账户的贷方余额合计

在实际工作中,本项工作是通过编制余额试算平衡表进行的,如表3-6所示。

表3-6　　　　　　　　　　期末余额试算平衡表　　　　　　　　单位:元

会计科目	借方	贷方
库存现金	1 000	
银行存款	129 000	
应收账款	80 000	
原材料	290 000	
固定资产	170 000	
短期借款		70 000
应付票据		50 000
应付账款		210 000
应付职工薪酬		30 000
应付股利		20 000
实收资本		270 000
资本公积		20 000
合计	670 000	670 000

在实际工作中,发生额试算平衡表及余额试算平衡表可以合并编表,如表3-7所示。

表3-7　　　　　　　　　　发生额及余额试算平衡表　　　　　　　　单位:元

会计科目	期初余额		本期发生额		期末余额	
	借方	贷方	借方	贷方	借方	贷方
库存现金	1 000				1 000	
银行存款	49 000		200 000	120 000	129 000	
应收账款	80 000				80 000	
原材料	220 000		70 000		290 000	
固定资产	230 000		40 000	100 000	170 000	

(续表)

会计科目	期初余额		本期发生额		期末余额	
	借方	贷方	借方	贷方	借方	贷方
短期借款		150 000	80 000			70 000
应付票据				50 000		50 000
应付账款		100 000	50 000	160 000		210 000
应付职工薪酬		30 000				30 000
应付股利		40 000	20 000			20 000
实收资本		180 000	190 000	280 000		270 000
资本公积		80 000	60 000			20 000
合计	580 000	580 000	710 000	710 000	670 000	670 000

应该看到,试算平衡表只是通过借贷金额是否平衡来检查账户记录是否正确,而有些错误对于借贷双方的平衡并不发生影响。因此,会计人员在编制试算平衡表时应对以下问题引起注意:

(1) 必须保证所有账户的余额均已记入试算平衡表。因为会计等式是对六项会计要素整体而言的,缺少任何一个账户的余额,都会造成期初或期末借方余额合计与贷方余额合计不相等。

(2) 如果借贷不平衡,则账户记录肯定有错误,应认真查找,直到实现平衡为止。

(3) 但即使借贷平衡,也不能说明账户记录绝对正确,因为有些错误对于借贷双方的平衡并不发生影响。例如:

① 漏记某项经济业务,将使本期借贷双方的发生额减少,借贷仍然平衡。
② 重记某项经济业务,将使本期借贷双方的发生额发生等额虚增,借贷仍然平衡。
③ 某项经济业务记错有关账户,借贷仍然平衡。
④ 某项经济业务颠倒了记账方向,借贷仍然平衡。
⑤ 借方发生额或贷方发生额中,偶然一多一少并相互抵销,借贷仍然平衡。

项目小结

本项目主要介绍了会计等式、复式记账与借贷记账法、会计分录和试算平衡。

"资产=负债+所有者权益"是会计基本等式,也是会计恒等式。它是设置账户、复式记账、试算平衡和编制会计报表的理论基础。

复式记账有增减记账法、收付记账法和借贷记账法。借贷记账法是以"借"和"贷"作为记账符号的一种复式记账方法。它的特点有:以"借"和"贷"作为记账符号;以"有借必有贷,借贷必相等"为记账规则;以"借方金额等于贷方金额"为试算平衡公式等。

会计分录是对发生的每一项经济业务,指出其应借、应贷账户名称及金额的一种记录。试算平衡是以借贷记账法的记账规则为理论基础,以"借方金额等于贷方金额"的试算平衡公式来检验全部账户记录正确性和完整性的一种会计检查方法。

项目考核

一、单选题

1. 企业的资产总额与权益总额（　　）。
   A. 必然相等　　　　B. 期末相等　　　　C. 有时相等　　　　D. 一定不相等
2. 从银行取得借款偿还应付账款，属于（　　）。
   A. 资产内部之间此增彼减　　　　B. 负债内部此增彼减
   C. 资产与权益同增加　　　　　　D. 资产与权益同减少
3. 收入类账户的结构与负债类账户的结构（　　）。
   A. 完全相同　　　　B. 没有关系　　　　C. 正好相反　　　　D. 基本一致
4. 借贷记账法的理论依据是（　　）。
   A. 复式记账法　　　　　　　　　B. 借贷平衡
   C. 资产＝负债＋所有者权益　　　D. 有借必有贷，借贷必相等
5. 复式记账法是对每一笔经济业务都要以相等的金额在（　　）相互联系的账户中进行登记。
   A. 一个　　　　　　　　　　　　B. 两个
   C. 三个　　　　　　　　　　　　D. 两个或两个以上

二、多选题

1. 试算平衡无法发现的错误有（　　）。
   A. 漏记某笔经济业务　　　　　　B. 重记某笔经济业务
   C. 颠倒记账方向　　　　　　　　D. 漏记一个借方余额
2. 在借贷记账法下，期末结账后，一般有余额的账户有（　　）类账户。
   A. 资产　　　　B. 收入　　　　C. 负债　　　　D. 费用
3. 收到银行存款的利息收入，正确的会计分录为（　　）。
   A. 借记"银行存款"　　　　　　　B. 贷记"应收利息"
   C. 借记"应收账款"　　　　　　　D. 贷记"利息收入"
4. 借贷记账法下，账户的借方登记的内容有（　　）。
   A. 收入的结转　　　　　　　　　B. 负债的减少
   C. 资产的增加　　　　　　　　　D. 所有者权益的减少
5. 对负债类账户而言，（　　）。
   A. 借方登记负债金额的增加　　　B. 贷方登记负债金额的增加
   C. 期末余额一般在贷方　　　　　D. 借方登记负债金额的减少

三、业务题

A公司本月发生的经济业务如下：

1. 向银行借入短期借款20 000元。
2. 购进原材料25 000元，用银行存款支付，材料已入库。
3. 以银行存款偿还应付账款15 000元。

4. 收到投资者投入原材料一批,价值10 000元。
5. 从银行提取现金5 000元。
6. 生产领用原材料3 000元。
7. 销售一批产品,取得业务收入20 000元,货款已存入银行。
8. 用银行存款支付上月增值税3 500元。
9. 收到B公司归还的前欠货款18 000元。
10. 用银行存款支付水电费6 000元,其中,4 000元用于生产车间,2 000元用于管理部门。

要求:(1)根据上述业务,编制会计分录。
(2)指明上述经济业务涉及的账户及引起经济业务增减变动的业务类型。

项目四

借贷记账法下主要经济业务的账务处理

知识教学目标

知识教学目标

➤ 了解制造企业经营过程涉及的主要经济业务。
➤ 熟悉制造企业会计核算过程中需要设置的主要账户及核算要求。
➤ 掌握制造企业资金循环各个环节的主要经济业务核算方法。

任务一　资金筹集的核算

企业为了进行正常的生产经营活动,就必须要有一定数量的财产物资作为基础。在整个生产经营的最初阶段,企业需要筹集一定数量的资金来满足企业运营的需要。筹集资金是企业生产经营全过程的第一步。企业资金来源主要有两种途径:一种是投资人直接投入的资金,这部分资金形成企业的所有者权益;另一种是从债权人处借入的资金,这部分资金形成企业的负债。

一、投资者投入资本的业务处理

(一) 主要账户设置

1. "实收资本"(或"股本")账户

(1) 账户类型:本账户属于所有者权益类账户。

(2) 核算内容:本账户核算企业投资者实际投入企业的各项财产物资的增减变动及期末结余情况。在一般情况下,股份有限公司应该设置"股本"账户,其他类型的企业设置"实收资本"账户。

(3) 账户结构:本账户贷方反映企业收到投资者投入企业的资本或者以资本公积、盈余公积转增资本的数额;账户借方反映投资者投入企业资本的减少。

(4) 期末余额:期末余额在贷方,反映企业所有者投入资本的实有数额。

(5) 明细设置:本账户一般按投资人开设明细账,进行明细分类核算。

2. "资本公积"账户

(1) 账户类型:本账户属于所有者权益类账户。

(2) 核算内容:本账户核算企业收到的投资者的出资额超过其在企业注册资本或股本中所占份额的部分(也称资本溢价或股本溢价),以及直接计入所有者权益的利得和损失。

(3) 账户结构:本账户贷方反映资本或股本的溢价以及直接计入所有者权益的利得,表示资本公积的增加额;借方反映将资本公积转增资本以及直接计入所有者权益的损失等资本公积的减少额。

(4) 期末余额:期末余额在贷方,反映企业资本公积的实有数额。

(5) 明细设置:本账户一般应设置"资本溢价"("股本溢价")以及"其他资本公积"明细账,进行明细分类核算。

3. "库存现金"账户

(1) 账户类型:本账户属于资产类账户。

(2) 核算内容:本账户核算企业库存现金的收入和支出。

(3) 账户结构:本账户借方反映库存现金的增加额;贷方反映库存现金的减少额。

(4) 期末余额:期末余额在借方,反映企业实际持有的库存现金数额。

4. "银行存款"账户

(1) 账户类型:本账户属于资产类账户。

(2) 核算内容：本账户核算企业存入银行等金融机构的款项。
(3) 账户结构：本账户借方核算银行存款的增加额；贷方核算企业银行存款的减少额。
(4) 期末余额：期末余额在借方，反映企业实际持有的银行存款数额。

(二) 主要账务处理

实战演练

【例4-1】 A、B、C三人共同出资投资设立甲有限责任公司，注册资本为2 000 000元，款项通过银行收妥。A、B、C三人持股比例分别为55%、25%和20%。按照公司章程规定，A、B、C三人投入资本分别为1 100 000元、500 000元和400 000元。甲有限责任公司已如期收到投资者一次缴足的款项。不考虑其他因素，甲有限责任公司应编制会计分录如下：

借：银行存款　　　　　　　　　　　　　　　　2 000 000
　　贷：实收资本——A　　　　　　　　　　　　　1 100 000
　　　　　　　　——B　　　　　　　　　　　　　　500 000
　　　　　　　　——C　　　　　　　　　　　　　　400 000

【例4-2】 承[例4-1]，1年后，为扩大经营规模，经批准，甲有限责任公司注册资本增加到2 500 000元，并引入第四位投资者D。按照投资协议，D需缴入现金850 000元，同时享有该公司20%的股份。甲有限责任公司已收到D的现金投资，不考虑其他因素，甲有限责任公司应编制会计分录如下：

借：库存现金　　　　　　　　　　　　　　　　　850 000
　　贷：实收资本——D (2 500 000×20%)　　　　　500 000
　　　　资本公积——资本溢价　　　　　　　　　　350 000

【例4-3】 20×9年5月1日，甲公司接受丙公司投资，丙公司投资A设备一台，双方经协商确认该设备的现有价值为420 000元，有关设备的移交手续已办妥，相关的会计分录如下：

借：固定资产——A设备　　　　　　　　　　　　420 000
　　贷：实收资本——丙公司　　　　　　　　　　　420 000

【例4-4】 20×9年6月1日，甲公司收到金方公司的一项专利，作为金方公司对甲公司的投资，该专利公允价值为50 000元，相关手续已办妥，相关的会计分录如下：

借：无形资产——专利技术　　　　　　　　　　　50 000
　　贷：实收资本——金方公司　　　　　　　　　　50 000

知识链接

资金是企业开展正常的生产经营所必不可少的先决条件，企业资金可以通过接受投资者投资和向债权人借入两种途径来取得；投资者投入企业的资本按照物质形态不同，可以分为货币资产投资、实物资产投资、无形资产投资等；在一般情况下，投资者投入的资本不得收回，企业不得擅自改变注册资本数额以及抽逃资金。

二、企业借入资金的业务处理

（一）主要账户设置

1. "短期借款"账户

（1）账户类型：本账户属于负债类账户。

（2）核算内容：本账户核算企业向银行等金融机构或者其他非金融机构借入的期限在1年或1年以内的各种款项增减变动及期末结余情况。

（3）账户结构：本账户贷方反映企业借入的短期借款本金的增加额；借方反映到期偿还的短期借款本金数额。

（4）期末余额：期末余额在贷方，反映企业尚未归还的短期借款本金数额。

（5）明细设置：本账户一般按债权人、借款类别、币种开设明细账进行明细分类核算。

2. "长期借款"账户

（1）账户类型：本账户属于负债类账户。

（2）核算内容：本账户核算企业向银行等金融机构或者其他非金融机构借入的期限在1年以上的各种借款增减变动及期末结余情况。

（3）账户结构：本账户贷方反映企业取得的长期借款数额；借方反映企业偿还的长期借款数额。

（4）期末余额：期末余额在贷方，反映企业尚未偿还的长期借款。

（5）明细设置：本账户一般应设置"本金""利息调整"明细账，进行明细分类核算。

3. "财务费用"账户

（1）账户类型：本账户属于损益类账户。

（2）核算内容：本账户核算企业为筹集生产经营所需资金而发生的各项费用以及费用的结转情况，如企业发生的利息、汇兑损益、手续费、现金折扣，以及其他相关的筹资费用等都在该账户中核算。

（3）账户结构：本账户借方核算企业发生的利息支出、借款手续费、汇兑损失等财务费用的增加数；贷方登记因取得利息收入、汇兑收益等冲减财务费用的数额以及期末转入"本年利润"账户的数额。

（4）期末余额：本账户期末一般无余额。

（5）明细设置：本账户一般应按照费用项目设置明细账，进行明细分类核算。

4. "应付利息"账户

（1）账户类型：本账户属于负债类账户。

（2）核算内容：本账户核算企业按照借款合同约定应该向债权人支付的借款利息费用。

（3）账户结构：本账户贷方反映企业按借款合同利率计算的应付利息增加数；借方反映企业实际支付的利息。

（4）期末余额：期末余额在贷方，反映企业尚未支付的利息费用。

（5）明细设置：本账户一般应按照债权人设置明细账，进行明细分类核算。

(二) 主要账务处理

实战 演练

【例 4-5】 20×9 年 1 月 1 日,甲公司借入一笔短期借款,共计 120 000 元,期限为 9 个月,年利率为 4‰,该借款到期一次偿还本金,利息分月预提,按季支付。甲公司应编制会计分录如下:

(1) 借入时:

借：银行存款　　　　　　　　　　　　　　　　　　　　　　　120 000
　贷：短期借款　　　　　　　　　　　　　　　　　　　　　　　　120 000

(2) 月末,计提 1 月份应付利息:

借：财务费用——利息费用　　　　　　　　　　　　　　　　　　400
　贷：应付利息　　　　　　　　　　　　　　　　　　　　　　　　　400

2 月末计提 2 月份利息与 1 月份相同。

(3) 3 月末支付第一季度银行借款利息:

借：财务费用——利息费用　　　　　　　　　　　　　　　　　　400
　　应付利息　　　　　　　　　　　　　　　　　　　　　　　　　800
　贷：银行存款　　　　　　　　　　　　　　　　　　　　　　　1 200

第二、第三季度的会计处理同上。

(4) 10 月 1 日到期归还本金:

借：短期借款　　　　　　　　　　　　　　　　　　　　　　　120 000
　贷：银行存款　　　　　　　　　　　　　　　　　　　　　　　　120 000

【例 4-6】 20×9 年 1 月 1 日,甲公司从建行取得一笔为期 2 年的借款 500 万元,款项收存银行,年利率为 7‰,该借款用于基建工程,借款利息按年支付,借款本金到期后一次还本。相关会计分录如下:

(1) 取得借款时:

借：银行存款　　　　　　　　　　　　　　　　　　　　　　5 000 000
　贷：长期借款——本金　　　　　　　　　　　　　　　　　　　5 000 000

(2) 每年年末计提利息时:

借：在建工程　　　　　　　　　　　　　　　　　　　　　　　350 000
　贷：应付利息　　　　　　　　　　　　　　　　　　　　　　　　350 000

(3) 每年年末支付利息时:

借：应付利息　　　　　　　　　　　　　　　　　　　　　　　350 000
　贷：银行存款　　　　　　　　　　　　　　　　　　　　　　　　350 000

(4) 归还长期借款时:

借：长期借款——本金　　　　　　　　　　　　　　　　　　5 000 000
　贷：银行存款　　　　　　　　　　　　　　　　　　　　　　　5 000 000

> **知识链接**
>
> 借入资金的会计处理包括取得借款、计算利息、支付利息和偿还借款四项主要内容。长期借款计算确定的利息费用，应当按以下原则计入有关成本、费用：
> (1) 属于筹建期间的，计入管理费用。
> (2) 属于生产经营期间的，如果长期借款用于购建固定资产等符合资本化条件的资产，在资产尚未达到预定可使用状态前所发生的利息支出应当资本化，计入在建工程、制造费用等相关资产成本。
> (3) 资产达到预定可使用状态后发生的利息支出，以及按规定不能资本化的利息支出，计入财务费用。

任务二　采购业务的核算

一、采购业务核算的主要内容

采购业务是企业供应过程中的主要业务，也是企业资金周转的第一个环节。在供应阶段，企业需要花费资金构建厂房、设备，并且需要进行原材料的采购，为下一步的生产经营作好准备工作。

在本任务中，将主要介绍原材料的采购业务以及固定资产的购置处理。

二、材料采购业务的核算

（一）主要账户设置

1."在途物资"账户

(1) 账户类型：本账户属于资产类账户。

(2) 核算内容：本账户核算企业购入的尚未到达或尚未验收入库的外购材料的实际采购成本。

(3) 账户结构：本账户借方登记购入原材料的买价和采购费用；贷方登记已验收入库按实际采购成本转入"原材料"账户借方的数额。

(4) 期末余额：期末余额在借方，反映企业期末尚未到达或尚未验收入库的在途材料的实际成本。

(5) 明细设置：本账户可按供应单位和材料类别品种设置明细账，进行明细分类核算。

2."原材料"账户

(1) 账户类型：本账户属于资产类账户。

(2) 核算内容：本账户核算企业已验收入库的原材料的增加、减少和期末结余情况。

(3) 账户结构：本账户借方登记购入并验收入库材料的实际采购成本；贷方登记发出材料的实际成本。

(4) 期末余额：期末余额在借方，反映企业库存原材料的实际成本。

(5) 明细设置：本账户一般应按照原材料的品种规格等设置明细账，进行明细分类核算。

3. "应付账款"账户

（1）账户类型：本账户属于负债类账户。

（2）核算内容：本账户核算企业因购买原材料物资、接受劳务等经营活动应该支付给供应单位的款项。

（3）账户结构：本账户贷方核算企业应付给供应单位的款项；借方登记企业实际归还供应单位的款项。

（4）期末余额：本账户期末余额一般在贷方，表示期末尚未归还给供应单位的款项。

（5）明细设置：本账户一般应按照供应单位名称设置明细账，进行明细分类核算。

4. "应付票据"账户

（1）账户类型：本账户属于负债类账户。

（2）核算内容：本账户核算企业购买材料物资和接受劳务等开出、承兑的商业汇票，主要包括银行承兑汇票和商业承兑汇票。

（3）账户结构：本账户贷方反映企业因采购业务而开出承兑的应付票据的数额；借方登记实际支付的应付票据数额。

（4）期末余额：期末余额在贷方，反映企业尚未支付的应付票据款。

（5）明细设置：本账户一般应按照债权人设置明细账，进行明细分类核算。

5. "预付账款"账户

（1）账户类型：本账户属于资产类账户。

（2）核算内容：本账户核算企业按照购货合同的规定预先支付给供应单位的款项。

（3）账户结构：本账户借方登记预先支付给供应单位的货款以及货款不足补付的款项；贷方登记收到所购货物的金额及退回的多付货款的金额。

（4）期末余额：本账户期末余额在借方，表示企业实际支付的款项；期末余额在贷方，表示企业尚未补付的款项。

（5）明细设置：本账户一般应按照供应单位名称设置明细账，进行明细分类核算。

6. "应交税费"账户

（1）账户类型：本账户属于负债类账户。

（2）核算内容：本账户核算企业按照税法规定应交纳的各种税费，包括增值税、消费税、所得税、资源税、土地增值税、城市维护建设税、房产税、土地使用税、车船税、教育费附加、矿产资源补偿费等税费，以及在上交国家之前由企业代扣代交的个人所得税等。

（3）账户结构：本账户贷方反映企业按照税法规定应交纳的各种税费；借方登记实际交纳的各种税费。

（4）期末余额：期末余额在贷方，反映企业尚未交纳各种税款；期末余额在借方，表示企业多交或者尚未抵扣的税费。

（5）明细设置：本账户一般应按照应交税费的具体项目设置明细账，进行明细分类核算。

7. "应交税费——应交增值税"账户

（1）账户类型：本账户属于负债类账户。

（2）核算内容：本账户属于"应交税费"账户的明细分类账户，用来反映和监督企业应交与实交增值税的结算情况。

（3）账户结构：本账户借方登记企业购进货物或接受增值税应税劳务所支付的进项税额以及企业实际交纳的增值税税额；贷方登记企业销售货物或提供增值税应税劳务所应交纳的增值税销项税额。

（4）期末余额：本账户期末余额在贷方，表示企业尚未交纳的增值税税额；期末余额在借方，表示企业多交或尚未抵扣的增值税税额。

（5）明细设置：本账户可以设置"进项税额""销项税额""已交税金"等三级明细账户，进行明细分类核算。

（二）主要账务处理

1. 材料采购成本的计算

材料采购成本的计算就是将采购过程中所发生的材料的买价和有关采购费用，按一定种类的材料进行归集和分配，确定各种材料的实际成本。外购材料的采购成本主要包括：

（1）材料的买价：供货单位的发票价格。

（2）采购费用：包括运杂费（运输费、装卸费、保险费、包装费等）、入库前挑选整理费以及购入材料应负担的（除可以抵扣的增值税外）的其他有关税费。

一般而言，材料的采购费用凡是能分清为哪种材料的采购所支付的，应直接计入该种材料的采购成本；凡是不能分清应由哪种材料负担的费用，应采用合理的分配标准，分配计入各种材料的采购成本。例如，为采购多种材料所支付的运输费用可以按各种材料的重量或买价比例，分配之后计入各种材料的采购成本。计算公式如下：

$$采购费用分配率 = 采购费用总金额 \div 分配标准总额$$
$$某种材料应分配的采购费用 = 该种材料的分配标准数 \times 采购费用分配率$$

2. 增值税的计算

增值税是对我国境内销售货物或者提供加工、修理修配劳务以及进口货物的单位和个人的增值额征收的一种流转税。增值税的纳税人包括一般纳税人和小规模纳税人。

一般纳税人采用销项抵进项的购进扣税法。采用凭增值税专用发票抵扣进项税额的方法计算增值税应纳税额，增值税的基本税率是16%，另有10%和6%两档低税率。增值税一般纳税人可以领购增值税专用发票，并可凭票抵扣增值税进项税额。

增值税销项税额是纳税人在销售货物或提供劳务过程中，按销售收入和税率向购买方收取的增值税税额；增值税进项税额是纳税人在购进货物或接受应税劳务过程中向货物或劳务提供方支付的增值税税额。其增值税应纳税额计算公式如下：

$$应纳增值税税额 = 当期增值税销项税额 - 当期增值税进项税额$$

小规模纳税人采用简易征收办法，按照当期销售额和税法规定的征收率计算征收，小规模纳税人（除从事房地产开发和出租不动产的小规模纳税人外）的征收率为3%，小规模纳税人不得开具增值税专用发票，不能抵扣进项税额，只能开具增值税普通发票。其增值税应纳税额计算公式如下：

$$销售额 = 含税销售额 \div (1 + 征收率)$$
$$应纳税额 = 销售额 \times 征收率$$

3. 应用举例

(1) 未采用预付款方式采购材料的账务处理。

实战演练

【例4-7】 20×9年3月1日,长运公司从新远公司购入甲材料200千克,每千克价格为25元,新远公司代垫运费100元,并取得运费和甲材料的增值税专用发票。运费增值税进项税额为10元,材料的增值税进项税额为800元。款项通过银行存款支付,材料已验收入库。编制会计分录如下:

借:原材料——甲材料　　　　　　　　　　　　　　　　　　　　　5 100
　　应交税费——应交增值税(进项税额)　　　　　　　　　　　　 810
　　贷:银行存款　　　　　　　　　　　　　　　　　　　　　　　5 910

【例4-8】 20×9年3月10日,长运公司从星火公司购入甲材料100千克,每千克价格为180元;乙材料200千克,每千克价格为100元。购入两种材料的不含增值税的运杂费为2 000元,材料增值税进项税额为6 080元。款项通过银行存款支付,材料已验收入库,材料运杂费按照材料重量比例分配。

(1) 按材料重量分配采购费用：

采购费用分配率＝2 000÷(100＋200)≈6.67(元/千克)
甲材料应分配的运杂费＝100×6.67＝667(元)
乙材料应分配的运杂费＝2 000－667＝1 333(元)

(2) 编制会计分录如下：

借:原材料——甲材料　　　　　　　　　　　　　　　　　　　　　18 667
　　　　　——乙材料　　　　　　　　　　　　　　　　　　　　　21 333
　　应交税费——应交增值税(进项税额)　　　　　　　　　　　　 6 080
　　贷:银行存款　　　　　　　　　　　　　　　　　　　　　　　46 080

【例4-9】 20×9年3月12日,长运公司从宏达公司购入甲材料2 000千克,每千克价格为5元,宏达公司代垫运费500元,取得运费专票上注明进项税额50元,材料增值税进项税额为1 600元,材料已验收入库,但款项尚未支付。会计部门根据从供应单位取得的发票、代垫运费票据、材料入库单,应编制会计分录如下:

借:原材料——甲材料　　　　　　　　　　　　　　　　　　　　　10 500
　　应交税费——应交增值税(进项税额)　　　　　　　　　　　　 1 650
　　贷:应付账款——宏达公司　　　　　　　　　　　　　　　　　12 150

【例4-10】 承[例4-9],20×9年3月18日,长运公司开出转账支票支付上述购料款及代垫运费12 150元。会计部门根据转账支票存根,编制会计分录如下:

借:应付账款——宏达公司　　　　　　　　　　　　　　　　　　 12 150
　　贷:银行存款　　　　　　　　　　　　　　　　　　　　　　　12 150

【例4-11】 20×9年3月15日,长运公司从宏达公司购入乙材料1 000千克,每千克价格为20元,增值税进项税额为3 200元。材料尚在运输途中,全部款项通过银行存款支付,会计部门根据从供应单位取得的发票、转账支票存根,编制会计分录如下:

借:在途物资——乙材料　　　　　　　　　　　　　　　　　　　20 000
　　应交税费——应交增值税(进项税额)　　　　　　　　　　　　 3 200
　　贷:银行存款　　　　　　　　　　　　　　　　　　　　　　　23 200

【例4-12】承[例4-11],20×9年3月20日,长运公司开出转账支票支付上述乙材料的不含增值税的运杂费共计1 200元。会计部门根据转账支票存根收到运杂费单据,编制会计分录如下:

借:在途物资——乙材料　　　　　　　　　　　　　　　　　　　 1 200
　　贷:银行存款　　　　　　　　　　　　　　　　　　　　　　　 1 200

【例4-13】承[例4-11]和[例4-12],20×9年3月30日,上述乙材料到达长运公司并验收入库,结转入库乙材料采购成本。会计部门根据材料入库单,编制会计分录如下:

借:原材料——乙材料　　　　　　　　　　　　　　　　　　　　 21 200
　　贷:在途物资——乙材料　　　　　　　　　　　　　　　　　　 21 200

(2) 采用预付款方式采购材料的账务处理。

实战演练

【例4-14】20×9年3月21日,长运公司以银行存款预付恒通公司采购甲材料款10 000元。会计部门根据转账支票存根,编制会计分录如下:

借:预付账款——恒通公司　　　　　　　　　　　　　　　　　　 10 000
　　贷:银行存款　　　　　　　　　　　　　　　　　　　　　　　 10 000

【例4-15】承[例4-14],20×9年3月26日,长运公司收到恒通公司发来的甲材料,发票标明的价款为30 000元,增值税为4 800元,甲材料已验收入库。会计部门根据取得的发票、材料入库单,编制会计分录如下:

借:原材料——甲材料　　　　　　　　　　　　　　　　　　　　 30 000
　　应交税费——应交增值税(进项税额)　　　　　　　　　　　　 4 800
　　贷:预付账款——恒通公司　　　　　　　　　　　　　　　　　 34 800

【例4-16】承[例4-15],20×9年3月29日,长运公司开出转账支票补付恒通公司的货款24 800元。会计部门根据转账支票存根,编制会计分录如下:

借:预付账款——恒通公司　　　　　　　　　　　　　　　　　　 24 800
　　贷:银行存款　　　　　　　　　　　　　　　　　　　　　　　 24 800

知识链接

"预付账款"账户属于资产性质的账户,借方表示预付款项的增加,贷方表示收到所购货物减少的预付款项数额;其余额方向一般在借方,表示企业预先支付的款项。而预付账款经常会出现贷方余额,若"预付账款"账户为贷方余额,则账户的性质发生变化,预付账款转化为企业的应付账款。

三、固定资产购入业务的核算

(一) 主要账户设置

1. "固定资产"账户

(1) 账户类型：本账户属于资产类账户。

(2) 核算内容：本账户核算企业固定资产原始价值(历史取得成本)的增减变动和结存情况。

(3) 账户结构：本账户借方登记购入固定资产原值的增加数额；贷方登记固定资产原值的减少数额。

(4) 期末余额：期末余额在借方，反映企业现有固定资产的原值。

(5) 明细设置：该账户可按固定资产的类别和项目设置明细账，进行明细分类核算。

2. "累计折旧"账户

(1) 账户类型：本账户属于资产类账户。

(2) 核算内容：本账户是"固定资产"账户的备抵调整账户，用来核算固定资产因损耗而减少的价值。

(3) 账户结构：本账户借方登记因出售、报废和毁损的固定资产相应减少或转销的折旧额；贷方登记计提的固定资产的折旧额。

(4) 期末余额：期末余额在贷方，反映企业现有固定资产的累计折旧数额。

(5) 明细设置：本账户一般应按照固定资产的类别或项目等设置明细账，进行明细分类核算。

(二) 主要账务处理

1. 固定资产购入成本的计算

$$\text{外购固定资产成本} = \text{购买价款} + \text{相关税费(除增值税外)} + \text{达到预定可使用状态发生的归属于该资产的费用(运输费、装卸费、安装费、专业人员服务费等)}$$

购入不需要安装的固定资产，应按实际支付的买价及使固定资产达到预定可使用状态前所发生的可归属于该项资产的运输费、装卸费、专业人员服务费等，作为固定资产的成本，借记"固定资产"账户；按取得的增值税扣税凭证上注明的增值税税额或者依据增值税扣税凭证计算的增值税税额借记"应交税费——应交增值税(进项税额)"账户；按实际支付或应付金额，贷记"银行存款"等账户。

企业购入需要安装的固定资产，该项业务包括三部分内容。①固定资产的购入：应按购进时支付的买价、包装费、运输费、保险费等，借记"在建工程"账户；按增值税专用发票注明的进项税额，借记"应交税费——应交增值税(进项税额)"账户；按实际支付或应付金额，贷记"银行存款"等账户；②固定资产的安装：支付安装费用时，借记"在建工程"账户，贷记"原材料""银行存款"等账户；③固定资产的交付使用：在安装完交付使用时，按其全部成本即原始价值，借记"固定资产"账户，贷记"在建工程"账户。

> **实战演练**
>
> **【例 4-17】** 企业购入一台不需要安装的设备，价款为 40 000 元，增值税专用发票上注

明进项税额6 400元、运费6 000元,取得的运费增值税专用发票上注明税额600元,全部价款已用银行存款支付。编制会计分录如下:

借:固定资产   46 000
    应交税费——应交增值税(进项税额)   7 000
  贷:银行存款   53 000

【例4-18】 企业购入需要安装的设备一台,以银行存款支付买价20 000元、增值税进项税额3 200元。在安装过程中,以银行存款支付相关费用600元,安装完毕,经验收合格,交付生产使用。编制会计分录如下:

(1) 固定资产的购入:

借:在建工程   20 000
    应交税费——应交增值税(进项税额)   3 200
  贷:银行存款   23 200

(2) 固定资产的安装:

借:在建工程   600
  贷:银行存款   600

(3) 固定资产交付使用:

借:固定资产   20 600
  贷:在建工程   20 600

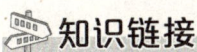
知识链接

  固定资产的购入业务分为需要安装的固定资产和不需要安装的固定资产,对于购入企业的固定资产和融资租赁租入的固定资产,企业均应该作为本企业的固定资产核算。按照企业会计准则的规定,企业应当合理确定固定资产的预计使用年限和预计净残值,选择合理的折旧方法,对固定资产计提折旧。折旧是固定资产价值在使用过程中的逐渐损耗,企业应当按年计算,分月计提折旧额,当月增加的固定资产,当月不提折旧,从下月开始计提折旧;当月减少的固定资产,当月照提折旧,从下月起不提折旧。

任务三 生产业务的核算

  工业企业将原材料投入生产过程到产品完工验收入库的这一环节称为生产过程。在生产过程中,企业要生产产品,就会发生各种耗费,企业在一定时期内发生的用货币表现的各种生产消耗,就叫作生产费用,这些生产费用是为了产品生产发生的,最终都要归集到相应的产品名下,由一定种类的产品负担,形成产品的生产成本。

一、产品生产成本的计算

  企业的生产过程是资金循环周转的第二个环节。在生产环节中,归集产品成本是主要任务。产品的生产成本包括直接构成产品主要实体的直接材料费、生产产品耗费的人工费、固定设备的损耗,以及其他为生产产品发生的间接耗费。

产品生产成本是指产品在其生产过程中所发生的各种耗费。计入产品成本的生产费用按其用途不同,可划分为若干成本项目,一般包括直接材料、直接人工和制造费用。

(一) 直接材料

生产车间直接用于某种产品生产的,构成产品实体的原材料、主要材料、燃料等。直接材料费属于直接用于产品生产的费用,可以直接计入产品的生产成本当中。

(二) 直接人工

直接从事产品生产的生产工人的工资及其他职工薪酬,作为产品成本的直接人工费用构成项目:直接人工费用属于直接用于产品生产的费用,可以直接计入产品的生产成本当中。

(三) 制造费用

制造费用主要是企业为产品生产发生的间接耗费,包括企业各生产单位为组织生产发生的各种物料消耗,如办公费、水电费、劳动保护费、折旧费、生产单位管理人员的工资金及福利费、季节性和修理期间的停工损失等。制造费用在发生时,一般无法直接判定其应归属的成本核算对象,不能直接计入产品成本,应该先对制造费用进行归集,然后按照一定的标准进行分配,分别计入各种产品成本当中。

二、生产业务的核算

(一) 主要账户设置

1. "生产成本"账户

(1) 账户类型:本账户属于成本类账户。

(2) 核算内容:本账户核算企业为生产产品而发生的各种耗费。

(3) 账户结构:本账户借方登记企业在产品生产过程中发生的各种生产耗费,包括直接材料、直接人工、其他直接费用以及期末按照一定的标准分配进入产品生产成本的制造费用;贷方登记产品完工结转的生产成本。

(4) 期末余额:期末余额在借方,表示企业尚未完工,正在生产过程中的在产品成本。

(5) 明细设置:本账户可按产品品种或产品类别设置明细账,进行明细分类核算。

2. "制造费用"账户

(1) 账户类型:本账户属于成本类账户。

(2) 核算内容:本账户核算企业生产车间为生产产品,提供劳务发生的各项间接耗费,包括车间管理人员的工资、福利费、折旧费、修理费、办公费、水电费等。

(3) 账户结构:本账户借方登记企业发生的各项无法直接计入产品成本的间接费用;贷方登记分配结转入生产成本的、应由各种产品成本负担的制造费用。

(4) 期末余额:期末一般无余额。

(5) 明细设置:本账户一般应按照车间、费用项目等设置明细账,进行明细分类核算。

3. "应付职工薪酬"账户

(1) 账户类型:本账户属于负债类账户。

(2) 核算内容：本账户核算企业根据有关规定应付给职工的各种薪酬。

(3) 账户结构：本账户贷方核算企业已分配计入有关成本项目的职工薪酬数额；借方登记企业实际发放的职工薪酬。

(4) 期末余额：本账户期末余额一般在贷方，表示期末应付未付的职工薪酬部分数额。

(5) 明细设置：本账户一般应按照"工资""福利费"等设置明细账，进行明细分类核算。

4. "库存商品"账户

(1) 账户类型：本账户属于资产类账户。

(2) 核算内容：本账户核算企业完工入库的各种库存商品的增减变动及结余。

(3) 账户结构：本账户借方登记企业生产完工并验收入库的产成品的实际成本；贷方登记发出产成品的实际成本。

(4) 期末余额：本账户期末余额一般在借方，表示期末库存的产成品的实际成本。

(5) 明细设置：本账户一般应按照库存商品的品种、类别和规格等设置明细账，进行明细分类核算。

5. "管理费用"账户

(1) 账户类型：本账户属于损益类账户。

(2) 核算内容：本账户核算企业行政管理部门为组织管理生产经营活动而发生的各项费用，主要包括筹建期间的开办费，管理部门工资费、办公费、业务招待费、技术转让费、研究费用等。

(3) 账户结构：本账户借方登记企业发生的各项管理费用；贷方登记期末结转至"本年利润"账户的管理费用数额。

(4) 期末余额：本账户期末一般无余额。

(5) 明细设置：本账户一般应按照费用类别设置明细账，进行明细分类核算。

(二) 主要账务处理

1. 生产领料的业务核算

在制造企业中，材料费用是构成产品成本的一个主要部分，根据有关的领料凭证，材料费用均按照其受益对象进行归集。生产产品直接耗用的材料，记入"生产成本"账户；车间管理或一般性耗用的材料，记入"制造费用"账户，期末再采用一定的方法将制造费用分配计入生产成本当中；属于企业管理部门耗用的，记入"管理费用"账户。

实战演练

【例4-19】根据本月领料单，仓库发出的材料及用途如下：车间生产A产品领用甲材料1 600千克，共计6 000元；领用丙材料5 000千克，共计2 500元；车间一般性耗用丙材料1 000千克，共计500元。根据有关凭证编制会计分录如下：

借：生产成本——A产品　　　　　　　　　　　　　　　　　8 500
　　制造费用　　　　　　　　　　　　　　　　　　　　　　　500
　　贷：原材料——甲材料　　　　　　　　　　　　　　　　　6 000
　　　　　　——丙材料　　　　　　　　　　　　　　　　　　3 000

2. 人工费用归集及核算

企业发生的人工费用，即职工的工资费用，也按照受益对象进行归集，计入相关的成本、费用账户。直接从事产品生产的工人的人工费用，记入相关产品的"生产成本"账户；车间管理人员的人工费用，记入"制造费用"账户，期末再进行分配；企业行政管理人员的人工费用，记入"管理费用"账户。

> **实战 演练**

【例4-20】 根据本月工资结算单，分配本月的工资费用如下：车间生产A产品的工人工资为62 400元，生产B产品的工人工资为41 600元；车间管理人员工资为18 200元；行政管理人员工资为7 800元，合计130 000元。根据有关凭证编制会计分录如下：

借：生产成本——A产品　　　　　　　　　　　　　　　　　　62 400
　　　　　　——B产品　　　　　　　　　　　　　　　　　　41 600
　　制造费用　　　　　　　　　　　　　　　　　　　　　　　18 200
　　管理费用　　　　　　　　　　　　　　　　　　　　　　　 7 800
　　贷：应付职工薪酬　　　　　　　　　　　　　　　　　　　130 000

3. 制造费用的归集、分配及核算

制造费用作为产品生产过程中生产费用的一部分，最终应当由产品来负担，制造费用也是构成产品成本的一个重要组成部分。原则上制造费用在发生时均应当及时计入产品生产成本，但由于制造费用属于为产品生产发生的间接费用，如果一个车间生产两种或两种以上产品时，为生产产品发生的一些间接费用无法直接区别清楚计入哪种产品成本。因此，企业在计算成本时需要先将间接费用在"制造费用"账户中进行归集，期末再按照一定的分配标准分配计入各种产品的生产成本。如果一个车间只生产一种产品，生产产品发生的生产费用可直接计入产品生产成本中。

> **实战 演练**

【例4-21】 以银行存款支付本月水电费10 000元，其中生产车间耗用6 000元，行政管理部门耗用4 000元。根据有关凭证编制会计分录如下：

借：制造费用　　　　　　　　　　　　　　　　　　　　　　　6 000
　　管理费用　　　　　　　　　　　　　　　　　　　　　　　4 000
　　贷：银行存款　　　　　　　　　　　　　　　　　　　　　10 000

【例4-22】 月末，计提本月固定资产折旧40 000元，其中生产车间固定资产折旧30 000元，行政管理部门固定资产折旧10 000元。根据有关凭证编制会计分录如下：

借：制造费用　　　　　　　　　　　　　　　　　　　　　　　30 000
　　管理费用　　　　　　　　　　　　　　　　　　　　　　　10 000
　　贷：累计折旧　　　　　　　　　　　　　　　　　　　　　40 000

4. 产品完工入库的核算

通过上述费用的归集和分配后，产品生产过程中发生的各项生产费用均已记入"生产成本"账户的借方，"制造费用"账户期末一般无余额。随着产品的陆续完工，期末需要将已完成整个生产过程的产品结转入"库存商品"账户当中，作为企业的产成品对外出售，未完成整个生产过程的在产品或半成品需要留在生产过程中继续加工，这就涉及产品的各项生产费用需要在本期的完工产品和在产品之间进行分配的问题，具体的分配方法将在成本会计中进行详细阐述。在采用适当的方法分配完工产品和在产品的成本后,将完工产品的成本从"生产成本"账户的贷方转入"库存商品"账户的借方,如有期末余额表示本期期末在产品成本。

实战 演练

【例4-23】 20×9年3月1日,甲公司收到一批订单,要求在本月月底之前生产完成A产品和B产品各200件。甲公司如期完成任务,所有产品已于3月31日入库。本月其他资料如下:

(1) 领用某种材料5 000千克,其中A产品耗用3 000千克,B产品耗用2 000千克,该材料单价100元。

(2) 生产A产品发生的直接生产人员工时为4 000小时,生产B产品发生的直接生产人员工时为2 000小时,每工时的标准工资为10元。

(3) 生产车间发生管理人员工资、折旧费、水电费等90 000元。假定该车间本月仅生产了A和B两种产品,甲公司采用生产工人工时比例法对制造费用进行分配。编制会计分录如下:

① 核算产品成本:

A产品应分配的制造费用=90 000÷(4 000+2 000)×4 000=60 000(元)
B产品应分配的制造费用=90 000÷(4 000+2 000)×2 000=30 000(元)

借:生产成本——A产品　　　　　　　　　　　　　　　　340 000
　　　　　　——B产品　　　　　　　　　　　　　　　　220 000
　贷:原材料——××材料　　　　　　　　　　　　　　　500 000
　　　应付职工薪酬　　　　　　　　　　　　　　　　　　60 000
借:生产成本——A产品　　　　　　　　　　　　　　　　60 000
　　　　　　——B产品　　　　　　　　　　　　　　　　30 000
　贷:制造费用　　　　　　　　　　　　　　　　　　　　90 000

② 产品入库:

借:库存商品——A产品　　　　　　　　　　　　　　　　400 000
　　　　　　——B产品　　　　　　　　　　　　　　　　250 000
　贷:生产成本——A产品　　　　　　　　　　　　　　　400 000
　　　　　　——B产品　　　　　　　　　　　　　　　　250 000

任务四　销售业务的核算

一、销售过程的主要经济业务

销售过程的主要业务包括从库存商品的验收入库,到将产品销售给购买方为止的整个业务核算,其中包括确认产品的销售收入、结转产品的销售成本、销售过程中相关税费的计算和账务处理、相关销售费用(如包装费、运输费、广告费等)的确认、与购货方结算货款、附营业务的核算等。

二、销售业务的核算

(一) 主要账户设置

1. "主营业务收入"账户

(1) 账户类型:本账户属于损益类账户。

(2) 核算内容:本账户核算企业在销售商品、提供劳务等主营业务过程中实现的收入。

(3) 账户结构:本账户贷方登记实现的主营业务收入;借方登记期末转入"本年利润"账户的收入额。

(4) 期末余额:期末结转后,本账户无余额。

(5) 明细设置:该账户可按销售产品品种或产品类别设置明细账,进行明细分类核算。

2. "主营业务成本"账户

(1) 账户类型:本账户属于损益类账户。

(2) 核算内容:本账户核算企业已销售产品的实际成本。在确认主营业务收入实现时,应同时结转已销产品的生产成本。

(3) 账户结构:本账户借方登记企业已销产品的实际生产成本数额;贷方登记期末转入"本年利润"账户的已销产品成本。

(4) 期末余额:期末结转后,本账户一般无余额。

(5) 明细设置:本账户一般应按照销售产品品种或产品类别等设置明细账,进行明细分类核算。

3. "其他业务收入"账户

(1) 账户类型:本账户属于损益类账户。

(2) 核算内容:本账户核算企业销售材料、出租资产等附营业务取得的收入。

(3) 账户结构:本账户贷方核算企业实际取得的其他业务收入;借方登记期末转入"本年利润"账户的数额。

(4) 期末余额:本账户期末结转后一般无余额。

(5) 明细设置:本账户一般应按照收入的种类等设置明细账,进行明细分类核算。

4. "其他业务成本"

(1) 账户类型:本账户属于损益类账户。

(2) 核算内容:本账户核算企业销售材料、出租资产等附营业务的实际成本。在确认其他业务收入实现时,应同时结转其他业务成本。

(3) 账户结构:本账户借方登记企业实际发生的其他业务成本数额;贷方登记期末转入"本年利润"账户的其他业务成本。

(4) 期末余额:期末结转后,本账户一般无余额。

(5) 明细设置:本账户一般应按照其他业务成本的类别等设置明细账,进行明细分类核算。

5. "税金及附加"账户

(1) 账户类型:本账户属于损益类账户。

(2)核算内容：本账户核算企业在销售产品过程中，需要交纳的各种税款及附加费，包括消费税、城市维护建设税、资源税、教育费附加等。

(3)账户结构：本账户借方登记企业按税法规定计算应交纳的各种税费；贷方登记期末转入"本年利润"账户的相关税费数额。

(4)期末余额：期末结转后，本账户一般无余额。

(5)明细设置：本账户一般应按照不同的税种设置明细账，进行明细分类核算。

6."销售费用"账户

(1)账户类型：本账户属于损益类账户。

(2)核算内容：本账户核算企业因为产品销售发生的各种保险费、广告费、展览费、专设销售机构的职工薪酬、折旧费、管理费用等。

(3)账户结构：本账户借方登记企业实际发生的各项销售费用；贷方登记期末转入"本年利润"账户的相关费用数额。

(4)期末余额：期末结转后，本账户一般无余额。

(5)明细设置：本账户一般应按照不同的费用项目设置明细账，进行明细分类核算。

7."应收账款"账户

(1)账户类型：本账户属于资产类账户。

(2)核算内容：本账户核算企业在销售产品的过程中，应当向购货单位收取的全部价税款和价外费用。

(3)账户结构：本账户借方登记企业应收而未收的全部款项；贷方登记实际收回的应收款。

(4)期末余额：期末余额一般在借方，表示企业尚未收回的应收款项。

(5)明细设置：本账户一般应按照购货单位或欠款单位设置明细账，进行明细分类核算。

8."应收票据"账户

(1)账户类型：本账户属于资产类账户。

(2)核算内容：本账户核算企业在销售产品的过程中，应当向购货单位收取的通过商业汇票形式兑付的全部价税款和价外费用，主要包括银行承兑汇票和商业承兑汇票。

(3)账户结构：本账户借方登记企业实际收到的商业汇票；贷方登记商业汇票到期收回的款项。

(4)期末余额：期末余额一般在借方，表示企业尚未到期或尚未收回的商业汇票。

(5)明细设置：本账户一般不需要设置明细账，但要设置"应收票据备查簿"进行登记。

9."预收账款"账户

(1)账户类型：本账户属于负债类账户。

(2)核算内容：本账户核算企业在销售产品的过程中，预先向购货单位收取的货款。

(3)账户结构：本账户贷方登记预收的购货款及销售实现时购货方补付的货款；借方登记销售实现时减少的预收账款及退回多收的预收款项。

(4)期末余额：期末余额一般在贷方，表示企业预收的款项；若为借方余额，则表示企业应向购货单位补收的货款。

(5)明细设置：本账户一般应按照购货单位设置明细账，进行明细分类核算。

(二)主要账务处理

实战演练

【例 4-24】 甲公司向乙公司销售一批商品,开具的增值税专用发票上记载的价款为 200 000 元,增值税税额为 32 000 元,款项尚未收到。编制会计分录如下:

借:应收账款——乙公司 232 000
　　贷:主营业务收入 200 000
　　　　应交税费——应交增值税(销项税额) 32 000

甲公司实际收到款项时:

借:银行存款 232 000
　　贷:应收账款——乙公司 232 000

【例 4-25】 甲公司向乙公司销售一批商品,开具的增值税专用发票上注明的售价为 700 000 元,增值税税额为 112 000 元。甲公司已将商品送抵乙公司,并收到乙公司支付的货款 812 000 元。假设该批商品的成本为 600 000 元,在实现销售收入的同时结转相关的销售成本。甲公司根据相关票据凭证进行了相应的账务处理。编制会计分录如下:

(1)取得商品销售收入:

借:银行存款 812 000
　　贷:主营业务收入 700 000
　　　　应交税费——应交增值税(销项税额) 112 000

(2)结转商品成本:

借:主营业务成本 600 000
　　贷:库存商品 600 000

【例 4-26】 甲公司销售一批原材料,开具的增值税专用发票上注明的售价为 30 000 元,增值税税额为 4 800 元,款项已由银行收讫。该批原材料的实际成本为 23 000 元。编制会计分录如下:

(1)取得原材料销售收入:

借:银行存款 34 800
　　贷:其他业务收入 30 000
　　　　应交税费——应交增值税(销项税额) 4 800

(2)结转材料成本:

借:其他业务成本 23 000
　　贷:原材料——××材料 23 000

【例 4-27】 甲公司销售部和行政部 8 月份共发生费用 350 000 元。其中,销售人员薪酬 150 000 元,销售部专用办公设备折旧费 60 000 元;行政人员薪酬 80 000 元,行政部专用办公设备折旧费 25 000 元,报销行政人员差旅费 15 000 元(假定报销人未预借差旅费),发生业务招待费 20 000 元(以银行存款支付)。编制会计分录如下:

借：销售费用　　　　　　　　　　　　　　　　　　　　210 000
　　管理费用　　　　　　　　　　　　　　　　　　　　140 000
　贷：应付职工薪酬　　　　　　　　　　　　　　　　　230 000
　　　累计折旧　　　　　　　　　　　　　　　　　　　 85 000
　　　库存现金　　　　　　　　　　　　　　　　　　　 15 000
　　　银行存款　　　　　　　　　　　　　　　　　　　 20 000

任务五　利润分配的核算

一、利润形成的业务核算

（一）利润的计算

利润是企业一定经营期间的经营成果，是体现企业经营管理成果的最重要的指标，企业的利润总额分为两大部分：营业利润和营业外收支净额。利润总额扣除交纳给国家的所得税费用之后，就是企业的净利润。

营业收入＝主营业务收入＋其他业务收入

营业成本＝主营业务成本＋其他业务成本

营业利润＝营业收入－营业成本－税金及附加－期间费用－资产减值损失＋
　　　　　投资收益(减损失)＋公允价值变动收益(减损失)

期间费用＝财务费用＋管理费用＋销售费用

利润总额＝营业利润＋营业外收入－营业外支出

净利润＝利润总额－所得税费用

营业利润是企业利润的主要来源，主要由企业日常经营活动取得。营业外收入和营业外支出主要是企业非日常经营活动带来的经济利益的流入和流出。企业的营业外收入包括非流动资产处置利得、盘盈利得、罚款利得、捐赠利得等，企业取得的营业外收入应通过"营业外收入"账户核算。企业的营业外支出包括非流动资产处置损失、盘亏损失、罚款支出、公益性捐赠支出、非常损失等，企业发生的营业外支出，应通过"营业外支出"账户核算。

所得税费用是指企业按照税法规定，在其利润总额的基础上调整计算而来的应该给国家交纳的税费。应纳所得税费用按照应纳税所得额乘以适用税率计算得出，我国现行的企业所得税税率是25%。

企业当期应交所得税的计算公式为：

应交所得税＝应纳税所得额×所得税税率

在不存在纳税调整事项的情况下，应纳税所得额等于税前会计利润。

（二）主要账户设置

1."营业外收入"账户

（1）账户类型：本账户属于损益类账户。

（2）核算内容：本账户核算企业非日常活动发生的经济利益的总流入。

(3) 账户结构：本账户贷方登记实现的营业外收入；借方登记期末转入"本年利润"账户的收入额。

(4) 期末余额：期末结转后，本账户无余额。

(5) 明细设置：该账户可按收入项目设置明细账，进行明细分类核算。

2. "营业外支出"账户

(1) 账户类型：本账户属于损益类账户。

(2) 核算内容：本账户核算企业非日常活动发生的经济利益的总流出。

(3) 账户结构：本账户借方登记企业实际发生的营业外支出数额；贷方登记期末转入"本年利润"账户的支出。

(4) 期末余额：期末结转后，本账户一般无余额。

(5) 明细设置：本账户一般应按照支出的类别设置明细账进行明细分类核算。

3. "投资收益"账户

(1) 账户类型：本账户属于损益类账户。

(2) 核算内容：本账户核算企业对外投资活动实现的收益及发生的损失。

(3) 账户结构：本账户贷方登记本期发生的投资收益数额以及期末转入"本年利润"账户的投资损失数额；借方登记本期发生的投资损失和期末转入"本年利润"账户的投资收益数额。

(4) 期末余额：期末结转后，本账户一般无余额。

(5) 明细设置：本账户一般应按照投资项目设置明细账，进行明细分类核算。

4. "所得税费用"账户

(1) 账户类型：本账户属于损益类账户。

(2) 核算内容：本账户核算企业按照税法规定计算交纳的所得税费用。

(3) 账户结构：本账户借方登记本期按照税法规定计算的本期应交纳的所得税费用；贷方登记期末转入"本年利润"账户的所得税费用。

(4) 期末余额：期末结转后，本账户一般无余额。

5. "本年利润"账户

(1) 账户类型：本账户属于所有者权益类账户。

(2) 核算内容：本账户主要是用来归集企业当期实现的利润情况。

(3) 账户结构：本账户借方登记期末从损益类账户结转过来的各项费用；贷方登记期末从损益类账户结转过来的各项收入。

(4) 期末余额：借贷方相抵后，若出现借方余额，表示本期发生的净亏损；若出现贷方余额，则表示本期实现的净利润。年末，应在相反的方向将该账户余额转入"利润分配——未分配利润"账户中，年末结转后本账户无余额。

二、利润分配的业务核算

（一）利润分配的过程

利润分配是指企业根据国家有关规定、企业章程、投资者协议等，对企业当年可供分配的利润所进行的分配。利润分配的顺序依次如下：

1. 计算可供分配的利润

企业在分配利润前,应根据本年净利润(或亏损)与年初未分配利润(或亏损)、其他转入的金额(如盈余公积弥补的亏损)等项目,计算可供分配的利润,即:

可供分配的利润＝净利润(或亏损)＋年初未分配利润－弥补以前年度的亏损＋其他转入的金额

如果可供分配的利润为负数(即累计亏损),则不能进行后续分配;如果可供分配利润为正数(即累计盈利),则可进行后续分配。

2. 提取法定盈余公积

按照《公司法》的有关规定,公司应当按照当年净利润(抵减年初累计亏损后)的10%提取法定盈余公积,提取的法定盈余公积累计超过注册资本的50%以上的,可以不再提取。

3. 提取任意盈余公积

公司提取法定盈余公积后,经股东会或者股东大会决议,还可以从净利润中提取任意盈余公积。

4. 向投资者分配利润(或股利)

企业可供分配的利润扣除提取的盈余公积后,形成可供投资者分配的利润,即:

可供投资者分配的利润＝可供分配的利润－提取的盈余公积

企业可采用现金股利、股票股利和财产股利等形式向投资者分配利润(或股利)。

企业利润的分配(或亏损的弥补)应通过"利润分配"账户进行。

(二) 主要账户设置

1. "利润分配"账户

(1) 账户类型:本账户属于所有者权益类账户。

(2) 核算内容:本账户核算企业本年度利润的分配或亏损的弥补及结余情况。

(3) 账户结构:本账户借方登记企业按规定提取的盈余公积、分配给投资者的现金股利或利润等,反映了利润的分配情况以及自"本年利润"账户转过来的净亏损;贷方登记年度终了自"本年利润"账户转入的本年度实现的净利润。

(4) 期末余额:期末余额在借方,表示企业历年积累的未弥补的亏损数额;期末余额在贷方,表示企业历年积累的未分配利润。

(5) 明细设置:该账户可按利润分配的去向设置明细账,进行明细分类核算。

2. "盈余公积"账户

(1) 账户类型:本账户属于所有者权益类账户。

(2) 核算内容:本账户核算企业从净利润中提取的盈余公积数额。

(3) 账户结构:本账户贷方登记按规定提取的盈余公积;借方登记用于补亏或增资减少的盈余公积数额。

(4) 期末余额:期末余额在贷方,表示企业盈余公积的结存数额。

(5) 明细设置:本账户一般应按照法定盈余公积和任意盈余公积设置明细账,进行明细分类核算。

3. "应付股利"账户

（1）账户类型：本账户属于负债类账户。

（2）核算内容：本账户核算企业从净利润中分配的现金股利或利润。

（3）账户结构：本账户贷方登记按规定计算应分配给投资者的数额；借方登记实际支付的现金股利或利润数额。

（4）期末余额：期末余额在贷方，表示企业应付未付的现金股利或利润。

（5）明细设置：本账户一般应按照投资者设置明细账，进行明细分类核算。

三、主要账务处理

实战 演练

【例4-28】 某企业用银行存款支付税款滞纳金34 000元。应编制会计分录如下：

借：营业外支出　　　　　　　　　　　　　　　　　　　　　　　　34 000
　　贷：银行存款　　　　　　　　　　　　　　　　　　　　　　　34 000

【例4-29】 甲公司20×9年有关损益类账户的年末余额如下（单位：元）：

科目名称	结账前余额
主营业务收入	3 000 000（贷）
其他业务收入	350 000（贷）
投资收益	300 000（贷）
营业外收入	25 000（贷）
主营业务成本	2 300 000（借）
其他业务成本	200 000（借）
税金及附加	40 000（借）
销售费用	250 000（借）
管理费用	300 000（借）
财务费用	50 000（借）
营业外支出	100 000（借）

（1）结转各项收入、利得类账户：

借：主营业务收入　　　　　　　　　　　　　　　　　　　　　　3 000 000
　　其他业务收入　　　　　　　　　　　　　　　　　　　　　　　350 000
　　投资收益　　　　　　　　　　　　　　　　　　　　　　　　　300 000
　　营业外收入　　　　　　　　　　　　　　　　　　　　　　　　 25 000
　　贷：本年利润　　　　　　　　　　　　　　　　　　　　　　3 675 000

(2) 结转各项费用、损失类账户：

借：本年利润	3 240 000
贷：主营业务成本	2 300 000
其他业务成本	200 000
税金及附加	40 000
销售费用	250 000
管理费用	300 000
财务费用	50 000
营业外支出	100 000

【例 4-30】 承[例 4-29]，假定甲公司适用的所得税税率为 25%，甲公司不存在纳税调整事项。编制会计分录如下：

(1) 计算应交所得税：

$$应交所得税 = 435\,000 \times 25\% = 108\,750(元)$$

借：所得税费用	108 750
贷：应交税费——应交所得税	108 750

(2) 结转所得税费用：

借：本年利润	108 750
贷：所得税费用	108 750

【例 4-31】 承[例 4-30]，假定甲公司按当年净利润的 10% 提取法定盈余公积，按当年净利润的 5% 提取任意盈余公积，并决定向投资者分配利润 200 000 元。编制会计分录如下：

(1) 将"本年利润"账户年末贷方余额 326 250 元（435 000－108 750）转入"利润分配——未分配利润"账户：

借：本年利润	326 250
贷：利润分配——未分配利润	326 250

(2) 提取法定盈余公积、任意盈余公积、向投资者分配股利：

借：利润分配——提取法定盈余公积	32 625
贷：盈余公积——法定盈余公积（326 250×10%）	32 625
借：利润分配——提取任意盈余公积	16 312.5
贷：盈余公积——任意盈余公积（326 250×5%）	16 312.5
借：利润分配——应付现金股利	200 000
贷：应付股利	200 000

(3) 向投资者支付分配的股利时：

借：应付股利	200 000
贷：银行存款或库存现金	200 000

(4) 利润分配结束后，应将"利润分配"账户其他明细账户的余额结清，转入"利润分配——未分配利润"明细账户，以便结出年末未分配利润总额。

借:利润分配——未分配利润	248 937.5
贷:利润分配——提取法定盈余公积	32 625.0
——提取任意盈余公积	16 312.5
——应付现金股利	200 00.0

🚩知识链接

企业提取盈余公积,向投资者分配利润后剩余的部分称为未分配利润,盈余公积和未分配利润统称为企业的留存收益。

项目小结

本项目以制造企业为例,系统地介绍了工业企业发生日常经济业务时如何进行账务处理,其过程可分为资金筹集、材料采购、产品生产、产品销售、利润分配等环节。

在资金筹集环节,企业的融资渠道:一是投资者投入;二是借入资金。投资者投入通过"实收资本"账户核算,借入的资金通过"短期借款"和"长期借款"账户核算,计提利息时,借记"财务费用""在建工程"等账户,贷记"应付利息"账户。

在材料采购环节,采购材料通过"在途物资"和"原材料"账户核算,采购成本由买价和采购费用两部分组成。当购买的是固定资产时,则应通过"固定资产"账户核算,还应设置"累计折旧"账户作为"固定资产"账户的备抵调整账户,用来核算固定资产因损耗而减少的价值。固定资产可分为需要安装和不需安装两种,需要安装的固定资产先根据买价和税费记入"在建工程"账户,待安装完毕后,转入"固定资产"账户;不需要安装的固定资产可以直接根据买价和税费记入"固定资产"账户。购买方支付的增值税通过"应交税费——应交增值税"账户核算,根据不同的结算方式贷记"银行存款""应付账款""预付账款"等账户。

在产品生产环节,应设置"生产成本""制造费用""应付职工薪酬"账户,为生产某种产品而发生的材料费、办公费、折旧费等记入"制造费用"账户,管理部门发生的相关费用记入"管理费用"账户。产品生产完工入库时,借记"库存商品"账户,贷记"生产成本"账户。

在产品销售环节,确认营业收入的同一期间应结转营业成本,还应计算税金及附加、销售费用等。营业收入包括主营业务收入和其他业务收入,营业成本包括主营业务成本和其他业务成本。

在利润分配环节,企业应设置"本年利润""营业外收入""营业外支出""投资收益""所得税费用"等账户,将损益类账户分别转入"本年利润"账户的贷方和借方,两者的差额形成企业利润总额,并据此计算出企业的净利润。年末再通过"利润分配""盈余公积""应付股利"等账户,对企业在一定时期实现的利润进行分配,最终以"利润分配"账户集中反映出来。

项目考核

一、单选题

1. 一项经济业务发生,不可能引起(　　)。

A. 资产、所有者权益同时增加　　B. 资产、负债同时增加

C. 资产、所有者权益同时减少 D. 一项负债增加,一项所有者权益减少

2. 收回应收账款 20 000 元,存入银行。这一业务引起的会计要素变动是(　　)。
   A. 资产总额不变 B. 资产增加,负债增加
   C. 资产增加,负债减少 D. 资产减少,负债增加

3. 下列会计业务中会使企业月末资产总额发生变化的是(　　)。
   A. 从银行提取现金 B. 购买原材料,货款未付
   C. 购买原材料,货款已付 D. 现金存入银行

4. 某企业资产总额 600 万元,如果发生下列经济业务：①收到外单位投资 40 万元存入银行；②以银行存款支付前欠材料款 12 万元；③以银行存款偿还银行借款 10 万元。如此一来,企业资产总额应为(　　)万元。
   A. 636　　　B. 628　　　C. 648　　　D. 618

5. 某企业资产总额为 500 万元,所有者权益为 400 万元。向银行借入 70 万元借款后,负债总额为(　　)万元。
   A. 470　　　B. 170　　　C. 570　　　D. 30

6. 某企业资产总额为 200 万元,当发生下列三笔业务后：向银行借款 30 万元存入银行；用银行存款偿还债务 10 万元；收回应收账款 5 万元存入银行,其资产总额为(　　)万元。
   A. 170　　　B. 220　　　C. 225　　　D. 215

7. 复式记账法是指对发生的每一项经济业务,都要在(　　)相互关联的账户中,以相同金额同时进行登记的记账方法。
   A. 一个 B. 两个
   C. 两个以上 D. 两个或两个以上

8. 简单会计分录是指(　　)的会计分录。
   A. 一贷多借　　B. 一借多贷　　C. 一借一贷　　D. 多借多贷

9. 借贷记账法下的发生额平衡是由(　　)决定的。
   A. 记账规则 B. 账户结构
   C. 会计等式 D. 平行登记要点

10. 购进原材料一批,货款未付的经济业务,表现为(　　)。
    A. 一项资产增加,另一项资产减少 B. 负债减少,同时资产减少
    C. 负债增加,同时资产增加 D. 一项负债增加,另一项负债减少

11. 借贷记账法下的余额试算平衡公式是(　　)。
    A. 每个账户发生额=每个账户贷方发生额
    B. 全部账户本期借方发生额合计=全部账户本期贷方发生额合计
    C. 全部账户期末借方余额合计=全部账户期末贷方余额合计
    D. 每个账户期末借方余额=每个账户期末贷方余额

12. 用银行存款归还银行借款的业务,表现为(　　)。
    A. 一项资产增加,另一项资产减少 B. 负债减少,同时资产减少
    C. 负债增加,同时资产增加 D. 一项负债增加,另一项负债减少

13. 下列经济业务中,不会引起会计等式两边发生增减变动的是( )。
    A. 购进材料未付款　　　　　　　　B. 向银行借款存入银行
    C. 从银行提取现金　　　　　　　　D. 以存款支付应付账款

14. 下列引起资产和负债同时减少的经济业务是( )。
    A. 将现金存入银行　　　　　　　　B. 购进材料一批,货款暂欠
    C. 以存款偿还银行借款　　　　　　D. 以存款支付股东股利

15. 借贷记账法的理论依据是( )。
    A. 会计恒等式　　　　　　　　　　B. 有借必有贷
    C. 借贷必相等　　　　　　　　　　D. 账户对应关系

16. 运用复式记账法登记账户时,有关账户之间存在着( )。
    A. 从属关系　　B. 对应关系　　C. 统驭关系　　D. 一致关系

17. 经济业务发生仅涉及负债这一会计要素的时候,只引起该要素中某些项目发生( )变动。
    A. 同增　　　　B. 同减　　　　C. 不增不减　　D. 一增一减

18. 在借贷记账法下,账户的期末余额一般登记在( )。
    A. 增加额一方　B. 减少额一方　C. 借方　　　　D. 贷方

19. "应付账款"账户的期初余额为8 000元,本期借方发生额为12 000元,期末余额为6 000元,该账户的本期贷方发生额为( )元。
    A. 10 000　　　B. 4 000　　　　C. 2 000　　　　D. 14 000

20. 下列记账错误中,可以通过编制试算平衡表判断的记账错误是( )。
    A. 漏记了某项经济业务
    B. 错误地使用了应借记的会计科目
    C. 只登记了会计分录的借方或贷方,漏记了另一方
    D. 颠倒了记账方向

21. 账户的对应关系是指( )。
    A. 总分类账户与明细分类账户之间的关系
    B. 有关账户之间的应借应贷关系
    C. 资产类账户与负债类账户之间的关系
    D. 成本类账户与损益类账户之间的关系

22. "库存现金"账户期初余额为1 000元,本期贷方发生额为800元,本期借方发生额为500元,则期末余额为( )元。
    A. 1 300　　　　B. 300　　　　　C. 700　　　　　D. 1 500

23. ( )账户的余额一般在借方。
    A. "固定资产"　B. "预收账款"　C. "其他业务收入"　D. "实收资本"

24. ( )账户的余额一般在贷方。
    A. "管理费用"　B. "实收资本"　C. "主营业务成本"　D. "制造费用"

25. 某企业"应付账款"账户期末余额为100 000元,本期共增加应付账款60 000元,本期归还应付账款80 000元,则该账户期初余额为( )。

A. 借方 80 000 元 B. 贷方 120 000 元
C. 借方 120 000 元 D. 贷方 80 000 元

26. 企业向银行借入半年期借款 50 000 元,已转入本企业银行存款账户。该业务的会计分录应为( )。
    A. 借：银行存款   50 000
         贷：短期借款   50 000
    B. 借：短期借款   50 000
         贷：银行存款   50 000
    C. 借：银行存款   50 000
         贷：长期借款   50 000
    D. 借：长期借款   50 000
         贷：银行存款   50 000

27. 下列账户中,借方登记增加额、贷方登记减少额的是( )。
    A. 固定资产   B. 预收账款
    C. 应付职工薪酬   D. 盈余公积

28. 下列几组账户中,其结构相同的一组是( )。
    A. 银行存款、固定资产、库存商品、长期借款
    B. 短期借款、应付职工薪酬、应交税费、预收账款
    C. 长期投资、应付股利、固定资产、盈余公积
    D. 销售费用、管理费用、应付利息、预收账款

29. ( )通常没有期末余额。
    A. 资产类账户   B. 负债类账户
    C. 所有者权益类账户   D. 损益类账户

30. 资产类账户与权益类账户的结构是( )。
    A. 相同的   B. 相反的   C. 不稳定的   D. 相似的

31. 借：银行存款   20 000
       贷：短期借款   20 000
    该会计分录反映的经济业务内容是( )。
    A. 以银行存款 20 000 元偿还短期借款   B. 从银行取得 20 000 元短期借款
    C. 收到某企业前欠货款 20 000 元   D. 收到某企业投入货币资金 20 000 元

32. 下列经济业务发生,不会使会计等式两边总额发生变化的是( )。
    A. 收回应收账款   B. 从银行取得借款存入银行
    C. 收到投资者以固定资产对企业的投资   D. 以银行存款偿还应付账款

33. 下列经济业务的发生,会使资产和权益项目同时增加的是( )。
    A. 生产产品领用材料   B. 以现金发放应付工资
    C. 收到购买单位预付的购货款存入银行   D. 以资本公积转增股本

34. 一项资产增加,不可能引起( )。
    A. 另一项资产减少   B. 一项负债增加

C. 一项所有者权益增加　　　　　　D. 一项负债减少

35. 下列业务中属于资产内部一增一减的是( )。
   A. 收回外单位欠款存入银行　　　B. 以存款支付欠外单位货款
   C. 借入短期借款存入银行　　　　D. 销售货款存入银行

36. 资产类账户期末余额的计算公式是( )。
   A. 期初借方余额＋本期借方发生额－本期贷方发生额
   B. 期初贷方余额＋本期贷方发生额－本期借方发生额
   C. 本期借方发生额－期初借方余额＋本期贷方发生额
   D. 本期贷方发生额－期初贷方余额＋本期借方发生额

37. 采用借贷记账法,费用类账户的结构特点是( )。
   A. 借记增加,贷记减少,余额在借方　　B. 借记减少,贷记增加,余额在贷方
   C. 借记增加,贷记减少,一般无余额　　D. 借记减少,贷记增加,一般无余额

38. 公司职员因公出差预借差旅费1 000元,应借记( )。
   A. 其他应付款　　B. 其他应收款　　C. 库存现金　　D. 管理费用

39. 下列经济业务不影响会计等式两边合计金额的是( )。
   A. 以银行存款支付相关税费　　　B. 购入其他企业品牌代理权
   C. 向银行借款存入财务部门保险柜　D. 赊购材料

二、多选题

1. 下列属于引起会计等式左右两边会计要素变动的经济业务有( )。
   A. 收到某单位前欠货款20 000元存入银行
   B. 以银行存款10万元偿还银行借款
   C. 收到某外部单位投入机器一台,价值80万元
   D. 以银行存款偿还前欠货款10万元

2. 一个企业的资产总额与权益总额总是相等,这是由于( )。
   A. 资产和权益是同一资金的两个侧面
   B. 任何资产都有它相应的权益
   C. 有一定数额的资金来源,就有一定的资金占用
   D. 某一具体资产项目的增加总是同另一项具体权益项目的增加同时发生

3. 在借贷记账法下,账户借方登记( )。
   A. 资产增加　　　　　　　　　B. 负债增加
   C. 负债减少　　　　　　　　　D. 所有者权益增加

4. 在借贷记账法下,账户贷方登记( )。
   A. 资产增加　　　　　　　　　B. 负债增加
   C. 所有者权益减少　　　　　　D. 费用转销

5. 下列经济业务中,属于资产类项目与负债类项目同时增加的有( )。
   A. 向银行借入款项存入银行　　B. 销货款存入银行
   C. 购进商品货款未付　　　　　D. 商品已售货款未收

6. 借贷记账法的基本内容包括( )。

A. "借""贷"记账符号 B. 记账规则
C. 账户结构 D. 试算平衡

7. 结构相似但不完全相同的两类账户有( )。
   A. 资产类与收入类 B. 资产类与费用类
   C. 负债类与所有者权益类 D. 所有者权益类与收入类

8. 通过试算平衡无法及时发现的错误包括( )。
   A. 一笔会计分录被重复记账 B. 借贷方向、金额正确,但用错了账户
   C. 一笔经济业务被漏记 D. 一笔经济业务的借方金额记错

9. 平行登记的要点是( )。
   A. 同一人登记 B. 同期间登记 C. 同金额登记 D. 同方向登记

10. ( )的说法正确。
    A. 账户的期末余额等于期初余额 B. 余额一般与增加额在同一方向
    C. 账户的借方发生额等于贷方发生额 D. 如果左方记增加额,右方就记减少额

11. 总分类账户与其所属明细分类账户的关系表现为( )。
    A. 两者反映的经济内容相同 B. 两者记账的原始依据相同
    C. 前者对后者起着统驭和控制的作用 D. 后者对前者起着辅助和补充的作用

12. 借贷记账法下,"借"表示( )。
    A. 权益的增加 B. 费用成本的增加
    C. 资产的增加 D. 收入的增加

13. 在借贷记账法下,每笔会计分录必须具备的要素有( )。
    A. 记账方法 B. 所涉及的账户名称
    C. 借贷方向 D. 记账金额

14. 在下列经济业务的基本类型中,( )是错误的。
    A. 资产和负债同减 B. 一项资产增加,另一项资产减少
    C. 一项负债增加,一项资产减少 D. 一项所有者权益减少,一项资产增加

15. 下列账户的结构与"短期借款"账户的结构相同的有( )。
    A. "应付利息" B. "应付账款" C. "原材料" D. "实收资本"

16. 复式记账法主要包括( )。
    A. 借贷记账法 B. 收付记账法 C. 增减记账法 D. 单式记账法

17. 下列账户的结构与"预收账款"账户的结构相同的有( )。
    A. "固定资产" B. "应付账款" C. "长期借款" D. "盈余公积"

18. 下列账户的结构与"财务费用"账户的结构相同的有( )。
    A. "销售费用" B. "预收账款"
    C. "主营业务成本" D. "营业外支出"

19. 下列账户的结构与"盈余公积"账户的结构相同的有( )。
    A. "实收资本" B. "应付债券" C. "主营业务成本" D. "制造费用"

20. ( )账户的余额一般在贷方。
    A. "固定资产" B. "预收账款" C. "应付职工薪酬" D. "实收资本"

21. （　　）账户贷方登记增加发生额,借方登记减少发生额。
    A. "应交税费"　　B. "预收账款"　　C. "固定资产"　　D. "资本公积"
22. 在借贷记账法下,贷方登记（　　）。
    A. 成本类账户的增加　　　　　　　B. 成本类账户的减少
    C. 收入损益类账户的增加　　　　　D. 收入损益类账户的减少
23. 总分类账户余额试算平衡关系有（　　）。
    A. 期初借方余额合计数和期末借方余额合计数相等
    B. 期初贷方余额合计数和期末贷方余额合计数相等
    C. 期初借方余额合计数和期初贷方余额合计数相等
    D. 期末借方余额合计数和期末贷方余额合计数相等
24. 下列账户的结构与"应付利息"账户的结构相同的有（　　）。
    A. "预收账款"　　B. "应付账款"　　C. "管理费用"　　D. "实收资本"
25. 总分类账户与其所属明细分类账户平行登记的结果是必然出现（　　）。
    A. 总分类账户期初余额与其所属明细分类账户期初余额之和相等
    B. 总分类账户本期借方发生额与其所属明细分类账户本期借方发生额之和相等
    C. 总分类账户期末余额与其所属明细分类账户期末余额之和相等
    D. 总分类账户期末余额与其所属明细分类账户本期借贷方发生额的差额相等
26. 借贷记账法的记账规则有（　　）。
    A. 有借必有贷　　　　　　　　　　B. 借贷必相等
    C. 借方登记增加数　　　　　　　　D. 贷方登记减少数
27. 会计分录的形式可以有（　　）。
    A. 一借一贷　　B. 一借多贷　　C. 一贷多借　　D. 多借多贷
28. 下列说法中,错误的有（　　）。
    A. 企业不能编制多借多贷的会计分录
    B. 从某一会计分录看,借方科目与贷方科目互为对应科目
    C. 通过试算平衡,若全部账户的借贷金额相等,则账户记录是正确的
    D. 从某个企业看,全部借方科目与全部贷方科目互为对应科目

三、判断题

1. "收入－费用＝利润",这一会计等式是复式记账法的理论基础,也是编制利润表的依据。（　　）
2. 复式记账法是以资产和权益之间的平衡关系作为记账理论基础的,对企业发生的每一项经济业务都要在两个相互联系的账户中登记。（　　）
3. 简单会计分录只有一借一贷,复合会计分录是多借多贷。（　　）
4. 经济业务的发生可能会导致会计等式平衡关系的变化。（　　）
5. 借贷记账法下,借方可以表示资产增加、费用增加,以及负债及所有者权益的减少。（　　）
6. 试算平衡的方法可以用来检查账户记录的正确性,试算不平衡说明账户记录肯定有误,如果平衡就说明账户记录无误。（　　）

7. "短期借款"账户的期初余额为50 000元,本期借方发生额为40 000元,期末余额为30 000元,则该账户本期贷方发生额为60 000元。 ( )
8. 从数量金额上看,资产和权益始终保持平衡关系,因此,任何经济业务的发生均不会改变资产和权益的总额。 ( )
9. 成本费用类账户的结构与资产类账户的结构相同。 ( )
10. 一个账户的借方如果用来登记减少额,其贷方一定用来登记增加额。 ( )
11. 在会计实际工作中,用试算平衡表来查验记账是否准确无误有一定的局限性。 ( )
12. 资产与权益之间是相互依存、互为条件的,有一定数额的资产,就必然有一定数额的权益,反之亦然。 ( )
13. 一借多贷或一贷多借的会计分录不能反映账户的对应关系。 ( )

四、实务题

(一) 根据有关数据计算每个账户中的未知数并填入表4-1中。

表4-1　　　　　　　　账户发生额及金额情况　　　　　　　　单位:元

账户名称	期初余额	本期借方发生额	本期贷方发生额	期末余额
银行存款	430 000	1 985 000	2 040 000	
固定资产	2 400 000		496 000	1 920 000
短期借款		60 000	160 000	300 000
应付账款	230 000	200 000		55 000

(二) 根据表4-2中"经济业务内容"栏填列"金额"栏和"业务类型及对会计等式两边总额的影响"栏。

表4-2　　　　　　　　经济业务分析　　　　　　　　单位:元

经济业务内容	金额			业务类型及对会计等式两边总额的影响
	资产	负债	所有者权益	
举例:收回应收账款50 000元,存入银行	+50 000 -50 000			资产一增一减,总额不变
(1) 投资者以固定资产80 000元对企业投资				
(2) 以银行存款7 000元归还欠款				
(3) 以银行存款购入存货3 000元				
(4) 购入存货2 000元,货款暂欠				
(5) 法定减资,以银行存款60 000元发还				
(6) 签发10 000元商业票据一张偿还借款				
(7) 用资本公积90 000元转增资本				
(8) 分配利润40 000元,尚未支付给投资者				
(9) 将欠某单位债务70 000元转为对该单位投资				

（三）根据美华企业9月份发生的经济业务编制会计分录和试算平衡表。

(1) 9月1日，车间领用材料，投入A产品生产。其中，领用甲材料150千克，乙材料200千克，共计42 500元。

(2) 9月1日，购买厂部用办公用品300元，直接领用，以现金付讫。

(3) 9月3日，开出现金支票，提取现金41 000元，准备发放工资。

(4) 9月3日，发放工资41 000元。

(5) 9月3日，向红光工厂购入甲材料200千克，单价150元，增值税税率为16%，价税款以银行存款付讫，材料尚未入库。

(6) 9月5日，开出银行支票归还前欠红光工厂甲材料款15 000元。

(7) 9月5日，甲材料200千克已验收入库，按实际成本转账。

(8) 9月7日，职工刘敏出差预借差旅费500元，以现金支付。

(9) 9月7日，开出银行转账支票，上交上月欠交的所得税5 000元。

(10) 9月7日，开出银行转账支票，上交上月欠交的增值税12 000元。

(11) 9月9日，车间一般耗用领用甲材料20千克，每千克150元，共计3 000元。

(12) 9月9日，开出支票，购买生产车间工人劳保用品共计2 500元，直接发放使用。

(13) 9月11日，销售A产品100件，每件220元，增值税税率16%，价税款已收到并存入银行。

(14) 9月11日，收到福源公司转来前欠货款65 000元，存入银行。

(15) 9月11日，厂办职工刘敏出差回来，报销差旅费400元，剩余100元现金交回。

(16) 9月13日，以银行存款退还包装物押金1 000元。

(17) 9月13日，销售A产品400件，每件220元，增值税税率16%，价税款已收到并存入银行。

(18) 9月15日，销售A产品600件，每件220元，增值税税率16%，对方交来不带息商业汇票一张，付款期20天。

(19) 9月15日，开出支票支付本月管理咨询费500元。

(20) 9月17日，投资者投入不需安装的新设备一台，原价10 000元。

(21) 9月17日，开出支票支付车间经常性修理费1 500元。

(22) 9月17日，从银行提取现金1 500元，以备零用。

(23) 9月19日，以现金付给职工顾强生活困难补助费500元。

(24) 9月19日，银行转来结息通知单，转入银行存款利息10 000元。

(25) 9月19日，经批准报废旧机器一台，原价9 500元，已提折旧9 500元。

(26) 9月21日，购入一台不需安装的新机器，价税合计50 000元（不考虑增值税），以银行存款支付。

(27) 9月21日，收到福源公司前欠货款17 500元，存入银行。

(28) 9月23日，计提应付本月车间设备租赁费1 240元。

(29) 9月23日，收到人民商场发来的办公用品价值1 000元，款项已事先预付。

(30) 9月25日，分配本月应付工资：其中，生产A产品的生产工人工资30 000元，车间管理人员工资5 000元，厂部管理人员工资6 000元。

(31) 9月25日,按以上工资的14%计提职工福利费。

(32) 9月25日,计提本月折旧(月折旧率0.5%),车间用固定资产原值800 000元,厂部用固定资产原值200 000元。

(33) 9月25日,发生大修理费用1 800元。其中,车间用固定资产发生1 100元;其余700元为管理部门发生,款项未付。

(34) 9月30日,将本月发生的制造费用19 040元全部转入A产品成本。

(35) 9月30日,本月A产品1 600件全部完工,将实际成本245 740元转入库存商品。

(36) 9月30日,结转本月已售A产品1 100件的生产成本(按加权平均成本计算)为170 626元。

(37) 9月30日,计算并结转本月销售A产品的主营业务收入242 000元;主营业务成本170 626元;管理费用10 740元;财务费用贷方10 000元。

(38) 9月30日,按25%的税率,进行所得税纳税调整后,计算本月应交所得税23 309元。

(39) 9月30日,结转上述所得税。

(40) 9月30日,按税后利润的10%计算本月应提盈余公积4 732元。

(41) 9月30日,其余利润的80%转作应付投资者利润,金额为34 074元。

要求:根据经济业务按时间顺序编制会计分录。

项目五 会计凭证

 知识教学目标

➤ 了解会计凭证的基本概念及作用。
➤ 掌握原始凭证的种类、内容、填制要求和审核的要点。
➤ 掌握记账凭证的种类、内容、填制要求和审核的要点。

任务一 会计凭证概述

一、会计凭证的概念

会计凭证是指记录经济业务事项发生或完成情况的书面证明,明确经济责任、作为登记账簿依据的书面证明。为了保证会计记录能如实反映企业的经济活动情况,保证账户记录的真实性、准确性,记账必须严格以会计凭证为依据。

填制和审核会计凭证是会计核算工作的起点,是会计核算的专门方法之一。所有单位一切经济业务一旦发生,都必须取得或填制凭证,以书面形式记录或反映该业务是怎么发生或怎么完成的。任何会计凭证都必须经过有关人员的严格审核,确认无误后,才能作为登记账簿的依据。所以,只有对取得或填制的凭证进行审核才可以保证为后续会计工作提供信息的真实性,这对完成会计工作、实现会计职能,充分发挥会计作用具有重要意义。

二、会计凭证的种类

会计凭证按其填制程序和用途的不同可分为原始凭证和记账凭证两类。

(一)原始凭证

原始凭证又称单据,是指在经济业务发生或完成时取得或填制的,用以记录或证明经济业务的发生或完成情况,明确经济责任的原始凭据。原始凭证是进行会计核算的原始资料和重要依据。

原始凭证是在经济业务发生的过程中直接产生的,是经济业务发生的最初证明,是由有关单位或经办人提供的具有法律效力的书面证明,如发票、收据、材料入库单、领料单等。填制或取得原始凭证是会计工作的起点,也是会计核算的基础。会计机构必须对原始凭证进行审核,并根据经过审核的原始凭证及有关资料编制记账凭证。

(二)记账凭证

记账凭证又称记账凭单,是指会计人员根据审核无误的原始凭证或汇总原始凭证,按照经济业务的内容加以归类,并据以确定会计分录后所填制的会计凭证。它是登记账簿的直接依据。记账凭证应记载经济业务的简要内容,明确会计分录,记账凭证是介于原始凭证与账簿之间的中间环节,是登记明细分类账和总分类账的依据。

(三)原始凭证和记账凭证的关联

原始凭证和记账凭证都是记录经济业务事项发生或完成情况的书面证明,也是明确经济责任、作为登记账簿依据的书面证明,它们统称为会计凭证。但就其性质来讲两者截然不同。原始凭证提供经济信息,是编制记账凭证的依据,是会计核算的基础;而记账凭证提供的是会计信息,是会计核算的起点。两者的主要区别体现在以下几点:

(1)原始凭证由经办人员填制,而记账凭证一律由会计人员填制。

(2)原始凭证是根据发生或完成的经济业务填制的,而记账凭证是根据审核无误的原始凭证填制的。

(3) 原始凭证仅用于记录、证明经济业务的发生或完成,而记账凭证要依据会计科目对已经发生或完成的经济业务进行归类、整理编制。

(4) 原始凭证是记账凭证的附件和填制记账凭证的依据,而记账凭证是登记账簿的直接依据。

三、会计凭证的作用

(一) 记录经济业务,提供记账依据

任何一笔经济业务的发生,都必须填制会计凭证,会计凭证上记录着经济业务活动发生的时间、内容。通过对会计凭证的认真填制和严格审核,保证经济业务如实地反映在会计凭证上。为账簿记录提供真实、可靠的依据,使账簿记录与实际情况相符,这样保证了会计核算资料的真实性和准确性,并为分析、检查经济活动和财务收支情况提供了确切可靠的原始资料。

(二) 明确经济责任,强化内部控制

由于会计凭证记录了每笔经济业务的内容,并由有关部门和有关人员签章,这就要求有关部门和有关人员对经济活动的真实性、准确性、合法性负责。这样就能加强有关部门和有关人员的责任感,促使他们严格按照政策、法令、制度、计划和预算办事,防止违法乱纪和铺张浪费行为。

(三) 监督经济活动,控制经济运行

认真填制和严格审核会计凭证,可以检查和监督经济业务的合理性、合法性、有效地控制经济的运行。由于一切经济活动都必须认真填制凭证,无论是收支货币资金、财物收发增减等都在凭证上进行记载,对其内容的严格审核,可以查明每笔经济业务是否执行了计划、预算,是否符合政令、制度,是否有违规违纪,限制和防止各类违法行为的发生,充分地做到监督经济活动,控制经济运行。

任务二 原 始 凭 证

一、原始凭证的种类

纷繁复杂的经济业务导致原始凭证的品种繁多,为了更好地认识和利用原始凭证,必须按照一定标准对原始凭证进行分类。原始凭证按照不同的分类标准,可以属于不同的种类。

(一) 按来源分类

原始凭证按其来源不同分类,可以分为外来原始凭证和自制原始凭证两种。

1. 外来原始凭证

外来原始凭证是指在经济业务活动发生或完成时,从其他单位或个人直接取得的原始凭证,如增值税专用发票、非增值税及小规模纳税人的发票、铁路运输部门提供的火车票、由银行转来的结算凭证和对外支付款项时取得的收据等都是外来原始凭证,如表5-1所示。

表 5-1 **广东省增值税专用发票** NO 000001

4100104140

记账联/发票联/抵扣联

开票日期：

购货单位	名　　称：		密码区	
	纳税人识别号：			
	地　址、电　话：			
	开户行及账号：			

货物或应税劳务名称	规格型号	单位	数量	单价	金额	税率	税额
合　　　计							

第XX联：记账联/发票联/抵扣联

价税合计（大写）			（小写）	

销货单位	名　　称：		备注	
	纳税人识别号：			
	地　址、电　话：			
	开户行及账号：			

收款人：　　　复核：　　　开票人：　　　销货单位：（章）

2. 自制原始凭证

自制原始凭证是指在经济业务执行或完成时，由本单位内部具体经办部门或人员，在执行或完成某项经济业务时自行填制的仅供本单位内部使用的原始凭证，如收料单、领料单、产品出库单、产品入库单、差旅费报销单等，如表5-2和表5-3所示。

表 5-2　　　　　　　　　　**收　料　单**　　　　　　　　NO. 012001

供货单位：包钢公司

发票号码：011025　　　　　20×9年12月3日　　　　　收货仓库：材料库

材料类别	名称及规格	计量单位	数量		实际成本		计划成本		成本差异
			应收	实收	单价	金额	单价	金额	
原材料	圆钢	吨	40	40	3 300	132 000	3 000	120 000	

记账联

质量检验：李白　　　　　　　　　收料：张左　　　　　　　　　制单：严峻

表 5-3

差旅费报销单

20×9 年 12 月 2 日

姓　　名	张凯	工作部门	行政科	出差日期	11 月 25~28 日
出差事由	外出联系工作	出差地点	北京	往返天数	4 天
发生费用	交通费	住宿费	伙食补贴	其他	合　计
	2 500	700	200	100	3 500
合　　计	2 500	700	200	100	3 500
	人民币(大写)叁仟伍百元整				
预借金额	5 000	应退金额	1 500	应补金额	

批准人：王伟　　　审核人：张梅　　　部门主管：秦峰　　　出差人：张凯

自制原始凭证按其填制手续不同,又可分为一次凭证、累计凭证和汇总凭证三种。

(1) 一次凭证。一次凭证是指只反映一项经济业务,或者同时反映若干项同类性质的经济业务,一次完成一次有效的会计凭证。例如,企业购进材料验收入库,由仓库保管员填制的收料单;车间或班组向仓库领用材料时填制的领料单;报销人员填制的、出纳人员据以付款的差旅费报销单、收据等,都是一次凭证。

(2) 累计凭证。累计凭证是指在一定期间内多次记录发生的同类型经济业务的原始凭证。其特点是在一张凭证内可以连续登记相同性质的经济业务,随时结出累计数和结余数,并按照费用限额进行费用控制,期末按实际发生额记账。累计凭证是多次完成多次有效的原始凭证。使用累计凭证,可以简化核算手续,能对材料消耗、成本管理起事先控制作用,是企业进行计划管理的手段之一。最具有代表性的累计凭证是工业企业常用的限额领料单等,如表 5-4 所示。

表 5-4

限额领料单

领料部门：　　　　　　　　　　　　　　　　　　　　　　　　　　第　号：
用　途：　　　　　　　　　　　年　月　日　　　　　　　　　发料仓库：

材料编号	材料名称	规格	计量单位	计划投产量	单位消耗定额	领用限额	实　发			
							数量	单　价		金　额
								百十万百十元角分		千百十万千百十元角分

日期	领　用			退　料			限额结余数量
	数量	领料人	发料人	数量	退料人	收料人	

生产计划部门：　　　　　　　　　　　供销部门：　　　　　　　　　　　仓库：

(3) 汇总凭证。汇总凭证只能将同类内容的经济业务汇总填列在一张汇总凭证中。汇总原始凭证在大中型企业中使用得非常广泛,因为它可以简化核算手续,提高核算工作效率;能够使核算资料更为系统化,使核算过程更为条理化;能够直接为管理提供某些综合指标。

(二)按格式分类

根据原始凭证的格式划分,可以将原始凭证分为通用的原始凭证和专用的原始凭证。

1. 通用凭证

通用凭证是指在一定范围内具有统一格式和使用方法的凭证。这里的一定范围既可以是全国范围,也可以是某省、某市、某地区或某系统,如全国统一使用的银行承兑汇票、某一地区统一印制的收款收据等。

2. 专用凭证

专用凭证是指由单位自行印制仅在本单位内部使用的原始凭证,如收料单、差旅费报销单、折旧计算表、工资费用分配表等。

二、原始凭证的基本内容

由于各项经济业务的内容是多种多样的,记录经济业务的原始凭证所包括的具体内容也是各不相同,各有其不同的要求和特点。但是,所有的原始凭证都必须客观地、真实地记录或反映经济业务的发生或完成情况,必须明确经办单位和人员的经济责任。因此,各种原始凭证共同要求决定了每种原始凭证都应具备以下共同的基本内容:

(1) 原始凭证名称。
(2) 填制凭证的日期、凭证的编号。
(3) 接受凭证单位名称(抬头人)。
(4) 经济业务内容(含数量、单价、金额等)。
(5) 经办人员的签名或盖章。
(6) 填制凭证单位名称或者填制人姓名。
(7) 原始凭证的附件。

上述基本内容,除第 7 项以外,一般不得缺少,否则,就不能成为具有法律效力的书面证明。

三、原始凭证的填制要求

原始凭证是根据经济业务活动的执行和完成情况填制的,是具有法律效力的书面证明。我国《会计法》第十四条规定:原始凭证记载的各项内容均不得涂改;原始凭证有错误的,应由出具单位重开或更正,更正处应当加盖出具单位印章。原始凭证金额有错误的,应当由出具单位重开,不得在原始凭证上更正。为了保证原始凭证能够正确、及时、清晰地反映各项经济业务活动的真实情况,提高会计核算的质量,并使其真正具备法律效力,原始凭证的填制必须严格按以下要求进行。

(一)记录要真实

记录真实,就是要实事求是地填写经济业务,原始凭证填制日期、业务内容、数量、金额等必须与实际情况相一致,不得歪曲经济业务真相、弄虚作假。对于实物数量、质量和金额的计算,要准确无误。经办的有关部门和人员要认真审核,签名盖章,对凭证的真实性和正确性负责。

(二) 内容要完整

原始凭证上各项内容要逐项填制齐全，不得遗漏和简略。需要注意的是，年、月、日要按照原始凭证的实际日期填写；名称要齐全，不能简化；品名或用途要填写明确，不能含糊不清；有关人员的签章必须齐全。

(三) 手续要完备

单位自制的原始凭证必须附有经办单位领导人或其他指定的人员签名盖章；对外开出的原始凭证必须加盖本单位的公章；从外部取得的原始凭证，必须盖有填制单位的公章；从个人取得的原始凭证，必须有填制人员的签名盖章。这里所说的"公章"，是指具有法律效力和特定用途，能够证明单位身份和性质的印鉴，包括业务公章、财务专用章、发票专用章、结算专用章等。

(四) 书写要清楚、规范

原始凭证要按规定填写，文字要简要，字迹要清楚，易于辨认，不得使用未经国务院公布的简化汉字。大小写金额必须相符且填写规范。

大写金额用汉字壹、贰、叁、肆、伍、陆、柒、捌、玖、拾、佰、仟、万、亿、元、角、分、零、整等，一律用正楷或行书字书写，大写金额前未印有"人民币"字样的，应加写"人民币"三个字。"人民币"字样和大写金额之间不得留有空白。大写金额到元或角为止的，后面要写"整"或"正"字，有"分"的，"分"后面不写"整"或"正"字。如小写金额￥1 690.00，大写金额应写成"壹仟陆佰玖拾元整"。

小写金额用阿拉伯数字逐个填写，不得写连笔字，在金额前应填写人民币符号"￥"。人民币符号"￥"与阿拉伯数字之间不得留有空白。金额数字一律填写到角分，无角分的，写"00"或符号"—"。有角无分的，分位写"0"，不得用符号"—"。

(五) 编号要连续

各种原始凭证要连续编号，以便查考。如果凭证已预先印定编号，如发票、收据、支票等，都有连续编号，应按编号连续使用，在写坏作废时，全部联次应加盖"作废"戳记，与存根一起妥善保管，不得撕毁。

(六) 不得涂改、刮擦挖补

原始凭证有错误的，应当由出具单位重开或更正，更正处应当加盖出具单位印章。原始凭证金额有错误的，应当由出具单位重开，不得在原始凭证上更正。

(七) 填制要及时

各种原始凭证应当根据经济业务的执行和完成情况按照有关制度的规定及时填制，不拖延、不积压，并按规定的程序及时送交会计机构、会计人员进行审核、记账，防止因原始凭证填制不及时，事后记忆模糊而出现差错等情况。

四、原始凭证的审核

审核会计凭证是正确组织会计核算的一种重要方法，也是实行会计监督的一种重要手段。为了正确地反映和监督各项经济业务，保证核算资料的真实、准确和合法，会计部门和经办业务的有关部门，必须对原始凭证进行严格认真的审核。它的主要内容如下。

（一）审核原始凭证的真实性

原始凭证的真实性是指原始凭证所记载的经济业务是否与实际发生的经济业务情况相符，以及原始凭证本身是否真实。对原始凭证真实性的审核主要包括：凭证日期是否真实、业务内容是否真实、数据是否真实等。对外来原始凭证，必须有填制单位公章和填制人员签章；对自制原始凭证，必须有经办部门和经办人员的签名或盖章。

（二）审核原始凭证的合法性

合法性审核主要是审核原始凭证上记载的经济业务是否有违反国家的法律法规的情况，是否履行了规定的凭证传递和审核程序，是否有贪污舞弊等行为。

（三）审核原始凭证的合理性

合理性审核主要是审核原始凭证所记载经济业务是否符合企业生产经营活动的需要，是否符合有关的计划和预算等。如经审核确定有突击使用预算结余、购买不需要的物品、对陈旧过时的设备进行大修理等违反原则的情况，则该凭证不能作为合理的原始凭证。

（四）审核原始凭证的完整性

审核原始凭证格式是否符合规定要求，各项要素是否齐全，内容是否完整，有关人员签章是否齐全，凭证联次是否正确等。如果手续不完备，应由经办人员补办。

（五）审核原始凭证的正确性

正确性审核主要是审核原始凭证各项数字金额的计算及填写是否正确，大小写金额是否一致，数字和文字的书写是否清楚，有无刮、擦、挖、补、涂改、伪造等现象。

（六）审核原始凭证的及时性

原始凭证的及时性是指在经济业务发生或完成时应及时填制有关原始凭证，及时进行凭证的传递。审核原始凭证时应注意审查凭证的填制日期，尤其是时效性较强的票据类原始凭证。

需要说明的是，原始凭证的审核是一项严肃而细致的工作，会计人员必须坚持制度，履行会计人员的职责。经审核的原始凭证应根据不同情况给予不同处理：

（1）对于完全符合要求的原始凭证，应及时据以编制记账凭证入账。

（2）对于真实、合法、合理但内容不完整填写、有错误的原始凭证，应当退还给有关经办人员，由其负责将有关凭证补充完整、更正或重开后，再办理正式会计手续。

（3）对于不真实、不合法的原始凭证，会计机构、会计人员有权不予接受，并向单位负责人报告。

任务三 记账凭证

一、记账凭证的种类

（一）按内容可分为收款凭证、付款凭证和转账凭证

1. 收款凭证

收款凭证是指用于记录库存现金和银行存款收款业务的记账凭证。它是由出纳人员根据库存现金收入业务和银行存款收入业务的原始凭证编制的专用凭证，作为登记现金、银行

存款等有关账簿的依据,如表5-5所示。

表5-5　　　　　　　　　　　　　收 款 凭 证

借方科目：　　　　　　　　　　　　年　月　日　　　　　　　　　　　　字第　号

摘要	贷方科目		金额										记账
	总账科目	明细科目	亿	千	百	十	万	千	百	十	元	角	分	
合　计														

会计主管：　　　　记账：　　　　出纳：　　　　审核：　　　　制证：

附件　张

2. 付款凭证

付款凭证是指用于记录库存现金和银行存款付款业务的记账凭证。它是由出纳人员根据库存现金和银行存款付出业务的原始凭证编制的专用凭证,作为登记现金、银行存款等有关账簿的依据,如表5-6所示。

表5-6　　　　　　　　　　　　　付 款 凭 证

贷方科目：　　　　　　　　　　　　年　月　日　　　　　　　　　　　　字第　号

摘要	借方科目		金　额										记账
	总账科目	明细科目	亿	千	百	十	万	千	百	十	元	角	分	
合　计														

会计主管：　　　　记账：　　　　出纳：　　　　审核：　　　　制证：

附件　张

为避免凭证重复记账或漏记账,对于两类货币资金之间的划转业务,在实际工作中只编制付款凭证,不再编制收款凭证。例如,将现金送存银行,只需编制库存现金付款凭证;从银行提取现金,只需编制银行存款付款凭证。

3. 转账凭证

转账凭证是指用于记录不涉及库存现金和银行存款业务的记账凭证。转账凭证应根据有关转账业务的原始凭证编制,作为登记有关明细账、总账等账簿的依据,如表5-7所示。

表5-7　　　　　　　　　　　　　转 账 凭 证

　　　　　　　　　　　　　　　　　年　月　日　　　　　　　　　　　　字第　号

摘要	总账科目	明细科目	借方金额											贷方金额											记账
			亿	千	百	十	万	千	百	十	元	角	分	亿	千	百	十	万	千	百	十	元	角	分	
合　计																									

会计主管：　　　　记账：　　　　　　　　审核：　　　　　　　制证：

附件　张

收款凭证、付款凭证和转账凭证,都属于专用记账凭证,适用于规模较大、收付款业务较多的单位。但是,对于经济业务比较简单、规模较小、收付款业务较少的单位,也可以采用通用记账凭证。通用记账凭证是各类交易或事项(包括收款、付款和转账业务)共同使用的记账凭证。通用记账凭证的一般格式与转账凭证基本相同。

(二)按填制方法可分为复式记账凭证和单式记账凭证

1. 复式记账凭证

复式记账凭证是指将每笔经济业务或事项所涉及的全部会计科目及其发生额均在同一张记账凭证中反映的一种记账凭证。它是在实际工作中应用最普遍的记账凭证。收款凭证、付款凭证和转账凭证及通用的记账凭证都属于复式记账凭证。

复式记账凭证的优点:①能全面反映经济业务的账户对应关系,便于了解有关经济业务的全貌,了解资金的来龙去脉,能够降低编制凭证工作量,减少凭证张数;②有利于检查会计分录的正确性。复式记账凭证的缺点:①不便于汇总计算账户的发生额;②也不便于不同会计岗位的分工记账。

2. 单式记账凭证

单式记账凭证是指每张记账凭证只填列经济业务中所涉及的一个会计科目及其金额的记账凭证。填列借方科目的称为借项凭证,填列贷方科目的称为贷项凭证,某项经济业务涉及几个会计科目,就编制几张单式记账凭证,借项凭证和贷项凭证中所列的对应总账科目只起参考作用,不作为登记账簿的依据。

单式记账凭证的优点:①反映内容单一,便于汇总计算每一会计科目的发生额;②便于分工记账。单式记账凭证缺点:①不能反映一笔经济业务的全貌;②不便于检查会计分录的正确性。

二、记账凭证的基本内容

由于记账凭证所反映的经济业务内容不同,因而在具体格式上也有所差异。但所有的记账凭证都必须满足记账的要求,具备下列共同的基本内容:

(1) 记账凭证的日期。记账凭证是哪一天编制的,就写上哪一天。记账凭证的填制日期和原始凭证的填制日期可能相同,也可能不同。

(2) 记账凭证的编号。记账凭证应根据经济业务发生的先后顺序按月连续编号,按编号顺序记账。它既可以分别按"收字第×号""付字第×号"和"转字第×号"三类编号,也可以区别库存现金收入、银行存款收入、库存现金付出、银行存款付出和转账业务,分别用"现收字第×号""银收字第×号""现付字第×号""银付字第×号"和"转字第×号"五类进行编号。

(3) 经济业务事项的内容摘要。

(4) 经济业务事项所涉及的会计科目及记账方向。

(5) 经济业务事项的金额。

(6) 所附原始凭证的张数。

(7) 会计主管记账、审核、出纳、制单等有关人员签章,收款凭证和付款凭证还应由出纳人员签章。

以自制的原始凭证或者原始凭证汇总表代替记账凭证的,也必须具备记账凭证应有的项目。

三、记账凭证的填制要求

(一)记账凭证填制的基本要求

填制记账凭证是对原始凭证进行整理和分类,并按照复式记账的要求,运用会计科目,确定会计分录,作为登记账簿的依据。填制记账凭证有助于使记账更为条理化,保证记账工作的质量,也能简化记账工作,提高核算效率。填制记账凭证的基本要求如下:

(1) 记账凭证各项内容必须完整。

(2) 记账凭证应连续编号。一笔经济业务,需要编制两张以上记账凭证的,可以采用"分数编号法"编号。

(3) 记账凭证的书写应清楚、规范。

(4) 记账凭证可以根据每张原始凭证填制,或根据若干张同类原始凭证汇总填制,也可以根据原始凭证汇总表来填制。但不得将不同内容和类别的原始凭证填制在一张记账凭证上。

(5) 除结账和更正错误的记账凭证可以不附原始凭证之外,其他记账凭证必须附有原始凭证。所附原始凭证张数的计算,一般以原始凭证的自然张数为准。如果记账凭证中附有原始凭证汇总表,则应把所附原始凭证和原始凭证汇总表的张数一起计入附件的张数之内。但差旅费报销单等零散票券,可以粘贴在一张纸上,作为一张原始凭证。当一张原始凭证涉及几张记账凭证时,可将原始凭证附在一张主要的记账凭证后面,在其他记账凭证上注明附有该原始凭证的记账凭证的编号或者附上该原始凭证的复印件。

(6) 填制记账凭证时若发生差错,应重新填制。已登记入账的记账凭证,在当年内发现填写错误的,可以用红字填写一张与原内容相同的记账凭证,在摘要栏注明"注销某月某日第某号凭证"字样,同时再用蓝字重新填制一张正确的记账凭证,在摘要栏注明"订正某月某日第某号凭证"字样。如果会计科目、方向没有错误,只是金额错误,也可将正确数字与错误数字之间的差额,另编一张调整的记账凭证,调增金额用蓝字,调减金额用红字。发现以前年度记账凭证有错误的用蓝字填制一张更正的记账凭证。

(7) 填制完记账凭证后,如有空行,应当自"金额"栏最后一笔金额数字下面的空行处至合计数上的空行处划线注销。

(二)收款凭证的填制要求

收款凭证左上角的"借方科目"按收款的性质填写"库存现金"或"银行存款";日期填写的是填制本凭证的日期;右上角填写填制收款凭证的顺序号;"摘要"填写对所记录的经济业务的简要说明;"贷方科目"栏填写与收入"库存现金"或"银行存款"相对应的会计科目;"记账"栏是指该凭证已登记账簿的标记,防止经济业务重记或漏记;"金额"栏是指该项经济业务的发生额;该凭证右边"附件×张"是指本记账凭证所附原始凭证的张数;最下边分别由有关人员签章,以明确经济责任。

(三)付款凭证的填制要求

付款凭证是根据审核无误的有关库存现金和银行存款的付款业务的原始凭证填制的。付款凭证的填制方法与收款凭证基本相同,不同的是在付款凭证的左上角应填列贷方科目,即"库存现金"或"银行存款"科目,"借方科目"栏应填写与"库存现金"或"银行存款"相应的一级科目和明细科目。

对于涉及库存现金和银行存款之间的相互划转业务,为了避免重复记账,一般只填制付款凭证,不再填制收款凭证。

出纳人员在办理收款或付款业务后,应在原始凭证上加盖"收讫"或"付讫"的戳记,以免重收重付。

(四) 转账凭证的填制要求

转账凭证通常是根据有关转账业务的原始凭证填制的。转账凭证中"总账科目"和"明细科目"栏应填写应借、应贷的总账科目和明细科目,借方科目应记金额应在同一行的"借方金额"栏填列,贷方科目应记金额应在同行的"贷方金额"栏填列,"借方金额"栏合计数与"贷方金额"栏合计数应相等。

此外,某些既涉及收款业务又涉及转账业务的综合性业务,可分开填制不同类型的记账凭证。

四、记账凭证的审核

为了保证会计信息的质量,在记账之前应由有关稽核人员对记账凭证进行严格的审核。审核的内容主要包括:①内容是否真实;②项目是否齐全;③科目是否正确;④金额是否正确;⑤书写是否规范;⑥手续是否完备。

在审核中如发现记账凭证有记录不全或错误时,应重新填制,只有经过审核无误的记账凭证,才能据以登记账簿。

在审核中如发现记账凭证有记录不全或错误时应重新填制,只有经过审核无误的记账凭证,才能据以登记账簿。

任务四 会计凭证的传递和保管

一、会计凭证的传递

会计凭证的传递是指以会计凭证的取得或填制时起至归档保管止的过程中,会计凭证在单位内部有关部门和人员之间的传送程序。会计凭证的传递,应当满足内部控制制度的要求,使传递程序合理有效,同时尽量节约传递时间,减少传递的工作量。各单位应根据具体情况确定每一种会计凭证的传递程序和方法。

会计凭证的传递具体包括传递程序和传递时间。各单位应根据经济业务特点、内部机构设置、人员分工和管理要求具体规定各种凭证的传递程序;根据有关部门和经办人员办理业务的情况,确定凭证的传递时间。

二、会计凭证的保管

会计凭证的保管是指会计凭证记账后的整理、装订、归档和存查工作。会计凭证作为记账的依据,是重要的会计档案和经济资料。本单位以及其他有关单位,可能因为各种原因需要查阅会计凭证,特别是发生贪污、盗窃、违法乱纪行为时,会计凭证更是依法处理的有效证据。因此,任何单位在完成经济业务手续和记账后必须将会计凭证按规定的立卷归档制度形成会计档案资料,妥善保管,防止丢失,不得任意销毁,以便日后随时查阅。

对会计凭证的保管主要有下列要求:

(1) 会计凭证应定期装订成册,防止散失。会计部门在依据会计凭证记账以后,应定期(每天、每旬或每月)对各种会计凭证进行分类整理,将各种记账凭证按照编号顺序,连同所附的原始凭证一起加具封面和封底,装订成册,并在装订线上加贴封签,由装订人员在装订线封签处签名或盖章。

从外单位取得的原始凭证遗失时,应取得原签发单位盖有公章的证明,并注明原始凭证的编号、金额、内容等,由经办单位会计机构负责人(会计主管人员)和单位负责人批准后,才能代作原始凭证。确实无法取得证明的,如车票丢失,则应由当事人写明详细情况由经办单位会计机构负责人(会计主管人员)和单位负责人批准后,代作原始凭证。

(2) 会计凭证封面应注明单位名称、凭证种类、凭证张数、起止号数、年度、月份、会计主管人员和装订人员等有关事项,会计主管人员和保管人员应在封面上签章。

(3) 会计凭证应加贴封条,防止抽换凭证。原始凭证不得外借,其他单位如有特殊原因确实需要使用时,经本单位会计机构负责人(会计主管人员)批准,可以复制。向外单位提供的原始凭证复制件,应在专设的登记簿上登记,并由提供人员和收取人员共同签名、盖章。

(4) 原始凭证较多时,可单独装订,但应在凭证封面注明所属记账凭证的日期、编号和种类,同时在所属的记账凭证上注明"附件另订"及原始凭证的名称和编号,以便查阅。

对各种重要的原始凭证,如押金收据、提货单等,以及各种需要随时查阅和退回的单据,应另编目录,单独保管,并在有关的记账凭证和原始凭证上分别注明日期和编号。

(5) 每年装订成册的会计凭证,在年度终了时可暂由单位会计机构保管 1 年,期满后应当移交本单位档案机构统一保管。未设立档案机构的,应当在会计机构内部指定专人保管。出纳人员不得兼管会计档案。

(6) 严格遵守会计凭证的保管期限要求,期满前不得任意销毁。

项目小结

会计凭证是记录经济业务事项发生或完成情况、明确经济责任、作为登记账簿依据的书面证明。会计凭证按其填制的程序和内容分为原始凭证和记账凭证。原始凭证是获取经济业务发生的第一手资料,应掌握它的分类、内容、填制要求、审核内容。只有经过审核无误的原始凭证才可以编制记账凭证。掌握记账凭证的分类、内容、填制要求、审核内容。只有经过审核的会计凭证才可以据以进行后续的登账工作。所以,原始凭证和记账凭证的填制和审核是财务人员必须掌握的内容。

项目考核

一、单选题

1. 企业购进原材料 60 000 元,款项未付。该笔经济业务应编制的记账凭证是(   )。
   A. 收款凭证　　　　B. 付款凭证　　　　C. 转账凭证　　　　D. 以上均可

2. 原始凭证有错误的,其正确处理方法是(　　)。
   A. 向单位负责人报告　　　　　　B. 退回,不予接受
   C. 由出具单位重开或更正　　　　D. 本单位代为更正
3. 下列表示方法正确的是(　　)。
   A. ¥508.00　　　　　　　　　　B. ¥86.00
   C. 人民币伍拾陆元捌角伍分整　　D. 人民币　柒拾陆元整
4. 关于会计凭证的保管,下列说法不正确的是(　　)。
   A. 会计凭证应定期装订成册,防止散失
   B. 会计主管人员和保管人员应在封面上签章
   C. 原始凭证不得外借,其他单位如有特殊原因确实需要使用时,经本单位会计机构负责人、会计主管人员批准,可以复印
   D. 经单位领导批准,会计凭证在保管期满前可以销毁
5. 付款凭证左上角的"贷方科目"可能登记的科目是(　　)。
   A. 预付账款　　B. 银行存款　　C. 预收账款　　D. 其他应付款
6. 下列不属于自制原始凭证的是(　　)。
   A. 领料单　　　B. 成本计算单　　C. 入库单　　D. 火车票
7. 下列业务中应该编制收款凭证的是(　　)。
   A. 购买原材料用银行存款支付　　B. 收到销售商品的款项
   C. 购买固定资产,款项尚未支付　　D. 销售商品,收到商业汇票一张
8. 根据连续反映某一时期内不断重复发生而分次进行的特定业务编制的原始凭证是(　　)。
   A. 一次凭证　　　　　　　　　　B. 累计凭证
   C. 记账凭证　　　　　　　　　　D. 汇总原始凭证
9. 将库存现金送存银行,应填制的记账凭证是(　　)。
   A. 库存现金收款凭证　　　　　　B. 库存现金付款凭证
   C. 银行存款收款凭证　　　　　　D. 银行存款付款凭证
10. 下列属于累计凭证的是(　　)。
    A. 领料单　　　　　　　　　　　B. 限额领料单
    C. 耗用材料汇总表　　　　　　　D. 工资汇总表
11. (　　)是用来记录货币资金付款业务的凭证,它是由出纳人员根据审核无误的原始凭证填制的。
    A. 收款凭证　　B. 付款凭证　　C. 转账凭证　　D. 累计凭证
12. 填制记账凭证时,错误的做法是(　　)。
    A. 根据每一张原始凭证填制
    B. 根据若干张同类原始凭证汇总填制
    C. 将若干张不同内容和类别的原始凭证汇总填制在一张记账凭证上
    D. 根据原始凭证汇总表填制
13. 在审核原始凭证时,对于内容不完整、填写有错误或手续不完备的原始凭证,应

该( )。
   A. 拒绝办理,并向本单位负责人报告
   B. 予以抵制,对经办人员进行批评
   C. 由会计人员重新编制或予以更正
   D. 予以退回,要求更正、补充,以及重新编制

14. 下列关于原始凭证的说法不正确的是( )。
    A. 按照来源的不同,分为外来原始凭证和自制原始凭证
    B. 按照格式的不同,分为通用原始凭证和专用原始凭证
    C. 按照填制手续及内容不同,分为一次原始凭证、累计原始凭证和汇总原始凭证
    D. 按照填制方法不同,分为外来原始凭证和自制原始凭证

15. 原始凭证按( )分类,分为一次凭证和累计凭证。
    A. 用途和填制程序   B. 形成来源
    C. 填制方式   D. 填制程序及内容

16. 可以不附原始凭证的记账凭证是( )。
    A. 更正错误的记账凭证   B. 从银行提取现金的记账凭证
    C. 以现金发放工资的记账凭证 D. 职工临时性借款的记账凭证

17. 在原始凭证上书写阿拉伯数字,错误的做法是( )。
    A. 金额数字前书写货币币种符号
    B. 币种符号与金额数字之间要留有空白
    C. 币种符号与金额数字之间不得留有空白
    D. 数字前写有币种符号的,数字后不再写货币单位

18. 下列属于通用凭证的是( )。
    A. 工资结算单   B. 折旧计算表
    C. 增值税专用发票   D. 差旅费报销单

19. 下列不能作为会计核算的原始凭证的是( )。
    A. 发货票   B. 合同书   C. 入库单   D. 领料单

20. 不符合原始凭证基本要求的是( )。
    A. 从个人取得的原始凭证,必须有填制人员的签名盖章
    B. 原始凭证不得涂改、刮擦、挖补
    C. 上级批准的经济合同,应作为原始凭证
    D. 大写和小写金额必须相等

二、多选题

1. 原始凭证的基本内容中包括( )。
   A. 原始凭证名称   B. 接受原始凭证的单位名称
   C. 经济业务的性质   D. 凭证附件

2. 下列说法正确的有( )。
   A. 已经登记入账的记账凭证,在当年内发现填写错误时,直接用蓝字重新填写一张正确的记账凭证即可

B. 发现以前年度记账凭证有错误的,可以用红字填写一张与原内容相同的记账凭证,再用蓝字重新填写一张正确的记账凭证

C. 如果会计科目没有错误只是金额错误,也可以将正确数字与错误数字之间的差额,另填制一张调整的记账凭证,调增金额用蓝字,调减金额用红字

D. 发现以前年度记账凭证有错误的,应当用蓝字填制一张更正的记账凭证

3. 其他单位因特殊原因需要使用本单位的原始凭证,正确的做法有(   )。

   A. 可以外借

   B. 将外借的会计凭证拆封抽出

   C. 不得外借,经本单位会计机构负责人、会计主管人员批准,可以复制

   D. 将向外单位提供的凭证复印件在专设的登记簿上登记

4. 在原始凭证上书写阿拉伯数字,正确的有(   )。

   A. 金额数字一律填写到角、分

   B. 无角分的,角位和分位可写"00"或者符号"—"

   C. 有角无分的,分位应当写"0"

   D. 有角无分的,分位也可以用符号"—"代替

5. 下列属于外来原始凭证的有(   )。

   A. 本单位开具的销售发票   B. 供货单位开具的发票

   C. 职工出差取得的飞机票和火车票   D. 银行收付款通知单

6. 下列说法正确的有(   )。

   A. 记账凭证上的日期指的是经济业务发生的日期

   B. 对于涉及"库存现金"和"银行存款"之间的经济业务,一般只编制收款凭证

   C. 出纳人员不能直接依据有关收、付款业务的原始凭证办理收、付款业务

   D. 出纳人员必须根据经会计主管或其指定人员审核无误的收、付款凭证办理收、付款业务

7. 下列属于一次凭证的有(   )。

   A. 收据   B. 发货单   C. 工资结算单   D. 工资汇总表

8. 关于记账凭证,下列说法正确的有(   )。

   A. 收款凭证是指用于记录现金和银行存款收款业务的会计凭证

   B. 收款凭证分为现金收款凭证和银行存款收款凭证两种

   C. 从银行提取库存现金的业务应该编制现金收款凭证

   D. 从银行提取库存现金的业务应该编制银行存款付款凭证

9. 原始凭证的审核内容包括(   )。

   A. 有关数量、单价、金额是否正确无误   B. 是否符合有关的计划和预算

   C. 记录的经济业务的发生时间   D. 有无违反财经制度的行为

10. 对原始凭证发生的错误,正确的更正方法有(   )。

    A. 由出具单位重开或更正

    B. 由本单位的会计人员代为更正

    C. 金额发生错误的,可由出具单位在原始凭证上更正

D. 金额发生错误的,应当由出具单位重开

三、判断题

1. 转账支票只能用于转账,而现金支票不仅可以用于提取现金,还可以用于转账。（   ）
2. 所有的记账凭证都必须附有原始凭证,否则不能作为记账的依据。（   ）
3. 原始凭证原则上不得外借,其他单位如有特殊原因确实需要使用时,经本单位会计机构负责人、会计主管人员批准,可以外借。（   ）
4. 原始凭证是会计核算的原始资料和重要依据,是登记会计账簿的直接依据。（   ）
5. 发现以前年度记账凭证有错误,不必用红字冲销,直接用蓝字填制一张更正的记账凭证。（   ）
6. 记账凭证填制完经济业务事项后,如有空行,应当自"金额"栏最后一笔金额数字下的空行处至合计数上的空行处划线注销。（   ）
7. 对于真实、合法、合理但内容不够完善、填写有错误的原始凭证,会计机构和会计人员不予以接受。（   ）
8. 自制原始凭证都是一次凭证,外来原始凭证绝大多数是一次凭证。（   ）
9. 原始凭证发生错误的,正确的更正方法是由出具单位在原始凭证上更正。（   ）

四、综合题

1. 表5-8为某公司出纳人员就公司的一笔业务所作的相关记账凭证。

表5-8   付 款 凭 证

贷方科目：银行存款   20×9年9月 日   付字第 号

摘　要	借方科目		记账	金额	附件 张
	一级科目	二级和明细科目			
	应付账款	M公司		8 000 000	
	应付账款			500 000	
	合　计			830 000	

会计主管：   记账：   出纳：   复核：王红   填制：赵娟

要求：指出记账凭证中存在的错误。（假定原始凭证审核无误）

五、实账演练

根据项目四项目考核实务题（三）中,美华企业9月份主要业务编制的会计分录,练习填制记账凭证。

项目六

会计账簿

知识教学目标

- 了解会计账簿的种类及作用。
- 掌握会计账簿的登记规则。
- 掌握会计账簿平行登记的要点。
- 掌握错账更正的方法。

任务一　会计账簿概述

一、会计账簿的概念

会计账簿简称账簿,是指由一定格式账页组成的,以经过审核的会计凭证为依据的,全面、连续、系统地记录会计主体的交易或事项的簿籍。设置和登记账簿是编制财务报表的基础,是连接会计凭证和财务报表的中间环节。

项目五所学习的会计凭证虽对经济业务进行了整理和归类,但由于其数量多且分散反映在若干张凭证上,不能连续、集中、系统地反映企业在某一时期内所发生的某一类经济业务的变动情况及其变动结果。为了能够连续、系统、全面、综合地反映经济单位在一定时期的全部经济业务,更好地发挥会计工作在经济管理中的作用,就必须运用登记账簿的专门方法,把分散在会计凭证上的各种核算资料加以整理和汇总,分门别类地记入各账簿中去。相对会计凭证和财务报表来说,账簿起着承前启后的作用,在会计信息系统中具有重要意义。

二、会计账簿的作用

设置和登记账簿,是对会计凭证进行加工整理的一种专门方法,在经济管理中具有重要的作用,概括起来,其作用主要体现在以下三个方面。

(一)全面、系统地反映单位经济业务的发生和完成情况

通过设置和登记账簿,可以为经营管理提供比较系统、完整的会计核算资料。在会计核算中,通过会计凭证的填制和审核,能反映每笔经济业务的发生、执行和完成情况,但是根据每笔经济业务填制的会计凭证对经济业务的反映是零散的、片面的,不能系统、完整地反映经济活动的变化和结果。通过账簿的设置和登记,可以把分散在会计凭证上的资料加以归类整理,为管理部门提供系统、完整的会计信息。

(二)确保财产物资的安全、完整及各项资金的合理使用

通过设置和登记账簿,可以连续反映各项财产物资的增减变动及其结存情况,并借助财产清查、账目核对等方法,可以监督各项财产物资是否妥善保管,防止损失浪费,揭露贪污盗窃行为,保护财产的安全、完整。

(三)为编制会计报表和进行会计检查、会计分析提供依据

会计期末,结账、对账后的账簿是编制会计报表的直接依据。账簿记录的资料又是进行会计检查和分析的依据。企业可利用账簿所提供的资料开展会计分析,找出差距,挖掘潜力,提出改进措施。

需要指出的是,会计账簿与账户有着十分密切的关系。账户存在于账簿之中,账簿中的每一账页就是账户的存在形式和载体,没有账簿,账户就无法存在。然而,账簿只是一个外在形式,账户才是其内在真实内容。账簿序时、分类地记载经济业务,是在个别账户中完成的。因此,账簿是由若干账页组成的一个整体,而开设于账页上的账户则是这个整体中的个体部分。所以,两者间的关系是形式和内容的关系,即账簿是形式,账户是内容。

三、会计账簿的分类

在会计账簿体系中,有各种不同功能和作用的账簿,它们各自独立,又相互补充。为了便于了解和使用,必须从不同的角度对会计账簿进行分类。

(一) 按用途分类

会计账簿按用途不同,可以分为序时账簿、分类账簿和备查账簿三类。

1. 序时账簿

序时账簿又称日记账,是按照经济业务发生或完成的先后顺序逐日、逐笔登记的账簿。目前,我国企事业单位设置的日记账一般有现金日记账和银行存款日记账。

2. 分类账簿

分类账簿又称分类账,是对各项经济业务按照它所涉及的账户进行分类登记的账簿。分类账簿按其提供核算资料的详细程度不同,又可分为总分类账簿和明细分类账簿两种。总分类账簿简称总账,是根据总分类科目开设的账户,用来分类登记全部经济业务,提供总括核算资料的分类账簿;明细分类账简称明细账,是根据总账科目所属的二级或明细科目设置的账户,用来分类登记某一类经济业务,提供明细核算资料的分类账簿。

3. 备查账簿

备查账簿又称辅助账、备查账,是对序时账簿和分类账簿等主要账簿未能记载的或记载不全的经济业务进行补充登记的账簿,如委托加工材料登记簿、租入固定资产登记簿等。备查账簿的账页没有固定格式,可根据实际需要灵活确定。

(二) 按外表形式分类

会计账簿按外表形式不同,可以分为订本式账簿、活页式账簿和卡片式账簿三类。

1. 订本式账簿

订本式账簿也称订本账,它是指在启用前就将若干账页顺序编号并固定装订成册的账簿。使用订本式账簿可以避免账页散失和被抽换,从而保证账簿记录的安全性。但由于账页是固定的,不能根据记账需要随时进行增减,也不便于记账分工。订本式账簿一般用于具有统驭性的和重要性的账簿,如总分类账、现金日记账、银行存款日记账等。

2. 活页式账簿

活页式账簿也称活页账,它是将若干零散账页暂时装订在活页账夹内的账簿。采用活页式账簿有利于记账分工,可根据需要增减账页;也有利于记账工作的电算化。但容易造成账页的失散和抽换。在会计实务中,活页式账簿主要用于各种明细账。

3. 卡片式账簿

卡片式账簿也称卡片账,它是由具有专门格式的、分散的卡片作为账页,存放在卡片箱内保管的账簿。卡片账除了具有一般活页账的特点外,它还可以跨年度使用,不需要每年更换新账,如固定资产卡片。

(三) 按账页格式分类

会计账簿按账页格式不同,可以分为三栏式账簿、多栏式账簿、数量金额式账簿和横线登记式账簿四类。

1. 三栏式账簿

三栏式账簿是设有借方、贷方和余额三个基本栏目的账簿。三栏式账簿的账页格式是最基本的账页格式,其他账页格式都是据此增减栏目而来的。三栏式账簿又分为设对方科目和不设对方科目两种。区别是在"摘要"栏和"借方科目"栏之间是否有"对方科目"栏。有"对方科目"栏的,称为设对方科目的三栏式账簿;没有"对方科目"栏的,称为不设对方科目的三栏式账簿。各种日记账、总分类账以及资本、债权债务明细账都可以采用三栏式账簿。三栏式账簿格式如表6-1所示。

表6-1　　　　　　　　　　　　三栏式明细分类账(借贷式)　　　　　　　　　　　　　第　　页

总账科目_____

明细科目_____

年		凭证字、号	摘要	借方								贷方								借或贷	余额							
月	日			十万	千	百	十	元	角	分		十万	千	百	十	元	角	分			十万	千	百	十	元	角	分

2. 多栏式账簿

多栏式账簿是在账簿的两个基本栏目——借方栏和贷方栏下设置多个栏目用以反映经济业务不同的账簿。这种账簿可以按借方和贷方分别设专栏,也可以只设借方专栏,贷方的内容在相应的借方专栏内用红字登记,表示冲减。但是,专栏设置在借方,还是设置在贷方,或是两方同时设专栏,设多少栏,则根据需要确定。收入、成本、费用类明细账一般均采用这种格式的账簿,如管理费用明细账、生产成本明细账、制造费用明细账等,如表6-2所示。

表6-2　　　　　　　　　　　　　　制造费用明细账　　　　　　　　　　　　　　　　　第　　页

明细科目：

年		凭证		摘要	借方余额							贷方	余额
月	日	字	号		材料费	水电费	人工费	维修费	工会经费	职工教育经费	折旧费	合计		

3. 数量金额式账簿

数量金额式账簿是指在借方(收入)、贷方(发出)、余额(结存)三个基本栏目内,都分设数量、单价和金额三小栏,借以反映财产物资的实物数量和价值量。原材料、库存商品明细账(见表6-3)一般都采用数量金额式账簿。

表6-3　　　　　　　　　库存商品明细账
单位_____　规格_____　品名_____　　　　　　　　　　　　　　　第　页

年		凭证字、号	摘要	借方			贷方			余额		
月	日			数量	单价	金额 十万千百十元角分	数量	单价	金额 十万千百十元角分	数量	单价	金额 十万百千十元角分

4. 横线登记式账簿

横线登记式账簿又称平行式账簿,是指将前后密切相关的经济业务登记在同行上,以便检查每笔业务的发生和完成情况的账簿。

综上所述,会计账簿的分类,如图6-1所示。

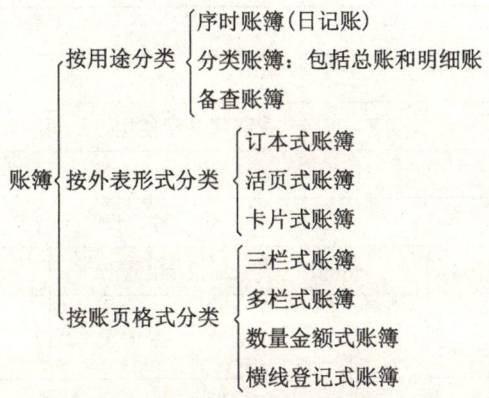

图6-1　会计账簿的分类

任务二　设置与登记会计账簿

一、会计账簿的基本构成

为了科学地反映和记录经济业务的内容,各经济单位应根据经济业务的特点和管理要求,科学、合理地设置账簿,并认真做好记账工作。虽然各种账簿的形式和格式多种多样,但其基本构成是固定的,即封面、扉页和账页。

(一)封面

启用会计账簿时,应在会计账簿封面上标明会计账簿的名称、记账单位名称和启用日期。

(二)扉页

账簿的扉页即账簿的首页。用来填列会计账簿的使用信息,主要内容包括科目索引、账簿启用和经管人员一览表,如表 6-4 所示。账簿启用表(即扉页)内容填写的准确完整,是账簿具有合法性的重要标志,其填写的要求是如下:

(1) 填写使用账簿的单位全称和会计账簿名称。

(2) 填写启用日期和启用账簿的起讫页数。凡是年度更换的会计账簿,启用日期应该填写该年度的 1 月 1 日,账簿的起讫页数要根据所使用的账簿的实际页数填写。

(3) 填写会计主管人员和记账人员姓名并加盖名章以明确责任。

(4) 在印鉴栏内应加盖单位公章,加盖的公章名称必须与账簿封面上写明的单位名称一致。

(5) 采用购买印花税票方式交纳印花税的单位,对应交纳印花税的账簿应将印花税票据粘贴在启用表的右上角,并划线予以注销。

(6) 当记账人员或主管人员工作变动时,应办理账簿移交手续,在启用表上明确记录交接日期及接办人、监交人的姓名并加盖名章。

(7) 账簿的编号按年度账簿的统一编号填列。账簿启用表由账簿生产商在印制账簿时就已经印刷好,并装订在账簿的规定位置或散放在账册的上方。

表 6-4　　　　　　　　　　　账簿启用表

使用者名称						
账簿编号						
账簿页数			本账簿共计使用　　　页			
启用日期			年　　月　　日			
截止日期			年　　月　　日			
责任者盖章	出纳		审核	主管	部门领导	

交接记录

姓名	交接日期			交接盖章	监交人员	
					职务	姓名
	经管	年　月　日				
	交出	年　月　日				
	经管	年　月　日				
	交出	年　月　日				
	经管	年　月　日				
	交出	年　月　日				
	经管	年　月　日				
印花税票						

(三) 账页

账页是构成账簿的主要部分,用来记录经济业务。账页格式因反映经济业务内容的不同而有所不同,但基本内容应包括:

(1) 账户的名称(总账科目、二级或明细科目)。
(2) 登账日期栏。
(3) 凭证种类和编号栏。
(4) 摘要栏(记录经济业务内容的简要说明)。
(5) 金额栏(通过借、贷方金额及余额的方向,记录经济业务的增减变动)。
(6) 总页次和分类页次。

二、会计账簿的格式和登记

(一) 序时账簿的格式和登记

序时账簿也称日记账(俗称流水账),是按照经济业务发生时间的先后顺序逐日逐笔连续登记的账簿,包括普通日记账和特种日记账两种。普通日记账是将每天发生的全部经济业务,均按照其发生的先后顺序进行逐日逐笔登记的账簿;特种日记账是把特定项目单独设置账簿,并按其经济业务发生的先后顺序进行逐日逐笔登记的账簿。实际工作中运用比较多的是后者,主要设置了库存现金日记账和银行存款日记账两种账簿。库存现金日记账和银行存款日记账都必须使用订本账。

1. 库存现金日记账

库存现金日记账是用来核算和监督库存现金每日的收入、支出和结存状况的账簿。它是由出纳人员根据库存现金收款凭证、库存现金付款凭证和银行存款付款凭证,按经济业务发生时间的先后顺序,逐日逐笔进行登记。

库存现金日记账的结构一般采用"收入""支出""余额"三栏式。库存现金日记账中的"年""月""日""凭证字号""摘要"和"对方科目"等栏,根据有关记账凭证登记。"收入"栏根据库存现金收款凭证和引起库存现金增加的银行存款付款凭证登记(从银行提取现金,只编制银行存款付款凭证)。"支出"栏根据库存现金付款凭证登记。每日终了应计算全日的现金收入、支出合计数,并逐日结出现金余额,与库存现金实存数核对,以检查每日现金收付是否有误。每月期末,应结出当期"收入"栏和"支出"栏的发生额和期末余额,并与"库存现金"总分类账户核对一致,做到日清月结,账实相符。如账实不符,应查明原因。三栏式库存现金日记账的格式如表6-5所示。

表6-5　　　　　库存现金日记账(三栏式)

第　页

年		凭证		摘要	对方科目	收入	支出	余额
月	日	字	号					

为了更清晰地反映账户之间的对应关系,了解现金变化的来龙去脉,还可以在三栏式日记账中"收入"和"支出"两个栏目下,按现金收、付的对方科目设置专栏,形成多栏式库存现

金日记账。多栏式库存现金日记账如表6-6所示。

表6-6　　　　　　　　　　库存现金日记账(多栏式)

第　页

年		凭证		摘要	收入(对方科目)				支出(贷方科目)				余额
月	日	字	号		主营业务收入	应收账款	……	小计	材料采购	银行存款	……	小计	

采用多栏式库存现金日记账时,按照收入、支出的对应科目分设专栏逐笔登记,到月末结账时,分栏加计发生额,全月现金的收入来源、支出去向都可以一目了然,这能够为企业的经济活动分析和财务收支分析提供详细具体的资料。但是,在使用会计科目比较多的情况下,多栏式日记账的账页过宽,不便于分工登记,而且容易发生错栏串行的错误。为此,在实际工作中可以将多栏式库存现金日记账分设两本,即分为多栏式库存现金收入日记账和多栏式库存现金支出日记账。

2. 银行存款日记账

银行存款日记账是用来逐日逐笔反映银行存款的增加、减少和结存情况的账簿。该账簿由出纳人员根据银行存款收款凭证、付款凭证和库存现金付款凭证,按经济业务发生时间的先后顺序,逐日逐笔进行登记。总体来说,银行存款日记账的登记方法与库存现金日记账的登记方法基本相同。

银行存款日记账一般采用三栏式,即"收入""支出"和"结余"三栏,银行存款日记账应按企业在银行开立的账户和币种分别设置,每个银行存款账户设置一本银行存款日记账。银行存款日记账格式如表6-7所示。

表6-7　　　　　　　　　　银行存款日记账

第　页

年		凭证		摘要	对方科目	收入	支出	余额
月	日	字	号					

(二)分类账簿的格式和登记

分类账簿简称分类账,是对各项经济业务按照账户进行分类登记的账簿。由于其反映经济业务内容的详细程度不同,分类账簿可以分为总分类账簿和明细分类账簿两种。

1. 总分类账簿的格式和登记

总分类账簿又称为总分类账或总账,是按总账科目设置账户、根据总账科目发生额登记的账簿。总分类账簿提供的是某一类经济业务增减变化的总括资料,它对其所属的明细分类账簿起着统驭控制的作用,同时为编制会计报表提供总括资料。总分类账簿只能用货币作为计量单位,一般采用订本式,其账页格式主要为三栏式,它与银行存款日记账的三栏式基本相同,但增加了表明余额方向的"借或贷"栏。总分类账的具体格式如表6-8至表6-10所示。

总分类账可以根据记账凭证逐笔登记,也可以根据经过汇总的科目汇总表或汇总记账凭证登记。至于采用哪种方法登记,需要根据企业采用的账务处理程序而定,有关内容将在项目九进行详细论述。

表6-8   总分类账(不反映对方科目)

总账科目_____   第   页

年		凭证字、号	摘要	借方							贷方							借或贷	余额						
月	日			十万	千	百	十	元	角	分	十万	千	百	十	元	角	分		十万	千	百	十	元	角	分

表6-9   总分类账(反映对方科目)

总账科目_____   第   页

年		凭证字、号	摘要	借方						贷方						借或贷	余额						
月	日			百	十	元	角	分	对方科目	百	十	元	角	分	对方科目		十万	千	百	十	元	角	分

表6-10   多栏式总分类账(日记总账)

第   页

年		凭证		摘要	发生额		科目		科目		……	余额
月	日	字	号		借方	贷方	借方	贷方	借方	贷方		

2. 明细分类账簿的格式和登记

明细分类账簿又称为明细账,它是按总账科目所属的明细科目设置账户,用来分类记录有关交易或事项详细情况的账簿。明细分类账簿提供的是按照明细科目类别划分的某一类经济业务增减变动的详细资料,对总分类账簿起着补充说明的作用,是总分类账簿资料的具体化,并受总分类账簿的控制和统驭。明细分类账簿同时也为编制会计报表提供明细资料。

常用的明细账一般有以下四种主要格式。

(1)三栏式明细分类账。三栏式明细分类账主要是用于只反映价值量,不反映实物量的明细分类账。主要是结算类账户和实收资本账户,如应收账款、应收票据、其他应收款、应付账款、应付票据、应付工资等明细账,如表6-11所示。

表6-11　　　　　　　　　　明细分类账

总账科目_____　　　　　　　　　　　　　　　　　　　　　　　第　　页
明细科目_____

年		凭证字、号	摘要	借方									贷方									借或贷	余额								
月	日			十	万	千	百	十	元	角	分	十	万	千	百	十	元	角	分		十	万	千	百	十	元	角	分

（2）数量金额式明细分类账。数量金额式明细分类账主要适用于既核算价值量又核算实物量的明细分类账。它在收入、发出、余额三栏内,再分别设置"数量""单价""金额"等栏目,以分别登记实物的数量和金额。数量金额式明细分类账适用于既要进行金额明细核算,又要进行数量明细核算的财产物资项目。存货类、固定资产等明细账都采用数量金额式明细分类账,如原材料、库存商品（见表6-12）、固定资产等明细账。

表6-12　　　　　　　　　　库存商品明细账

单位_____　规格_____　品名_____　　　　　　　　　　　　　　第　　页

年		凭证字、号	摘要	收入(借方)										发出(贷方)										余额									
				数量	单价	金额								数量	单价	金额								数量	单价	金额								
月	日					十	万	千	百	十	元	角	分			十	万	千	百	十	元	角	分			十	万	百	千	十	元	角	分

（3）多栏式明细分类账。多栏式明细账是根据经济业务的特点和经营管理的需要,在一张账页上按有关子目或细目分设若干栏目,以集中反映各有关明细科目的核算资料。按照明细账所记经济业务的特点不同,多栏式明细账可以采用借方多栏式、贷方多栏式和借贷方多栏式三种格式。多栏式明细分类账主要适用于收入、费用、成本、利润等的明细分类核算,如生产成本、制造费用、管理费用、销售费用等明细账,如表6-13至表6-15所示。

①借方多栏式明细账的账页结构是在账页中设置"借方""贷方"和"余额"三个金额栏,并直接在"借方"栏再按明细项目分设若干专栏。适用于借方需设置多个明细项目的成本、费用类账户的明细分类核算,如材料采购、生产成本、管理费用等明细账。各明细项目的贷方发生额因其未设置贷方专栏,则用红字登记在"借方"栏及明细项目专栏内,以表示对该项目金额的冲销或转出。借方多栏式明细账账页格式如表6-13所示。

表 6-13　　　　　　　　　　借方多栏式明细账

明细科目：　　　　　　　　　　　　　　　　　　　　　　　　　　　　　　　　第　　页

年		凭证		摘要	借方				贷方	借或贷	余额
月	日	字	号					合计			

② 贷方多栏式明细账的账页结构是在账页中设置"借方""贷方"和"余额"三个金额栏，并直接在"贷方"栏再按明细项目分设若干专栏。适用于贷方需设多个明细项目的收入类账户的明细分类核算，如主营业务收入、营业外收入等明细账。各明细项目的借方发生额因其未设置借方专栏，则用红字登记在"贷方"栏及明细项目专栏内，以表示对该项目金额的冲销或转出。贷方多栏式明细账账页格式如表 6-14 所示。

表 6-14　　　　　　　　　　贷方多栏式明细账

明细科目：　　　　　　　　　　　　　　　　　　　　　　　　　　　　　　　　第　　页

年		凭证		摘要	借方	贷方				借或贷	余额
月	日	字	号						合计		

③ 借贷方多栏式明细账是在账页中设置"借方""贷方"和"余额"三个金额栏，并同时在"借方"和"贷方"栏内再按明细项目分设若干专栏，适用于借、贷方均需要设置多个不同栏目进行登记的账户，如"应交税费——应交增值税"等明细账。借贷方多栏式明细账账页格式如表 6-15 所示。

表 6-15　　　　　　　　　　借贷方多栏式明细账

明细科目：　　　　　　　　　　　　　　　　　　　　　　　　　　　　　　　　第　　页

年		凭证		摘要	借方		贷方		借或贷	余额
月	日	字	号			合计		合计		

（4）横线登记式明细分类账。横线登记式明细分类账的账页是采用横线登记，即将每一相关的业务登记在一行，从而可依据每一行各个栏目的登记是否齐全来判断该项业务的进展情况。这种格式适用于登记材料采购、在途物资、应收票据和一次性备用金业务等明细账。

明细分类账的登记：不同类型经济业务的明细分类账可根据管理需要，依据记账凭证、原始凭证或汇总原始凭证逐日逐笔或定期汇总登记。

（三）备查账簿的格式和登记

备查账簿也称辅助账簿，是对某些在序时账簿和分类账簿等主要账簿中未能记载的会计事项进行补充登记的账簿。它是为备忘备查而设置的，可以为某些经济业务的内容提供必要的参考资料，因而它与序时账簿和分类账簿有所不同，主要是它登记的依据不是记账凭证，并且没有固定的格式，注重以文字方式记录某项经济业务的发生和完成情况。

三、总分类账与明细分类账的平行登记

总分类账户与明细分类账户的密切关系，决定了总分类账户与其所属的明细分类账户应该进行平行登记。所谓平行登记，是指对所发生的每项交易或事项都要以会计凭证为依据，一方面记入有关总分类账户；另一方面记入有关总分类账户所属明细分类账户的方法。总分类账户与明细分类账户平行登记要求做到以下几点。

（1）同依据：即将发生的交易或事项记入总分类账户及其所属明细分类账户时，所依据的会计凭证相同。虽然登记总分类账户及其所属明细分类账户的直接依据不一定相同，但原始依据是相同的。

（2）同方向：即将发生的交易或事项记入总分类账户及其所属的明细分类账户时，记账的借贷方向应当一致。如果记入总分类账户的借方（或贷方），在记入其所属的明细分类账户时，也应记入借方（或贷方）。

（3）同期间：即对发生每一交易或事项，既要记入有关的总分类账户，又要在同一会计期间内记入其所属的明细分类账户。尽管登记总账与明细账的具体日期不一定相同，但都要在同一会计期间内进行登记。

（4）同金额：即对发生的每一交易或事项，记入总分类账户的金额与记入其所属的明细分类账户的金额之和相等。

下面举例说明总分类账户和明细分类账户平行登记的方法。

实战演练

【例6-1】 20×9年1月1日，向阳公司的"原材料"和"应付账款"总分类账户及其所属的明细分类账户的有关资料如表6-16和表6-17所示。

表6-16　　　　　"原材料"明细分类账户余额表

名称	数量（千克）	单价（元/千克）	金额（元）
甲材料	2 000	10	20 000
乙材料	50	300	15 000
合计			35 000

表6-17　　　　　"应付账款"明细分类账户余额表

名称	金额（元）
A工厂	6 000
B工厂	4 000
合计	10 000

向阳公司1月份发生的有关交易或事项及会计处理如下(相关税金忽略不计):

(1) 1月9日,向A工厂购入甲材料500千克,单价10元/千克,共计5 000元;向B工厂购入乙材料100千克,单价300元/千克,共计30 000元。甲、乙材料已验收入库,货款尚未支付。

对发生的该交易或事项,公司应编制会计分录如下:

借:原材料——甲材料 5 000
　　　　——乙材料 30 000
　贷:应付账款——A工厂 5 000
　　　　　　——B工厂 30 000

(2) 1月12日,向A工厂购入甲材料400千克,单价10元/千克,共计4 000元;乙材料50千克,单价300元/千克,共计15 000元,材料均已验收入库,货款尚未支付。

对发生的该交易或事项,企业应编制会计分录如下:

借:原材料——甲材料 4 000
　　　　——乙材料 15 000
　贷:应付账款——A工厂 19 000

(3) 1月20日,以银行存款偿付前欠A工厂货款20 000元,B工厂货款30 000元。

对发生的该交易或事项,公司应编制会计分录如下:

借:应付账款——A工厂 20 000
　　　　　　——B工厂 30 000
　贷:银行存款 50 000

(4) 1月26日,生产车间为生产产品从仓库领用甲材料1 000千克,金额为10 000元;领用乙材料100千克,金额为30 000元。

对发生的该交易或事项,公司应编制会计分录如下:

借:生产成本 40 000
　贷:原材料——甲材料 10 000
　　　　——乙材料 30 000

根据上述分录填制账簿如表6-18至表6-23所示。

表6-18　　　　　　　　　　总账账户

明细账户:原材料　　　　　　　　　　　　　　　　　　　　　　　第　　页

20×9年		凭证号数	摘要	借方	贷方	借或贷	余额
月	日						
1	1		期初余额			借	35 000
1	9	(1)	购入材料	35 000		借	70 000
1	12	(2)	购入材料	19 000		借	89 000
1	26	(4)	领用材料		40 000	借	49 000
			合计	54 000	40 000		49 000

表 6-19　　　　　　　　　　　　　　　总 账 账 户

明细账户：应付账款　　　　　　　　　　　　　　　　　　　　　　　　　　第　　页

20×9年		凭证号数	摘要	借方	贷方	借或贷	余额
月	日						
1	1		期初余额			贷	10 000
1	9	(1)	购料欠款		35 000	贷	45 000
1	12	(2)	购料欠款		19 000	贷	64 000
1	26	(3)	偿还欠款	50 000		贷	14 000
			合计	50 000	54 000		14 000

表 6-20　　　　　　　　　　　　　　　原材料明细账

明细账户：甲材料　　　　　　　　　计量单位：千克　　　　　　　　　　金额：元

20×9年		凭证号数	摘要	收入			发出			结存		
月	日			数量	单价	金额	数量	单价	金额	数量	单价	结存
1	1		期初余额							2 000	10	20 000
1	9	(1)	购入材料	500	10	5 000				2 500	10	25 000
1	12	(2)	购入材料	400	10	4 000				2 900	10	29 000
1	26	(4)	生产领料				1 000	10	10 000	1 900	10	19 000
			本月合计	900		9 000	1 000		10 000	1 900	10	19 000

表 6-21　　　　　　　　　　　　　　　原材料明细账

明细账户：乙材料　　　　　　　　　计量单位：千克　　　　　　　　　　金额：元

20×9年		凭证号数	摘要	收入			发出			结存		
月	日			数量	单价	金额	数量	单价	金额	数量	单价	结存
1	1		期初结存							50	300	15 000
1	9	(1)	购入材料	100	300	30 000				150	300	45 000
1	12	(2)	购入材料	50	300	15 000				200	300	60 000
1	26	(4)	生产领料				100	300	30 000	100	300	30 000
			本月合计	150		45 000	100		30 000	100	300	30 000

表 6-22　　　　　　　　　　　应付账款明细账

明细账户：A工厂　　　　　　　　　　　　　　　　　　　　　　　　　　　单位：元

20×9年		凭证号数	摘要	借方	贷方	借或贷	余额
1	日						
1	1		期初余额			贷	6 000
1	9	(1)	购料欠款		5 000	贷	11 000
1	12	(2)	购料欠款		19 000	贷	30 000
	20	(3)	偿还欠款	20 000		贷	10 000
			合计	20 000	24 000		10 000

表 6-23　　　　　　　　　　　应付账款明细账

明细账户：B工厂　　　　　　　　　　　　　　　　　　　　　　　　　　　单位：元

20×9年		凭证号数	摘要	借方	贷方	借或贷	余额
月	日						
1	1		期初余额			贷	4 000
1	9	(1)	购料欠款		30 000	贷	34 000
1	20	(3)	偿还欠款	30 000		贷	4 000
			合计	30 000	30 000		4 000

登记账簿工作完成后，应编制明细分类账户本期发生额及余额汇总表以验证平行登记的结果是否正确，如表 6-24 和表 6-25 所示。

表 6-24　　　　　原材料明细分类账户本期发生额及余额汇总表

明细账户名称	期初余额		本期发生额		期末余额	
	借方	贷方	借方	贷方	借方	贷方
甲材料	20 000		9 000	10 000	19 000	
乙材料	15 000		45 000	30 000	30 000	
合计	35 000		54 000	40 000	48 000	

表 6-25　　　　应付账款明细分类账户本期发生额及余额汇总表

明细账户名称	期初余额		本期发生额		期末余额	
	借方	贷方	借方	贷方	借方	贷方
A工厂		6 000	20 000			10 000
B工厂		4 000	30 000			4 000
合计		10 000	50 000			14 000

将以上明细分类账户本期发生额及余额汇总表的结果与原材料、应付账款总账的登记结果相比较可以看出：原材料各明细账户的期初期末借方余额合计，本期借方、贷方发生额

合计,分别与原材料总账账户的期初期末借方余额以及本期借方、贷方发生额相等;应付账款各明细账户的期初期末贷方余额合计,本期借方、贷方发生额合计,分别与应付账款总账账户的期初期末贷方余额以及本期借方、贷方发生额相等。如果汇总表与有关总账账户的数字不符,则应查明错误的原因,予以更正。

任务三　登记会计账簿的规则

一、账簿的记账规则

（一）启用规则

1. 启用账簿时的一般规则

会计账簿是储存数据资料的重要会计档案。在账簿启用时,应在账簿启用和经管人员一览表中详细记载:单位名称、账簿编号、账簿册数、账簿页数、启用日期,并加盖单位公章。经管人员(包括企业负责人、主管会计、复核、记账人员等)均应签名盖章。

2. 会计人员交接规则

记账人员调离岗位时,必须与接管人员办理交接手续：在交接记录栏内填写交接日期、交接人员和监交人员姓名,并由交接双方签字盖章。一般会计人员办理交接手续,由会计机构负责人监交。会计机构负责人办理交接手续,由单位负责人监交。

（二）登记规则

1. 登记账簿的一般规则

（1）会计人员应根据审核无误的会计凭证及时地登记会计账簿。

（2）按各单位所选用的会计核算形式来确定登记总账的依据和具体时间。

（3）对于各种明细账,可逐笔逐日进行登记,也可定期(3天或5天)登记。但债权债务类和财产物资类明细账应当每天进行登记。

（4）库存现金和银行存款日记账,应当根据办理完毕的收付款凭证,随时按顺序逐笔进行登记,最少每天登记一次。

2. 登记账簿的具体要求

（1）登记会计账簿时,应当将会计凭证日期、编号、业务内容摘要、金额和其他有关资料逐项记入账内,做到数字准确、摘要清楚、登记及时、字迹工整。每一项会计事项,一方面要记入有关的总账;另一方面也须记入该总账所属的明细账。账簿记录中的日期,应该填写记账凭证上的日期;以自制原始凭证,如收料单、领料单等作为记账依据的,账簿记录中的日期应按有关自制凭证上的日期填列。

（2）登记完毕后,要在记账凭证上签名或者盖章,并注明已经登账的符号(如注明"√")表示已经登账。

（3）账簿中书写的文字或数字应紧靠底线书写,上面要留有适当空格,不要写满格,一般应占格距的二分之一,以便留有改错的空间。

（4）登记账簿必须用蓝黑色墨水或者碳素墨水笔书写,不得使用圆珠笔(银行的复写账簿除外)或者铅笔书写。

（5）特殊记账使用红墨水笔。下列情况，可以用红色墨水笔记账：

① 制作红字冲账的记账凭证，冲销错误记录；

② 在不设借贷等栏的多栏式账页中，登记减少数；

③ 在三栏式账户的"余额"栏前，如未印明余额方向，可用红墨水笔在"余额"栏内登记负数余额；

④ 根据国家统一的会计制度的规定可以用红字登记的其他会计记录。

（6）各种账簿应按账户页次顺序连续登记，不得跳行、隔页。如果发生跳行、隔页现象，应在空行、空页处用红色墨水笔划对角线注销，注明"此页空白"或"此行空白"字样，并由记账人员签章。

（7）凡需要结出余额的账户，结出余额后，应在"借或贷"等栏内写明"借"或者"贷"等字样，以示余额的方向。没有余额的账户，应在"借或贷"栏内写"平"字，并在"余额"栏内用"Ө"表示。现金日记账和银行存款日记账必须逐日结出余额。

（8）对于登错的记录，不得刮擦、挖补、涂改或用药水消除字迹等手段更正错误，也不允许重抄。应采用正确的错账更正规则进行更正。

（9）各账户在一张账页登记完毕结转下页时，应当结出本页合计数和余额，写在本页最后一行和下页第一行有关栏内，并在本页最后一行的"摘要"栏内注明"转次页"字样，在下一页第一行的"摘要"栏内注明"承前页"字样，以保持账簿记录的连续性，便于对账和结账。对"转次页"的本页合计数如何计算，一般分三种情况：第一种，需要结出本月发生额的账户，结计"转次页"的本页合计数应当为自本月月初起至本页末止的发生额合计数，如库存现金日记账及采用账结法下的各损益类账户；第二种，需要结计本年累计发生额的账户，结计"转次页"的本页合计数应当为自年初起至本页末止的累计数，如采用"表结法"下的各损益类账户；第三种，既不需要结计本月发生额也不需要结计本年累计发生额的账户，可以只将每页末的余额结转次页，如债权、债务结算类账户和财产物资类账户等。

（三）更正规则

1. 划线更正法

划线更正法又称红线更正法，适用于在每月结账前发现账簿记录中的文字或数字有错误，而其所依据的记账凭证没有错误，即纯属记账时笔误或计算错误。更正方法：将错误的文字或数字用一条红色横线全部予以注销，在划线文字或数字的上方用蓝字将正确的文字或数字填写在同一行的上方位置，并由更正人员在更正处签章。注意：对于错误的数字，应全部划线更正，不得只更正其中的错误数字。

2. 红字更正法

红字更正法又称红字冲账法，它是用红字冲销原有记录后再予以更正的方法，主要适用于以下两种情况：

（1）根据记账凭证记账后，发现记账凭证中的应借、应贷会计科目或记账方向有错误，而账簿记录与记账凭证是相吻合的。

更正方法：首先用红字金额填制一张与原错误记账凭证内容完全一致的记账凭证，在"摘要"栏内注明"冲销某月某日第×号记账凭证的错误"，并据以用红字登记入账，以冲销原有的错误记录；然后，再用蓝字填制一张正确的记账凭证，在"摘要"栏内写明"补记某月某日账",并据以用蓝字登记入账。

🌱 实战 演练

【例6-2】 某企业以现金480元购买办公用品,会计人员在填制记账凭证时发生错误并根据错误的记账凭证登记了账簿。错误的会计分录如下:

借:管理费用　　　　　　　　　　　　　　　　　　　　　　　480
　贷:银行存款　　　　　　　　　　　　　　　　　　　　　　　480

用红字更正法更正时,应先编制一张与原错误记账凭证内容完全相同而金额为红字的记账凭证:

借:管理费用　　　　　　　　　　　　　　　　　　　　　　　480
　贷:银行存款　　　　　　　　　　　　　　　　　　　　　　　480

再用蓝字编制一张正确的记账凭证:

借:管理费用　　　　　　　　　　　　　　　　　　　　　　　480
　贷:库存现金　　　　　　　　　　　　　　　　　　　　　　　480

最后,根据上述红字记账凭证和正确的记账凭证登记相关账簿。

（2）根据记账凭证记账后,发现记账凭证中应借、应贷会计科目和记账方向都正确,只是所记金额大于应记金额并已据以登记账簿。

更正方法:将多记的金额用红字编制一张与原错误记账凭证应借、应贷科目完全相同的记账凭证,在"摘要"栏内写明"冲销某月某日第×号记账凭证多记金额",以冲销多记的金额,并据以记账。注意:不得以蓝字金额填制与原错误记账凭证记账方向相反的记账凭证去冲销原错误记录或错误金额,因为蓝字记账凭证反方向记录的会计分录反映某类经济业务,而不能反映更正错账的内容。

🌱 实战 演练

【例6-3】 承[例6-2],如果会计人员填制记账凭证时所使用的会计科目和记账方向没有错误,只是将金额480元误记为4 800元,并据以登记入账。错误的会计分录如下:

借:管理费用　　　　　　　　　　　　　　　　　　　　　　　4 800
　贷:库存现金　　　　　　　　　　　　　　　　　　　　　　　4 800

先用红字更正法编制一张更正错误的记账凭证如下:

借:管理费用　　　　　　　　　　　　　　　　　　　　　　　4 320
　贷:库存现金　　　　　　　　　　　　　　　　　　　　　　　4 320

然后,根据这张更正错误的记账凭证登记账簿。

3. 补充登记法

补充登记法也称蓝字补记法,它适用于记账以后发现记账凭证中应借、应贷会计科目和记账方向都正确,只是所记金额小于应记金额的情况。

更正方法：将少记金额用蓝字编制一张与原错误记账凭证应借、应贷科目完全相同的记账凭证，在"摘要"栏内写明"补记某月某日第×号记账凭证少记金额"，以补足少记的金额，并据以记账。

实战演练

【例6-4】 承[例6-2]，如果会计人员填制记账凭证时所使用的会计科目和记账方向没有错误，只是将金额480元误记为48元，并据以登记入账。错误的会计分录如下：

借：管理费用　　　　　　　　　　　　　　　　　　　　　　　　　48
　贷：库存现金　　　　　　　　　　　　　　　　　　　　　　　　　48

使用补充登记法编制记账凭证如下：

借：管理费用　　　　　　　　　　　　　　　　　　　　　　　　432
　贷：库存现金　　　　　　　　　　　　　　　　　　　　　　　　432

编制会计分录后，根据上述记账凭证登记账簿。

二、账簿的对账和结账

(一) 对账

1. 对账的概念及其作用

对账就是核对账目，即在经济业务入账以后，于平时或月末、季末、年末结账之前，对各种账簿记录所进行的核对。其作用为：通过对账，可以及时发现和纠正记账及计算的差错，保证各种账簿记录的完整和正确，以便如实反映经济活动情况，并为会计报表的编制提供真实可靠的资料。

2. 对账的内容和方法

(1) 账证核对。它是指将各种账簿的记录与记账凭证及其所附的原始凭证相核对。这种核对通常是在日常核算中进行的，以使错账能及时发现并得到更正。

(2) 账账核对。它是指将各种账簿之间的有关数字进行核对。它主要包括：总账中各账户期末借方余额合计与各账户期末贷方余额合计相核对；总账各账户的本期借、贷方发生额、期末余额与其所属的各明细账的本期借、贷方发生额合计、期末余额合计进行核对；总账与日记账之间的核对；会计部门与财产物资保管或使用部门财产物资明细账进行的核对。

(3) 账实核对。它是将各财产物资的账面余额与实有数额进行核对。主要包括：库存现金日记账的余额与现金实际库存数相核对，并保证日清月结；银行存款日记账的余额与银行对账单相核对，每月最少一次；各种应收、应付款明细账余额与有关债务、债权单位的账目相核对；各种材料、物资、产品明细账的余额与其实物数额相核对。

(二) 结账

结账是指在会计期末(月末、季末、年末)将本期内所有发生的经济业务全部登记入账，并将各种账簿结算清楚，以便进一步根据账簿记录编制会计报表。

为了能够正确反映一定时期内在账簿记录中已经记录的经济业务，总结有关经济业务活动和财务状况，各单位必须在会计期末进行结账工作，但不得因编制财务报表而提前结账，更不得先编制财务报表后结账。

1. 结账的主要程序和内容

（1）结账前，必须将本期发生的经济业务事项全部登记入账，并保证其正确性。若发生漏记、错记，应及时补记或更正。

（2）实行权责发生制的单位，应根据权责发生制的要求，进行账项调整的账务处理，合理确定本期应记的收入和应记的费用。

（3）结转过渡性账户，如将损益类账户转入"本年利润"账户，结平所有损益类账户，将"制造费用"账户转入"生产成本"账户等。

（4）结算出资产、负债和所有者权益账户的本期发生额和期末余额，并结转下期。

2. 结账的方法

计算登记各种账簿本期发生额和期末余额的工作，一般按月进行，称为月结；有的账目应按季结算，称为季结；年度终了，还应进行年终结账，称为年结。期末结账主要采用划线结账法，也就是期末结出各账户的本期发生额和期末余额后，加以划线标记，将期末余额结转至下期。结账时，不同的账户记录应采用不同的方法。

1）月结

月结时应考虑各账户的特点分别采用不同的方法，具体如下：

（1）对不需要按月结计本期发生额而只求余额的明细账，每次记账以后都要随时结出余额，如结算类、资本类、财产物资类账户明细账。结账标志为在最后一笔经济业务记录行的下一行紧靠上线处划通栏单红线（称为结账线），不需要再结计一次余额。划线的目的，是为了突出有关数字，表示本期的会计记录已经截止或者结束，并将本期与下期的记录明显分开。

（2）对需要按月结计发生额和期末余额的账户，月末结账时，要加计本月的发生额并计算出余额，如库存现金日记账、银行存款日记账、采用"记账凭证账务处理程序"所登记的总账、成本费用类明细账、采用"账结法"下的损益类明细账等。结账标志为在最后一笔经济业务记录行的下一行（月结行）紧靠上线处划通栏单红线，并在其行内结出本月发生额和余额；在"日期"栏内填写本月最后一天的号数，在"摘要"栏内注明"本月合计"字样，再在"月结行"的下一行紧靠上线处划通栏单红线。

（3）对需要结计本年累计发生额的账户，既要进行本月发生额的月结，又要进行年度累计发生额的月结，如"本年利润""利润分配"总账及所属明细账。每月结账时，先在该月最后一笔经济业务记录的下行（月结行）紧靠上线处划通栏单红线，进行月结；然后再在月结行的下一行（本年累计行），结出自年初始至本月月末止的累计发生额和月末余额，在"摘要"栏内注明"本年累计"字样，并在本年累计行的下一行紧靠上线通栏划单红线。

（4）总账（除"本年利润""利润分配"账户和采用"记账凭证账务处理程序"所登记的总账）平时只需结出月末余额，即只需要在最后一笔经济业务记录之下通栏划红单线，不需要再结计一次余额。

2）季结

总账一般才需要按季度结账。由于总账在年终结账时要将所有总账结出全年发生额和年末余额，以便总括反映本年全年各项资金运动情况的全貌并核对账目。而总账在各月只结余额而不结发生额。为减少年终结账的工作量而把工作做在平时，就要对总账进行季结。在每季度结束时，应在季末月份月结后，分别结算出本季度借方、贷方本期发生额合计数和期末余额,在"摘要"栏内注明"本季度累计"字样,并在该行下面再划一条通栏单红线。

3) 年结

(1) 年末没有余额:

总账年末没有余额:先将总账在第四季度季结"本季度累计"行下一行的"摘要"栏内注明"本年合计"字样,加计第1至第4季度的"本季度累计",填在该行的"借方""贷方"栏内;然后在"借或贷"栏写"平"字和"余额"栏写"0"符号;最后在"本年合计"行下通栏划双红线(称为"封账线",下同),封账即可。

明细账年末没有余额:对只需结计余额的,只需在12月最后一笔经济业务记录之下通栏划双红线,封账即可;对于需要按月结计发生额和结计本年累计发生额的某些明细账,则需在12月月末的"本月合计"或"本年累计"行下通栏划双红线,封账即可。

(2) 年末有余额:

对于总账应分借、贷方加计第1至第4季度的"本季度累计",并将其发生额和年末余额(12月月末的余额)填在第四季度季结"本季度累计"行下一行的相关栏内,同时在该行的"摘要"栏内注明"本年合计"字样。

对于明细账:如果是只需结计期末余额和结计本年累计发生额的,12月份的月结就是年结;而需要按月结计发生额的,还需要在12月月结的基础上分借、贷方加计全年的发生额,并将其发生额和年末余额(12月月末的余额)填在12月月结行的下一行相关栏内,同时在该行的"摘要"栏内注明"本年合计"字样。

结转下年:要将年末余额结转下年,即将余额记入新账第一页第一行的"余额"栏内,并在新账第一行的"摘要"栏内注明"上年结转"字样;同时,需先在"本年合计"行下一行的"摘要"栏内注明"结转下年"字样,并将余额记入同一行的"余额"栏内,然后在"结转下年"行下划两条通栏红线,封账即可。结转下年既不需要编制记账凭证,也不必以相反的方向记入下一行("结转下年"行)的发生额栏内,使本年有余额的账户的余额为零。因为,既然该账户年末是有余额的,其余额应当如实地在账户中加以反映,否则,容易混淆有余额的账户和没有余额的账户的区别。

三、账簿的更换和保管

(一) 账簿的更换

为了能够清晰地反映各个会计年度的财务状况、经营成果和现金流量状况,在每个会计年度开始时,一般都要启用新账,并把上年度的会计账簿归档保管。

总分类账、库存现金日记账和银行存款日记账和大部分明细账都应在年度结账完毕后,以新账代替旧账。对于在年度内业务发生量较少、账簿变动不大的部分明细账,如固定资产卡片账,可以连续使用,不必每年更换。

(二) 账簿的保管

账簿是各单位极为重要的经济资料,必须建立管理制度,进行妥善保管。年度终了,各种账户在结转下年、建新账后,一般都要对旧账簿进行必要的整理,如将各种活页账、卡片账连同账簿启用及经管人员一览表装订成册,加上封面,将各种账簿统一编号。会计账簿暂由本单位财务部门保管1年,期满后,由财务部门填写移交清单,移交本单位档案部门保管。

项目小结

会计账簿简称账簿,是指由一定格式账页组成的,以经过审核的会计凭证为依据,全面、连续、系统地记录会计主体的交易或事项的簿籍。会计账簿按用途不同,可以分为序时账簿(日记账)、分类账簿和备查账簿三类。序时账簿是按照经济业务发生或完成的先后顺序逐日逐笔连续登记的账簿。目前,我国企事业单位设置的日记账一般有现金日记账和银行存款日记账。分类账簿又称分类账,是对各项经济业务按照它所涉及的账户分类登记的账簿。分类账簿按其提供核算资料的详细程度不同,又可分为总分类账和明细分类账两种。备查账簿又称辅助账、备查账,它是对序时账簿和分类账簿等主账簿未能记载的或记载不全的经济业务进行补充登记的账簿。

不同的账簿有不同的形式。库存现金日记账和银行存款日记账的格式主要有三栏式和多栏式两种。总分类账的格式有三栏式和多栏式两种。明细分类账的格式一般有三栏式、多栏式、数量金额式和横线式四种。

登记账簿是会计核算的一种专门的方法,必须遵循账簿启用规则、账簿登记规则和错账更正规则。为了保证会计账簿资料的可靠性,会计人员还要做好对账工作,包括账证核对、账账核对和账实核对三个方面。会计期末时,会计人员应按规定进行结账。

项目考核

一、单选题

1. 下列情况不可以用红色墨水笔记账的是(　　)。
    A. 冲账的记账凭证,冲销错误记录
    B. 在不设借贷等栏的多栏式账页中,登记减少数
    C. 在三栏式账户的余额栏前,印明余额方向的,在余额栏内登记负数余额
    D. 在三栏式账户的余额栏前,未印明余额方向的,在余额栏内登记负数余额
2. 下列说法不正确的是(　　)。
    A. 凡需要结出余额的账户,结出余额后,应当在"借或贷"栏内写明"借"或者"贷"等字样
    B. 没有余额的账户,应当在"借或贷"栏内写"—",并在余额栏内用"0"表示
    C. 现金日记账必须逐日结出余额
    D. 银行存款日记账必须逐日结出余额
3. 银行存款日记账是根据(　　)逐日逐笔登记的。
    A. 银行存款收、付款凭证　　　　　B. 转账凭证
    C. 库存现金收款凭证　　　　　　　D. 银行对账单
4. 在我国,总分类账要选用(　　)。
    A. 活页式账簿　　　　　　　　　　B. 自己认为合适的账簿
    C. 卡片式账簿　　　　　　　　　　D. 订本式账簿
5. 下列不属于对账的是(　　)。
    A. 账簿记录与原始凭证之间的核对

B. 总分类账簿与其所属明细分类账簿之间的核对

C. 库存现金日记账的期末余额合计与库存现金总账期末余额的核对

D. 财产物资明细账账面余额与财产物资实存数额的核对

6. 下列说法不正确的是( )。

   A. 出纳人员主要负责登记库存现金日记账和银行存款日记账

   B. 库存现金日记账由出纳人员根据收、付款凭证,逐日逐笔顺序登记

   C. 银行存款日记账应该定期或者不定期与开户银行提供的对账单进行核对,每月至少核对三次

   D. 库存现金日记账和银行存款日记账,应该定期与会计人员登记的库存现金总账和银行存款总账核对

7. 下列不适合建立备查账的是( )。

   A. 租入的固定资产   B. 应收票据

   C. 受托加工材料   D. 购入的固定资产

8. 下列做法中,不符合会计账簿的记账规则的是( )。

   A. 使用圆珠笔登账

   B. 账簿中书写的文字和数字一般应占格距的1/2

   C. 登记后在记账凭证上注明已经登账的符号

   D. 按账簿页次顺序连续登记,不得跳行隔页

9. 设置和登记账簿是( )的基础。

   A. 复式记账   B. 填制记账凭证

   C. 编制会计分录   D. 编制会计报表

10. 从银行提取现金,登记库存现金日记账的依据是( )。

    A. 库存现金收款凭证   B. 银行存款收款凭证

    C. 库存现金付款凭证   D. 银行存款付款凭证

11. 企业生产车间因生产产品领用材料10 000元,在填制记账凭证时,将借方科目记为"管理费用"并已登记入账,应采用的错账更正方法是( )。

    A. 划线更正法   B. 红字更正法

    C. 补充登记法   D. 重填记账凭证法

12. 企业开出转账支票1 680元购买办公用品,编制记账凭证时,误记金额为1 860元,科目及方向无误并已记账,应采用的更正方法是( )。

    A. 补充登记180元   B. 红字冲销180元

    C. 在凭证中划线更正   D. 把错误凭证撕掉重编

13. 填制记账凭证时无误,根据记账凭证登记账簿时,将20 000元误记为2 000元,已登记入账,尚未结账。更正时应采用( )。

    A. 划线更正法   B. 红字更正法   C. 补充登记法   D. 更换账页法

14. 下列账簿中,一般采用活页账形式的是( )。

    A. 日记账   B. 总分类账   C. 明细分类账   D. 备查账

15. 总分类账一般采用的账页格式为( )。

A. 两栏式 B. 三栏式 C. 多栏式 D. 数量金额式

16. 将账簿划分为序时账簿、分类账簿和备查账簿的依据是( )。
    A. 账簿的用途 B. 账页的格式 C. 账簿的外形特征 D. 账簿的性质

17. 在结账前发现账簿记录有文字或数字错误,而记账凭证没有错误应采用( )。
    A. 划线更正法 B. 红字更正法 C. 补充登记法 D. 平行登记法

18. 会计账簿暂由本单位财务部门保管( )年,期满之后,由财务部门编造清册移交本单位的档案部门保管。
    A. 1 B. 3 C. 5 D. 10

19. 卡片账一般在( )时采用。
    A. 无形资产总分类核算 B. 固定资产明细分类核算
    C. 原材料总分类核算 D. 原材料明细分类核算

20. 对全部经济业务事项按照会计要素的具体类别而设置的分类账户进行登记的账簿称为( )。
    A. 备查账簿 B. 序时账簿 C. 分类账簿 D. 三栏式账簿

21. 错账更正时,划线更正法的适用范围是( )。
    A. 记账凭证中会计科目或借贷方向错误,导致账簿记录错误
    B. 记账凭证正确,登记账簿时发生文字或数字错误
    C. 记账凭证中会计科目或借贷方向正确,所记金额大于应记金额,导致账簿记录错误
    D. 记账凭证中会计科目或借贷方向正确,所记金额小于应记金额,导致账簿记录错误

22. 下列对账工作中属于账实核对的是( )。
    A. 银行存款日记账与银行对账单核对
    B. 总分类账与所属明细分类账核对
    C. 会计部门的财产物资明细账与财产物资保管部门的有关明细账相核对
    D. 总分类账与日记账核对

23. 在登记账簿过程中,每一账页的最后一行及下一页第一行都要办理转页手续,是为了( )。
    A. 便于查账 B. 防止遗漏
    C. 防止隔页 D. 保持记录的连续性

24. 下列各账簿中,必须逐日逐笔登记的是( )。
    A. 费用明细账 B. 应收账款明细账
    C. 收入明细账 D. 原材料明细账

25. 对账时,账账核对不包括( )。
    A. 总账有关账户的余额核对 B. 总账与明细账之间的核对
    C. 总账与备查簿之间的核对 D. 总账与日记账的核对

二、多选题

1. 账证核对指的是核对会计账簿记录与原始凭证、记账凭证的( )是否一致,记账方向是否相符。
    A. 时间 B. 凭证字号 C. 内容 D. 金额

2. 出纳人员可以登记和保管的账簿有(　　)。
   A. 库存现金日记账　　　　　　B. 银行存款日记账
   C. 库存现金总账　　　　　　　D. 银行存款总账

3. 下列属于账实核对的有(　　)。
   A. 库存现金日记账账面余额与现金实际库存数的核对
   B. 银行存款日记账账面余额与银行对账单的核对
   C. 财产物资明细账账面余额与财产物资实存数额的核对
   D. 应收、应付款明细账账面余额与债务、债权单位核对

4. 下列属于序时账簿的有(　　)。
   A. 库存现金日记账　　　　　　B. 银行存款日记账
   C. 应收账款明细账　　　　　　D. 主营业务收入明细账

5. 下列关于会计账簿的更换和保管正确的有(　　)。
   A. 总账、日记账和多数明细账每年更换一次
   B. 变动较小的明细账可以连续使用,不必每年更换
   C. 备查账不可以连续使用
   D. 会计账簿由本单位财务部门保管半年后,交由本单位档案管理部门保管

6. 下列需要划双红线的有(　　)。
   A. 在"本月合计"行的下面　　　B. 在"本年累计"行的下面
   C. 在12月末的"本年累计"行的下面　D. 在"本年合计"行下面

7. 下列可以作为库存现金日记账借方登记的依据的有(　　)。
   A. 库存现金收款凭证　　　　　B. 库存现金付款凭证
   C. 银行存款收款凭证　　　　　D. 银行存款付款凭证

8. 对于划线更正法,下列说法正确的有(　　)。
   A. 划红线注销时必须使原有字迹仍可辨认
   B. 对于错误的数字,应当全部划红线更正,不得只更正其中的错误数字
   C. 对于文字错误,可只划去错误的部分
   D. 对于错误的数字,可以只更正其中的错误数字

9. 必须逐日结出余额的账簿有(　　)。
   A. 库存现金总账　　　　　　　B. 银行存款总账
   C. 库存现金日记账　　　　　　D. 银行存款日记账

10. 按照账页格式的不同,会计账簿分为(　　)。
    A. 两栏式账簿　　　　　　　　B. 三栏式账簿
    C. 数量金额式账簿　　　　　　D. 多栏式账簿

11. 不同类型经济业务的明细分类账可根据管理需要,依据(　　)逐日逐笔登记或定期登记。
    A. 记账凭证　　　　　　　　　B. 科目汇总表
    C. 原始凭证　　　　　　　　　D. 汇总原始凭证

12. 账页包括的内容有(　　)。

A. 账户名称 B. 记账凭证的种类和号数
C. 摘要栏 D. 总页次和分户页次

13. 下列适合采用多栏式明细账格式核算的有( )。
A. 原材料 B. 制造费用 C. 生产成本 D. 库存商品

14. 下列说法中不正确的有( )。
A. 日记账必须采用三栏式
B. 总账最常用的格式为三栏式
C. 三栏式明细分类账适用于成本费用类科目的明细核算
D. 银行存款日记账应按企业在银行开立的账户和币种分别设置,每个银行账户设置一本日记账

15. 下列内容中,属于结账工作的有( )。
A. 结算有关账户的本期发生额及期末余额
B. 编制试算平衡表
C. 清点库存现金
D. 按照权责发生制对有关账项进行调整

16. 下列应逐日逐笔登记明细账的有( )。
A. 原材料 B. 应收账款 C. 应付账款 D. 管理费用

17. 下列不符合登记账簿要求的有( )。
A. 为防止篡改,文字书写要占满格
B. 数字书写一般要占格距的1/2
C. 将登记中不慎出现的空页划线注销
D. 根据红字冲账的记账凭证,用红字冲销错误记录

18. 银行存款日记账可以采用的账页格式有( )。
A. 三栏式 B. 多栏式 C. 数量金额式 D. 横线登记式

三、判断题

1. 新旧账有关账户之间转记余额,不必编制记账凭证。 ( )
2. 企业的序时账簿和分类账簿必须采用订本式账簿。 ( )
3. 期末对账时,也包括账证核对,即核对会计账簿记录与原始凭证、记账凭证的时间、凭证字号、内容、金额是否一致,记账方向是否相符。 ( )
4. 登记账簿时,发生的空行、空页一定要补充书写,不得注销。 ( )
5. 由于编制的记账凭证会计科目错误,导致账簿记录错误,更正时,可以将错误的会计科目划红线注销,然后,在划线上方填写正确的会计科目。 ( )
6. 结账时,没有余额的账户,应当在"借或贷"栏内用"0"表示。 ( )
7. 固定资产明细账不必每年更换,可以连接使用。 ( )
8. 任何单位的对账工作应该每年至少进行一次。 ( )
9. 为便于管理,应收账款、应付账款的明细账必须采用多栏式明细分类账格式。 ( )
10. 每一账页登记完毕结转下页时,应当结出本页合计数及余额,写在本页最后一行和下页第一行有关栏内,并在"摘要"栏内注明"过次页"和"承前页"字样。 ( )

11. 费用明细账一般均采用三栏式账簿。（ ）
12. 对需要按月进行月结的账簿,结账时,应在"本月合计"字样下面通栏划单红线,而不是划双红线。（ ）
13. 补充登记法一般适用于记账凭证所记会计科目无误,只是所记金额大于应记金额,从而引起的记账错误。（ ）
14. 总分类账户平时不必每日结出余额,只需每月结出月末余额。（ ）
15. 库存现金日记账的账页格式均为三栏式,而且必须使用订本账。（ ）
16. 备查账簿不必每年更换新账,可以连续使用。（ ）
17. 年度终了,各种账户在结转下年、建立新账后,一般都要把旧账送交本单位的档案部门集中统一管理。（ ）
18. 各种日记账、总账以及资本、债权债务明细账都可采用三栏式账簿。（ ）
19. 账簿只是一个外在形式,账户才是它的真实内容。账簿与账户的关系是形式和内容的关系。（ ）

四、计算题

1. 东方公司会计人员在结账前进行对账时,发现企业所做的账务处理如下:

(1) 按照工程的完工进度结算建造固定资产的工程价款 40 000 元,款项以银行存款支付,编制的会计分录如下:

借：在建工程　　　　　　　　　　　　　　　　　　　40 000
　　贷：银行存款　　　　　　　　　　　　　　　　　　　　40 000

(2) 用银行存款预付建造固定资产的工程价款 60 000 元,编制的会计分录如下:

借：在建工程　　　　　　　　　　　　　　　　　　　60 000
　　贷：银行存款　　　　　　　　　　　　　　　　　　　　60 000

在过账时,"在建工程"账户记录为 45 000 元。

(3) 用现金支付职工生活困难补助 7 000 元,编制的会计分录如下:

借：管理费用　　　　　　　　　　　　　　　　　　　7 000
　　贷：库存现金　　　　　　　　　　　　　　　　　　　　7 000

(4) 计提车间生产用固定资产折旧 4 500 元,编制的会计分录如下:

借：制造费用　　　　　　　　　　　　　　　　　　　45 000
　　贷：累计折旧　　　　　　　　　　　　　　　　　　　　45 000

(5) 用现金支付工人工资 65 000 元,编制的会计分录如下:

借：应付职工薪酬　　　　　　　　　　　　　　　　　6 500
　　贷：库存现金　　　　　　　　　　　　　　　　　　　　6 500

要求：指出上述企业原账务处理是否正确。如果错误,指明应采用何种更正方法,并编制错账更正的会计分录。

五、实账演练

美华企业 20×9 年 9 月份有关资料如下：

(一) 期初各总分类账余额如表 6-26 所示。

表 6-26　　　　　　　　　　　期初各总分类账余额表　　　　　　　　　　单位：元

账户名称	借方余额	账户名称	贷方余额
固定资产	1 000 000	实收资本	780 000
原材料	80 000	累计折旧	225 000
生产成本	150 000	长期借款	270 000
预付账款	12 000	短期借款	208 000
库存商品	80 000	应付账款	15 000
库存现金	900	其他应付款	9 600
银行存款	280 000	应交税费	71 000
应收账款	82 500	本年利润	370 000
利润分配	276 000	应付职工薪酬	92 000
在建工程	79 200		
合计	2 040 600	合计	2 040 600

(二) 期初有关明细分类账余额。

(1) 原材料：甲材料 200 千克，单价 150 元/千克，共计 3 000 元；乙材料 500 千克，单价 100 元/千克，共计 5 000 元。

(2) 生产成本：A 产品 1 000 件，其中包括材料费用 85 000 元、生产工人工资费用 45 000 元、制造费用 20 000 元。

(3) 库存商品：A 产品 500 件，每件成本 160 元。

(4) 应收账款：应收福源公司货款 82 500 元。

(5) 应付账款：应付红光厂货款 15 000 元。

(6) 其他应付款：其中应付经营租入生产线租金 6 200 元，其他 3 400 元。

(7) 应交税费：应交所得税 55 000 元，应交增值税 16 000 元。

(8) 预付账款：8 月份预付人民商场 1 年期的(本年 9 月份至次年 9 月份)办公用品购置费 12 000 元。

其他明细分类账户资料略。

根据以上数据，结合项目五项目考核中的实账演练，以美华企业 20×9 年 9 月份主要业务编制的会计分录、填制的记账凭证为基础，练习登记账簿。

要求：

(1) 根据记账凭证登记库存现金日记账、银行存款日记账。

(2) 根据记账凭证登记明细账。

(3) 编制科目汇总表(见表 6-27)。

(4) 根据科目汇总表登记总账。

(5) 将库存现金日记账、银行存款日记账和明细分类账的余额同有关总分类账的余额核对，编制试算平衡表(见表 6-28)。

表 6-27　　　　　　　　　　　科目汇总表

20×9 年 09 月　　　　　　　　　　　　　　第 09 号

账户名称	1~10 日发生额		11~20 日发生额		21~30 日发生额		本期发生额合计	
	借方	贷方	借方	贷方	借方	贷方	借方	贷方
库存现金								
银行存款								
应收账款								
应收票据								
预付账款								
其他应收款								
在途物资								
原材料								
库存商品								
固定资产								
累计折旧								
在建工程								
短期借款								
应付账款								
应付职工薪酬								
应交税费								
应付股利								
其他应付款								
长期借款								
实收资本								
盈余公积								
本年利润								
利润分配								
生产成本								
制造费用								
主营业务收入								
主营业务成本								
管理费用								
财务费用								
所得税费用								
合　计								

表 6-28　　　　　　　　　　　　　试算平衡表　　　　　　　　　　　　　单位：元

账户名称	期初余额		本期发生额		期末余额	
	借方	贷方	借方	贷方	借方	贷方
固定资产						
原材料						
生产成本						
预付账款						
库存商品						
库存现金						
银行存款						
应收账款						
利润分配						
在建工程						
实收资本						
累计折旧						
长期借款						
短期借款						
应付账款						
应交税费						
本年利润						
应付职工薪酬						
其他应付款						
管理费用						
财务费用						
制造费用						
所得税费用						
应收票据						
在途物资						
主营业务成本						
主营业务收入						
盈余公积						
应付股利						
其他应收款						
合　计						

项目七

财产清查及账务处理

知识教学目标

- 了解财产的内容及意义。
- 掌握财产清查的方法。
- 熟练掌握财产清查的账务处理。

任务一　财产清查概述

一、财产清查的概念

财产清查是指对各项财产、物资进行实地盘点和核对,查明其实有数额,确定其账面结存数额和实际结存数额是否一致,以保证账实相符的一种会计专门方法。财产清查是内部牵制制度的一个部分,其目的在于定期确定内部牵制制度执行是否有效。

企业在日常工作中,应该在考虑成本、效益的前提下,按照财产清查实施的范围、时间间隔等把财产清查适当地进行分类,进而选择范围大小适宜、时机恰当的财产清查。

二、财产清查的内容

财产清查不仅包括实物的清点,而且也包括各种债权、债务等往来款项的查询核对。另外,财产清查范围不仅包括存放于本企业的各项财产物资,也包括属于但未存放于本企业的财产物资(也可以包括存放但不属于本企业的财产物资)。财产清查的具体内容主要包括如下几项:

(1) 货币资金的清查,包括库存现金、银行存款、其他货币资金的清查。
(2) 存货的清查,包括各种材料、在产品、半成品、库存商品等的清查。
(3) 固定资产的清查,包括房屋、建筑物、机器设备、工器具、运输工具等的清查。
(4) 在建工程的清查,包括自营工程和出包工程的清查。
(5) 对金融资产投资的清查,包括交易性金融资产、可供出售金融资产、持有至到期投资、长期股权投资等的清查。
(6) 无形资产和其他资产的清查。
(7) 应收、应付款项的清查,包括应收账款、其他应收款、应付账款、其他应付款等的清查。

三、财产清查的种类

财产清查按不同的标准有不同的分类。

(一) 按清查对象和范围分

1. 全面清查

全面清查是指对所有的财产进行全面的盘点和核对。

需要进行全面清查的情况主要有:年终决算之前;单位撤销、合并或改变隶属关系前;中外合资、国内合资前;企业股份制改制前;开展全面的资产评估、清产核资前;单位主要领导调离工作前等。

2. 局部清查

局部清查是指根据需要对一部分财产进行的清查,其清查的主要对象是流动性较大的财产。

局部清查一般包括下列清查要求(流动性较强的资产):现金应每日清点一次,银行存款每月至少同银行核对一次,债权债务每年至少核对一至两次,各项存货应有计划、有重点地抽查,贵重物品每月清查一次等。

(二) 按清查时间分

1. 定期清查

定期清查是指根据管理制度的规定或预先计划安排的时间,对财产所进行的清查。定期清查一般在期末进行,它可以是全面清查,也可以是局部清查。

2. 不定期清查

不定期清查是指根据实际需要对财产进行的临时清查,其目的在于查明情况,分清责任。不定期清查一般是局部清查,具体包括:

(1) 更换出纳员时对库存现金、银行存款所进行的清查。

(2) 更换仓库保管员时对其所保管的财产进行清查。

(3) 发生自然灾害或意外时所进行的清查等。

四、财产清查的程序

财产清查是一项复杂而又细致的工作,一般包括三个步骤。

(一) 成立清查小组

财产清查前应成立清查小组,负责财产清查的组织和管理。其主要职责是,实施清查以前,合理安排清查工作;清查过程中,进行监督、检查和指导;清查结束后,提出处理意见和建议。

(二) 准备工作

准备工作由清查小组负责安排,主要包括:会计部门提供完整、正确的会计记录,财产管理部门将各种手续办理齐全、将实物整理整齐,并准备有关的衡量器具及清查所需的登记表。

(三) 实施财产清查

清查人员按清查组的计划和诉求进行清查。在清查财产物资时,应有财产物资的保管员在场,并登记盘点表;清查现金,应有出纳人员在场,并登记现金盘点报告表;清查银行存款,应将银行存款日记账和银行对账单核对,并记录未达账项登记表,必要时还可以到银行查证,可通过询证、函证进行核实,并登记结算款项核对登记表。

五、财产清查的作用

(一) 财产清查是检查内部会计监督制度是否有效的控制措施

建立合适的内部会计监督制度,特别是其中的内部牵制制度的目的之一是健全财产物资的管理制度,保护财产物资的安全与完整,提高经营效率。

内部会计监督制度执行有效与否,又可通过财产清查这一方法来检查。通过财产清查,可以查明各项财产物资的保管情况,如是否完整,有无毁损、变质、被非法挪用、贪污、盗窃等;还可以查明各项财产物资的储备和利用情况,如有无储备不足,有无超储、积压、呆滞现象等;以便及时采取措施,堵塞漏洞,加强管理,建立健全有关内部牵制制度。

(二) 财产清查可加速资金周转

通过财产清查,特别是对债权债务的清查,可以促进其及时结算,及时发现坏账并予以处理。同时,可以及时发现企业财产物资超储积压、占用不合理等情况,以尽早采取措施利用或处理,促进企业合理占用资金,加速资金周转。

六、财产清查的意义

企业各项财产物资的增减变动及结存情况都是通过账簿记录来反映的,但是也存在一些因素可能导致实际情况和账簿记录不完全一致,出现账实不符。所以要进行财产清查,以查明账面记载和实存数是否一致。造成账实不符的原因有以下几种:

(1) 在收发财产物资时,由于计量、检验不准确而发生品种、数量或质量上的差错。

(2) 账务处理中出现漏记、重记、错记或计算上的错误。

(3) 财产物资在保管过程中发生自然损耗。

(4) 未达账项。

(5) 由于管理不善、工作人员失职,以及不法分子的营私舞弊、贪污失职。

(6) 发生自然灾害和意外事故,导致财产物资毁损。

企业适当选择合理的财产清查方法,对促进账实相符,提供内容完整、数字准确、资料可靠的会计信息,具有重要的意义。

一是通过财产清查,可以确定各项财产物资的实存数,将实存数与账存数进行对比,确定各项财产的盘盈、盘亏,并及时调整账簿记录,做到账实相符,以保证账簿记录的真实、可靠,提高会计信息的质量。

二是通过财产清查,可以揭示各项财产物资的使用情况,改善经营管理,挖掘各项财产物资的潜力,加速资金周转,提高财产物资的使用效果。

三是通过财产清查,可以查明各项财产物资的储备和保管情况,以及各种责任制度的建立和执行情况,揭示各种财经制度和结算纪律的遵守情况,促使财产物资保管人员加强责任感,保证各项财产物资的安全完整,促使经办人员自觉遵守财经制度和结算纪律,及时结清债权债务,避免发生坏账损失。

四是通过财产清查,可以检查内部会计监督制度是否为有效的控制措施建立合适的内部会计监督制度,特别是其中的内部牵制制度。它的目的之一是健全财产物资的管理制度,保护财产物资的安全与完整,提高经营效率。

内部会计监督制度是否执行、有效与否,又可通过财产清查这一方法来检查。通过财产清查,可以查明各项财产物资的保管情况,如是否完整,有无毁损、变质、被非法挪用、贪污、盗窃等;还可以查明各项财产物资的储备和利用情况,如有无储备不足;有无超储、积压、呆滞现象等,以便及时采取措施,堵塞漏洞,加强管理,建立健全有关内部牵制制度。

任务二 财产清查方法

一、实物清查

实物清查是指对各类材料、商品、在产品、半成品、产成品、低值易耗品、包装物等存货以及固定资产的清查。由于其实物形态不同,体积、重量、码放方式各异,故需要采用不同的方法进行清查。清查时,既要从数量上核实,还要对质量进行鉴定。

(一) 确定财产物资账面结存的方法

1. 永续盘存制

永续盘存制亦称账面盘存制。采用这种方法,平时对各项财产物资的增加数和减少数,都要根据会计凭证连续记入有关账簿,并且随时结出账面余额。

2. 实地盘存制

实地盘存制不同于永续盘存制。采用这种方法,平时只根据会计凭证在账簿中登记财产物资的增加数,不登记减少数。到月末,对各项财产物资进行盘点,根据实地盘点所确定的实存数,倒推出这个月各项财产物资的减少数。

3. 抽样盘存法

抽样盘存法通过抽样盘点,计算出单位体积或重量的零件个数,然后测定库存零件的总体积或总重量,进而计算出库存数量。这种方法适用于数量多、重量均匀的实物财产。

(二) 清查财产物资的方法

1. 实地盘点法

实地盘点法是指在财产物资存放现场逐一清点数量或用计量仪器确定实存数的一种方法。其适用范围较广,大多数财产物资清查都可以采用这种方法。

2. 技术推算盘点法

技术推算盘点法是指利用技术方法(如量方计尺等)对财产物资的实存数进行推算的一种方法。这种方法适用于量大、成堆、价值较低,难以逐一清点的财产物资的清查,如堆放的煤炭、沙石等。

知识链接

实地盘点法与技术推算盘点法是财产清查中常用的两种方法,其区别如表 7-1 所示。

表 7-1　　　　　　　　　实地盘点法与技术推算盘点法的区别

方法	概念	适用
实地盘点法	在财产物资存放现场逐一清点数量或用计量仪器确定其实存数的一种方法	适用大多数财产物资
技术推算盘点法	利用技术方法(如量方计尺等)推算财产物资实存数的方法	主要适用大量成堆、价廉笨重且不能逐项清点的物资,如露天堆放的煤、砂石、焦炭等

在清查过程中,首先,必须以各项存货目录规定的名称规格为标准,查明各项存货的名称、规格;然后,盘点数量检查质量。为明确经济责任和便于查询,各项存货的保管人必须在场,并参加盘点工作。

清查盘点结束时,应及时按盘点的数量和质量情况如实填制盘存单(见表 7-2),并由盘点人和存货保管人签名或盖章。

表 7-2　　　　　　　　　　　　　盘　存　单

单位名称：　　　　　　　　　　　　　年　月　日　　　　　　　　　　　　编号：

产品类别：　　　　　　　　　　　　　　　　　　　　　　　　　　　　存放地点：

序号	名称	规格型号	计量单位	实存数量	单价	金额	备注

盘点人签章：　　　　　　　　　　　　　　　　　　　　　实物保管人签章：

　　盘存单是记录存货盘点结果，反映存货实有数的原始凭证。为进一步查明账实是否相符，确定盘盈盘亏，还应根据盘存单和有关账簿记录编制账存实存（或盘点盈亏）报告单（表7-3）。

表 7-3　　　　　　　　　　　　实存账存对比表

编号	类别及名称	计量单位	单价	实存		账存		对比结果				备注
								盘盈		盘亏		
				数量	金额	数量	金额	数量	金额	数量	金额	

主管人员：　　　　　　　　　　　会计：　　　　　　　　　　　　　制表：

　　该报告单是调整账簿记录的重要原始凭证，也是分析差异原因，明确经济责任的依据。

　　对于委托加工物资、委托保管的材料、商品以及在途的材料、商品、物资等，可以采用询证的方法与有关单位进行核对，查明账实是否相符。

二、货币资金清查

（一）库存现金的清查

　　货币资金，一般包括库存现金、银行存款和其他货币资金。这里主要介绍库存现金的清查和银行存款的清查。

　　库存现金的清查是通过实地盘点的方法，确定库存现金的实存数，再与现金日记账的账面余额进行核对，以查明盈亏情况。库存现金的盘点，应由清查人员会同现金出纳人员共同负责。

　　首先，盘点前，出纳人员应将现金收、付款凭证全部登记入账，并结出余额；其次，盘点时，出纳人员必须在场，现金应逐张清点，如若发现现金长款（盘盈）、短款（盘亏），必须会同出纳人员核实清楚（见表7-4）。

表 7-4　　　　　　　　　　　　库存现金盘点表

单位名称：（盖章）　　　　　　　　编制人：　　　　　　　　　　日期：
清查基准日：　　　　　　　　　　　复核人：　　　　　　　　　　日期：
币种：　　　　　　　　　　　　　　　　　　　　　　　　　　　　单位：元

清查日清点现金			核对账目	
货币面额	张数	金额	项目	金额
100 元	6	600	基准日现金账面金额	880
50 元	3	150	加：清查基准日至清查日的现金收入	
20 元			减：清查基准日至清查日的现金支出	
10 元	9	90	加：跨日收入	1 970
5 元	8	40	减：跨日借条	1 960
2 元	5	10	调整后现金余额	890
1 元			实点金额	890
5 角			长款	
2 角			短款	
1 角				
5 分				
2 分				
1 分				
实点合计		890		890

单位负责人：　　　　　　财务负责人：　　　　　　出纳员：　　　　　　　　日期：

盘点时，除查明账实是否相符外，还要查明有无违反现金管理制度规定，有无以"白条"抵充现金，库存现金是否超过银行核定的限额，有无坐支现金等。

盘点结束后，应根据盘点结果，填制库存现金盘点报告表（见表 7-5），并由检查人员和出纳人员签名或盖章。此表具有双重性质，既是盘存单又是账存实存对比表；既是反映现金实存数调整账簿记录的重要原始凭证，也是分析查实发生差异原因，明确经济责任的依据。

表 7-5　　　　　　　　　　　库存现金盘点报告表

实存金额	账存金额	实存与库存对比		备注
		盘盈（长款）	盘亏（短款）	
盘点后得到的实存数	现金日记账的余额	实存金额多于账存金额	实存金额少于账存金额	

盘点人签章：　　　　　　　　　　　　　　　　　　　　　　　　出纳员签章：

(二) 银行存款的清查

银行存款的清查，采用核对法，即将开户银行定期送来的对账单与本单位的银行存款日记账逐笔进行核对，以查明银行存款收、付及余额是否正确相符。

在与银行对账之前，应先检查本单位的银行存款日记账的正确性与完整性。通过核对，往往会发现双方账目不相符。其主要原因有以下两点：

一是双方记账可能有差错，如错账、漏账等，应及时查明更正。

二是即使双方记账都没有错误，银行存款日记账的余额和银行对账单的余额也往往不一致。这种不一致的原因可能不是某一方记账有错误引起的，而是存在未达账项。未达账项有以下四种：

(1) 企业已收，银行未收款。

(2) 企业已付，银行未付款。

(3) 银行已收，企业未收款。

(4) 银行已付，企业未付款。

存在未达账项，这是正常的。为消除未达账项的影响，企业应根据核对后发现的未达账项，编制银行存款余额调节表（见表 7-6）。

值得注意的是，由于未达账项不是错账、漏账，因此，不需根据调节表做任何账务处理，双方账面仍保持原有的余额，待收到有关凭证之后（即由未达账项变成已达账项），再同正常业务一样进行处理。

银行存款余额调节表的编制方法——余额调节法。

余额调节法是指在编制调节表时，在企业和开户行各方现有银行存款余额的基础上，各自加减未达账项进行调节的方法。余额调节表的一般格式如表 7-6 所示：

表 7-6   银行存款余额调节表

20×9 年 6 月 30 日   单位：元

项目	金额	项目	金额
银行存款日记账余额： 加：银行已收，企业未收款 减：银行已付，企业未付款		银行对账单余额： 加：企业已收，银行未收款 减：企业已付，银行未付款	
调整后余额		调整后余额	

银行存款余额调节表编制举例如下。

实战 演练

【例 7-1】 某企业 20×9 年 9 月 30 日银行存款日记账账面余额为 51 300 元。经查对，发现有以下未达账项：

(1) 29 日，企业存入银行一张转账支票，金额 3 900 元，银行尚未入账。

(2) 29 日，银行收取企业借款利息 400 元，企业尚未收到付款通知。

(3) 30 日，企业委托银行收款 4 100 元，银行已入账，企业尚未收到收款通知。

(4) 30 日，企业开出转账支票一张，金额 1 900 元，持票单位尚未到银行办理。

编制银行存款余额调节表,如表7-7所示。

表7-7　　　　　　　　　　　银行存款余额调节表

20×9年9月30日　　　　　　　　　　　　　　　　单位:元

项目	金额	项目	金额
银行对账单	53 000	银行存款日记账余额	51 300
加:企收,银未收	3 900	加:银收,企未收	4 100
减:企付,银未付	1 900	减:银付,企未付	400
调整后存款余额	55 000	调整后存款余额	55 000

需要注意的是,银行存款余额调节表只起对账的作用,不能作为调节银行存款日记账账面余额的凭证。在有关结算凭证到达后,才能据以填制记账凭证,登记银行存款日记账。对于长期存在的未达账项,应及时查明原因,予以解决。

其他货币资金的清查方法与银行存款的清查基本相同。由于货币资金流动性强,涉及业务多,故出现错弊的风险高。同时,货币资金计量精确,收付手续严格,正常情况下不会出现账实不符的情况。

三、往来款项清查

往来款项是指各种债权债务结算款项,主要包括应收、应付款项和预收、预付款项等。往来款项的清查一般采用发函询证的方法进行核对,如表7-8所示。

表7-8　　　　　　　　　　　　往来款项询证函

致:

根据本公司财务制度的规定,对供应商的往来账务要定期(每季度)核对,请贵公司配合我们工作。下列数据出自本公司账簿记录,如与贵公司记录相符,请在本函下方"数据证明无误"处签章证明;如有不符,请在"数据不符及需加说明事项"处详为指正。回函请寄回或传真至我公司。谢谢!

地址:　　　　　　　　　　　　　　邮编:
传真:　　　　　　　　　　　　　　电话:　　　　　　　　　　　　　单位:元

截止日期	贵公司欠债	欠贵公司债	备注

若款项在上述日期之后已经付清。仍请及时回复。

　　　　　　　　　　　　　　　　　　　　　　　　　　　　　××××公司

数据证明无误(公司签章)　　　　　　　　　　数据不符及需加说明事项(公司签章)

在清查之前,应及时与对方公司或个人联系,取得有关的对账单,然后对往来款项进行清查。可采用与对方通过对账单核对账簿记录或查询的方法进行,也可以两种方法同时采用。

清查过程中,不仅要查明往来款项的余额.还要查明形成的原因。对于清查中发现的坏账损失以及无法支付的应付款项,均必须按规定进行处理,不得擅自冲销账簿记录。

任务三　财产清查账务处理

一、财产清查结果

财产清查的结果有三种情况：
（1）实存数大于账存数，即盘盈。
（2）实存数小于账存数，即盘亏。
（3）实存数等于账存数，即账实相符。
财产清查结果的处理一般指的是对账实不符——盘盈、盘亏情况的处理。但账实相符中出现的财产物资发生变质、霉烂及毁损的情况，也是处理的对象。

二、清查结果的处理要求

如果清查单位存在账实不符的情况，说明其财产管理和会计核算等方面有问题，应当认真分析问题，查明原因，按照相关法律法规和企业的规章制度进行处理。具体有以下几点要求：

一是分析产生差异的原因和性质，提出处理建议。一般来说，个人造成的损失应由个人赔偿；因管理不善原因造成的损失，应作为企业管理费用入账；因自然灾害造成的非常损失，列入企业的营业外支出。

二是积极处理多余积压财产，清理往来款项。

三是总结经验教训，建立健全各项管理制度。

四是及时调整账簿记录，保证账实相符。对于财产清查中发现的盘盈或盘亏，应及时调整账面记录，以保证账实相符。要根据清查中取得的原始凭证编制记账凭证，登记有关账簿，使各种财产物资的账存数与实存数相一致，同时反映待处理财产损溢的发生。

三、财产清查结果的账务处理

（一）财产清查结果核算涉及的账户

为了核算和监督在财产清查过程中查明的各种财产物资的盘盈、盘亏及其处理情况，会计上应设置"待处理财产损溢"账户。

"待处理财产损溢"账户是个过渡性账户，它专门用来核算各种财产的盘盈、盘亏和毁损及其处理情况。借方登记各种财产物资的盘亏、毁损数及按照规定程序批准的盘盈转销数；贷方登记各种财产物资的盘盈数及按照规定程序批准的盘亏、毁损转销数。期末处理后该账户应无余额。本账户应按财产物资的种类分别设置"待处理流动资产损溢"和"待处理非流动资产损溢"两个明细账，进行明细分类核算。

由于财产清查的结果处理要报请审批，所以，在账务处理上通常分两步进行：

（1）审批前，将在财产清查中发现的盘盈、盘亏或毁损数，通过"待处理财产损溢"账户登记有关账簿，以调整有关账面记录，使账存数和实存数相一致。

（2）审批后，应根据批复的相关处理意见，再从"待处理财产损溢"账户转入有关账户。

(二)财产清查账务处理的应用

1. 固定资产清查结果的账务处理

(1) 固定资产盘盈。企业在财产清查中盘盈的固定资产,作为前期差错处理。企业在财产清查中盘盈的固定资产,在按管理权限报经批准处理前应先通过"以前年度损益调整"账户核算。盘盈的固定资产,应按重置成本确定其入账价值,借记"固定资产"账户,贷记"以前年度损益调整"账户。

实战 演练

【例7-2】 20×9年1月15日,长兴公司在财产清查过程中发现20×5年12月购入的一台设备尚未入账,重置成本为50 000元(假定与其计税基础不存在差异)。假定该公司按净利润的10%计提法定盈余公积,不考虑相关税费及其他因素的影响。甲公司应编制会计分录如下:

(1) 审批前:

借:固定资产   50 000
　　贷:以前年度损益调整   50 000

(2) 审批后,结转为留存收益:

借:以前年度损益调整   50 000
　　贷:盈余公积——法定盈余公积   5 000
　　　　利润分配——未分配利润   45 000

(2) 固定资产盘亏。企业在财产清查中盘亏的固定资产,在批准前,应按固定资产的账面价值借记"待处理财产损溢"账户,按已计提的累计折旧,借记"累计折旧"账户,按固定资产的原价,贷记"固定资产"账户;按管理权限报经批准后,按可收回的保险赔偿或过失人赔偿,借记"其他应收款"账户,按应计入营业外支出的金额,借记"营业外支出"账户,贷记"待处理财产损溢"账户。

实战 演练

【例7-3】 佳成实业公司在财产清查中发现短缺一台笔记本电脑,原价为8 000元,已计提折旧3 000元。该公司应编制会计分录如下:

(1) 审批前:

借:待处理财产损溢   5 000
　　累计折旧   3 000
　　贷:固定资产   8 000

(2) 报经批准转销时:

借:营业外支出   5 000
　　贷:待处理财产损溢   5 000

2. 存货清查结果的账务处理

(1) 存货盘盈。企业发生存货盘盈时,借记"原材料""库存商品"等账户,贷记"待处理财产损溢"账户;在按管理权限报经批准后,借记"待处理财产损溢"账户,贷记"管理费用"账户。

实战 演练

【例7-4】 中汇公司在财产清查中,盘盈原材料2 000千克,实际单位成本20元,经查属于材料收发计量方面的错误。该企业应编制会计分录如下:

(1) 审批前:

借:原材料　　　　　　　　　　　　　　　　　　　　　　　40 000
　　贷:待处理财产损溢　　　　　　　　　　　　　　　　　　　　40 000

(2) 审批后:

借:待处理财产损溢　　　　　　　　　　　　　　　　　　　40 000
　　贷:管理费用　　　　　　　　　　　　　　　　　　　　　　　40 000

(2) 存货盘亏。企业发生存货盘亏及毁损时,借记"待处理财产损溢"账户,贷记"原材料""库存商品"等账户。在按管理权限报经批准后应作会计处理如下:对于入库的残料价值,记入"原材料"等账户;对于应由保险公司和过失人赔付的赔款,记入"其他应收款"账户;扣除残料价值和应由保险公司、过失人赔款后的净损失,属于一般经营损失的部分,记入"管理费用"账户,属于非常损失的部分,记入"营业外支出"账户。

实战 演练

【例7-5】 甲公司在财产清查中发现毁损A材料300千克,实际单位成本100元。经查属于材料保管员的过失造成的,按规定由其个人赔偿20 000元,残料已办理入库手续,价值2 000元。假定不考虑相关税费。甲公司应编制会计分录如下:

(1) 审批前:

借:待处理财产损溢　　　　　　　　　　　　　　　　　　　30 000
　　贷:原材料　　　　　　　　　　　　　　　　　　　　　　　　30 000

(2) 审批后:

借:原材料　　　　　　　　　　　　　　　　　　　　　　　2 000
　　其他应收款　　　　　　　　　　　　　　　　　　　　　20 000
　　管理费用　　　　　　　　　　　　　　　　　　　　　　　8 000
　　贷:待处理财产损溢　　　　　　　　　　　　　　　　　　　30 000

【例7-6】 海风公司因台风造成一批库存材料毁损,实际成本70 000元,根据保险责任范围及保险合同规定,应由保险公司赔偿50 000元。甲公司应编制会计分录如下:

(1) 审批前:

借:待处理财产损溢　　　　　　　　　　　　　　　　　　　70 000
　　贷:原材料　　　　　　　　　　　　　　　　　　　　　　　　70 000

(1) 审批后:

借:其他应收款　　　　　　　　　　　　　　　　　　　　　50 000
　　营业外支出　　　　　　　　　　　　　　　　　　　　　20 000
　　贷:待处理财产损溢　　　　　　　　　　　　　　　　　　　70 000

3. 货币资金清查结果的账务处理

货币资金主要包括库存现金和银行存款。前面已说明,银行存款的清查主要是采用企业的银行存款日记账同银行对账单核对的方法。通过核对,如果发现企业银行存款日记账有错账、漏账,应立即加以纠正;如果发现银行有错账漏账,应及时通知银行查明更正。对于发现的未达账项,则通过编制银行存款余额调节表来调节,但无须对未达账项作账面调整,待结算凭证到达后再进行账务处理。所以,这里主要介绍对库存现金清查结果的处理。

对库存现金清查的结果,应分别情况处理。如属于违反库存现金管理的有关规定,应及时予以纠正;如属于账实不符,应查明原因,并将短款或长款先记入"待处理财产损溢"账户,待查明原因后分情况处理:

(1) 如为现金短缺,属于应由责任人赔偿或保险公司赔偿的部分,记入"其他应收款"账户;属于无法查明原因的,记入"管理费用"账户。

(2) 如为现金溢余。属于应支付给有关人员或单位的,记入"其他应付款"账户;属于无法查明原因的,记入"营业外收入"账户。

实战演练

【例 7-7】 某企业某日进行库存现金清查,发现现金长款 1 000 元。编制会计分录如下:

借:库存现金　　　　　　　　　　　　　　　　　　　　　　　　　1 000
　贷:待处理财产损溢　　　　　　　　　　　　　　　　　　　　　　　　1 000

经核查,原因不明,报经批准后作营业外收入处理,编制会计分录如下:

借:待处理财产损溢　　　　　　　　　　　　　　　　　　　　　　　1 000
　贷:营业外收入　　　　　　　　　　　　　　　　　　　　　　　　　　1 000

【例 7-8】 某企业某日进行现金清查,发现现金短缺 500 元。编制会计分录如下:

借:待处理财产损溢　　　　　　　　　　　　　　　　　　　　　　　　500
　贷:库存现金　　　　　　　　　　　　　　　　　　　　　　　　　　　500

经认真查对,确属出纳员的责任,应由其赔偿,现金尚未收到。编制会计分录如下:

借:其他应收款　　　　　　　　　　　　　　　　　　　　　　　　　　500
　贷:待处理财产损溢　　　　　　　　　　　　　　　　　　　　　　　　500

该出纳员交来现金予以赔偿,编制会计分录如下:

借:库存现金　　　　　　　　　　　　　　　　　　　　　　　　　　　500
　贷:其他应收款　　　　　　　　　　　　　　　　　　　　　　　　　　500

若现金短缺的具体原因不易确认,经批准后则应记入"管理费用"账户,编制会计分录如下:

借:管理费用　　　　　　　　　　　　　　　　　　　　　　　　　　　500
　贷:待处理财产损溢　　　　　　　　　　　　　　　　　　　　　　　　500

4. 往来款项清查结果的账务处理

（1）无法收回的应收款项。在财产清查中，查明确实无法收回的应收款项，经批准作为坏账损失处理。坏账损失是指无法收回的应收款项使企业遭受的损失。按制度规定，在会计核算中对坏账损失的处理采用备抵法，即按一定比例提取坏账准备计入当期损益，借记"资产减值损失"账户，贷记"坏账准备"账户。对于查明确实无法收回的应收款项，应按规定的手续审批后，作坏账损失处理，冲减"坏账准备"账户，借记"坏账准备"账户，贷记"应收账款"等账户。

实战 演练

【例 7-9】 在财产清查中确实无法收回的应收账款 30 000 元，经批准作为坏账损失。编制会计分录如下：

借：坏账准备　　　　　　　　　　　　　　　　　　　　　30 000
　　贷：应收账款　　　　　　　　　　　　　　　　　　　　30 000

（2）无法偿付的应付款项。对于应付款项如果确实无法偿付，则可按制度规定，经批准后直接转为营业外收入。借记"应付账款"账户，贷记"营业外收入"账户。

企业在财产清查中查明的有关债权、债务的坏账收入或坏账损失，经批准后，按照上述会计分录直接转销，不需要通过"待处理财产损溢"账户核算。

知识链接

关于待处理财产损溢的补充说明。

1. 绕过待处理财产损溢的情况

企业在财产清查中查明的有关债权、债务的坏账收入或坏账损失，经确认批准后，按照有关会计分录直接转销，不需要通过"待处理财产损溢"账户核算。

2. 期末无余额

平时，财产清查产生的盘盈、盘亏和毁损，在批准之前保留在"待处理财产损溢"账户中，经过批准以后记入相关的损益类账户或其他类账户。

期末，如果尚未批准，仍然应将"待处理财产损溢"账户中的金额转入相关的损益类账户或其他类账户，期末无余额。

项目小结

财产清查是指通过对各项财产的实地盘点，以及对各种债权、债务的核查，将一定时点的实存数与账面结存数核对，借以查明账实是否相符的一种专门方法。本项目通过对财产清查的内容、种类及方法和意义进行阐述，重点对货币资金、存货、往来款项的清查方法进行分析，并对不同财产清查结果的账务处理方法进行举例说明。财产清查，旨在保证会计核算资料真实可靠，保护各项财产物资的安全完整，挖掘财产物资的潜力，加速资金周转，监督财经法规和财经纪律的执行。

项目考核

一、单选题

1. 下列反映在"待处理财产损溢"账户借方的是( )。
   A. 财产的盘亏数　　　　　　　　　　B. 财产的盘盈数
   C. 财产盘亏的转销数　　　　　　　　D. 尚未处理的财产净溢余
2. 往来款项的清查方法是( )。
   A. 实地盘点法　　　　　　　　　　　B. 发函征询法
   C. 技术推算盘点法　　　　　　　　　D. 抽查法
3. 对于天然堆放的矿石,一般采用( )。
   A. 技术推算盘点法　　　　　　　　　B. 抽查检验法
   C. 询证核对法　　　　　　　　　　　D. 实地盘点法
4. 下列属于实物资产清查范围的是( )。
   A. 库存现金　　　B. 存货　　　C. 银行存款　　　D. 应收账款
5. 关于现金的清查,下列说法不正确的是( )。
   A. 在清查小组盘点现金时,出纳人员必须在场
   B. 现金盘点报告表需要清查人员和出纳人员共同签字盖章
   C. 要根据现金盘点报告表进行账务处理
   D. 不必根据现金盘点报告表进行账务处理
6. 对库存现金的清查应采用的方法是( )。
   A. 实地盘点法　　　　　　　　　　　B. 检查库存现金日记账
   C. 倒推法　　　　　　　　　　　　　D. 抽查现金法
7. 全面清查和局部清查是按照( )来划分的。
   A. 财产清查的范围　　　　　　　　　B. 财产清查的时间
   C. 财产清查的方法　　　　　　　　　D. 财产清查的性质
8. 盘亏的固定资产应该通过( )账户核算。
   A. 固定资产清理　　　　　　　　　　B. 待处理财产损溢
   C. 以前年度损益调整　　　　　　　　D. 材料成本差异
9. 对银行存款进行清查,应该采用的方法是( )。
   A. 定期盘点法　　　　　　　　　　　B. 与银行核对账目法
   C. 实地盘存法　　　　　　　　　　　D. 和往来单位核对账目法
10. 无法查明原因的现金盘盈应该记入( )账户。
    A. "管理费用"　　　　　　　　　　　B. "营业外收入"
    C. "销售费用"　　　　　　　　　　　D. "其他业务收入"
11. 年终决算前进行的财产清查属于( )。
    A. 局部清查和定期清查　　　　　　　B. 全面清查和定期清查
    C. 全面清查和不定期清查　　　　　　D. 局部清查和不定期清查
12. 企业在遭受自然灾害后,对其受损的财产物资进行的清查,属于( )。

A. 局部清查和定期清查 B. 全面清查和定期清查
C. 全面清查和不定期清查 D. 局部清查和不定期清查

13. 财产清查是对( )进行盘点和核对,确定其实存数,并检查其账存数和实存数是否相符的一种专门方法。

    A. 存货 B. 固定资产 C. 货币资金 D. 各项财产

14. 华为公司20×9年6月30日银行存款日记账的余额为100万元,经逐笔核对,未达账项如下:银行已收,企业未收的2万元;银行已付,企业未付的1.5万元。调整后的企业银行存款余额应为( )万元。

    A. 100 B. 100.5 C. 102 D. 103.5

二、多选题

1. 库存现金盘亏的账务处理中可能涉及的账户有( )。
   A. "库存现金" B. "管理费用"
   C. "其他应收款" D. "营业外支出"

2. 关于银行存款的清查,下列说法正确的有( )。
   A. 不需要根据银行存款余额调节表作任何账务处理
   B. 对于未达账项,后在有关原始凭证到达后再作账务处理
   C. 如果调整之后双方的余额不相等,则说明银行或企业记账有误
   D. 对于未达账项,需要根据银行存款余额调节表作账务处理

3. 下列属于财产清查一般程序的有( )。
   A. 组织清查人员学习有关政策规定
   B. 确定清查对象、范围,明确清查任务
   C. 制定清查方案
   D. 填制盘存单和清查报告表

4. 关于往来款项和库存现金的清查,下列说法正确的有( )。
   A. 往来款项的清查一般采用实地盘点法
   B. 往来款项的清查要按每一个经济往来单位填制往来款项对账单
   C. 采用发函询证法,对方单位经过核对相符后,在回联单上加盖公章退回,表示已经核对
   D. 现金盘点报告表不能作为调整账簿记录的原始凭证,不能根据现金盘点报告表进行账务处理

5. 下列情况适用于全面清查的有( )。
   A. 年终决算前 B. 单位撤销、合并或改变隶属关系前
   C. 全面清产核资、资产评估 D. 单位主要负责人调离工作前

6. 编制银行存款余额调节表时,应调整银行对账单余额的业务有( )。
   A. 企业已收,银行未收 B. 企业已付,银行未付
   C. 银行已收,企业未收 D. 银行已付,企业未付

7. 下列情况需要进行不定期清查的有( )。
   A. 年终决算前进行财产清查 B. 更换财产物资保管人员

C. 发生自然灾害或意外损失　　　　　　D. 临时性清产核资

8. 造成账实不符的原因主要有(　　)。
   A. 财产物资的自然损耗　　　　　　　B. 财产物资收发计量错误
   C. 财产物资的毁损、被盗　　　　　　D. 会计账簿漏记、重记、错记

9. 财产清查的意义包括(　　)。
   A. 有利于保证会计核算资料的真实可靠
   B. 有利于挖掘财产物资的潜力，加速资金周转
   C. 有利于保护财产物资的安全完整
   D. 有利于保证账实相符

10. 全面清查是指对企业的全部财产进行盘点和核对，包括属于本单位和存放在本单位的所有财产物资、货币资金和各项债权、债务。其中的财产物资包括(　　)。
    A. 在本单位的所有固定资产、库存商品、原材料、包装物、低值易耗品、在产品、未完工程等
    B. 属于本单位但在途中的各种在途物资
    C. 委托其他单位加工、保管的材料物资
    D. 存放在本单位的代销商品、材料物资等

11. 下列项目中，属于调增项目的有(　　)。
    A. 企业已收，银行未收　　　　　　　B. 企业已付，银行未付
    C. 银行已收，企业未收　　　　　　　D. 银行已付，企业未付

12. 下列不适于采用实地盘点法清查的有(　　)。
    A. 原材料　　　　　　　　　　　　　B. 固定资产
    C. 露天堆放的沙石　　　　　　　　　D. 露天堆放的煤

13. 财产清查的正确分类方法有(　　)。
    A. 全面清查和局部清查　　　　　　　B. 定期清查和不定期清查
    C. 全面清查和定期清查　　　　　　　D. 定期清查和局部清查

14. 产生未达账项的情况有(　　)。
    A. 企业已收款入账，而银行尚未收款入账
    B. 企业已付款入账，而银行尚未付款入账
    C. 银行已收款入账，而企业尚未收款入账
    D. 银行已付款入账，而企业尚未付款入账

15. 关于库存现金的清查，下列说法正确的有(　　)。
    A. 库存现金应该每日清点一次
    B. 库存现金应该采用实地盘点法
    C. 在清查过程中可以用借条、收据充抵库存现金
    D. 要根据盘点结果编制现金盘点报告表

项目八 财务报告

知识教学目标

- 了解财务报告的内容和种类。
- 掌握资产负债表的编制方法。
- 掌握利润表的编制方法。

任务一 财务报告概述

一、财务报告的含义

财务报告又称财务会计报告,是指企业对外提供的反映企业某一特定日期财务状况和某一会计期间经营成果、现金流量的文件。财务报告是一个完整的报告体系,它由会计报表、会计报表附注和财务情况说明书所构成。

二、财务报告的内容

财务报告是由会计主体对外提供、反映财务状况、经营成果等信息的通用书面文件。它包括会计报表及其附表、附注和财务情况说明书两部分。会计报表包括资产负债表、利润表、现金流量表和财务状况变动表及其附表和附注。财务情况说明书,主要说明企业的生产经营情况、利润实现及利润分配情况、资金增减和周转情况、财产物资变动情况、对本期和下期财务状况发生重大影响的事项、主要税费的交纳情况、资产负债表日后发生的对财务状况有重大影响的事项、需要说明的其他事项。

财务报告的编制依据、编制要求、提供对象、提供期限等具体要求,由国家统一的会计制度(《企业财务会计报告条例》《企业会计准则》和《企业会计制度》)规定。财务报告在编制时要求:

(1)企业应当以持续经营为基础,根据实际发生的交易和事项,按照《企业会计准则——基本准则》和其他各项会计准则的规定进行确认和计量,在此基础上编制会计报表。

(2)会计报表项目的列报应当在各个会计期间保持一致,不得随意变更。

(3)性质和功能不同的项目,应当在会计报表中单独列报,但不具有重要性的项目除外。

(4)会计报表的资产和负债项目的金额、收入和费用项目的金额一般不得相互抵销。

(5)当期会计报表的列报,至少应当提供所有列报项目上一可比会计期间的比较数据,以及与理解当期会计报表相关的说明。

财务报告的编制对象是本单位、本单位财务关系人(投资人、债权人)以及政府有关管理部门(财政部门、税务部门等)。向不同的会计资料使用者提供的财务报告,其编制依据应当一致。以不同的依据编制的财务报告属于虚假的财务报告。

财务报告分为年度、半年度、季度和月度财务报告。企业至少应当按年编制财务报告,年度财务报告涵盖的期间短于1年的,应当披露年度财务报告的涵盖期间,以及短于1年的原因。

三、财务报告的分类

财务报告的分类主要是指会计报表的分类。会计报表可按如下标准进行分类。

(一)按会计报表反映的经济内容分类

按会计报表反映的经济内容的不同,可以分为静态会计报表和动态会计报表。静态会计报表是指综合反映企业某一特定日期的资产、负债和所有者权益状况的报表,如资产负债表。动态会计报表是指综合反映企业一定期间的经营成果或现金流量情况的报表,如利润表、现金流量表。

(二) 按会计报表的报送对象分类

按会计报表报送对象的不同,可以分为内部报表和外部报表。内部报表是指为满足企业内部经营管理需要而编制的会计报表,由于无须对外公开,所以没有规定统一的格式和编制要求。外部报表是指企业对外提供的会计报表,主要供投资者、债权人、政府部门、社会公众等有关方面使用,《企业会计准则》对其规定了统一的格式和编制要求。

(三) 按会计报表的编制单位分类

按会计报表编制单位的不同,可以分为单位报表和合并报表。单位报表是指由企业在自身会计核算的基础上,对账簿记录进行汇总编制的会计报表。合并报表是指以母公司和子公司组成的企业集团为会计主体,根据母公司和所属子公司的会计报表,由母公司编制的综合反映企业集团财务状况、经营成果及现金流量的会计报表。

(四) 按会计报表的编制时间分类

按会计报表编制时间的不同,可以分为月报、季报、半年报和年报。其中,月报要求简明扼要,及时反映;年报要求揭示完整、反映全面;季报和半年报在披露会计信息的详细程度方面,则介于两者之间。半年报、季报和月报统称为中期财务报告。季度和月度财务报告仅指会计报表,但国家另有要求的,则应按国家要求增加相关资料。

四、编制财务报告的要求

财务报告编制的依据是经过审核的会计账簿记录和有关资料。为了最大限度地满足财务报告使用者的需要,充分发挥财务报告的作用,编制财务报告时应遵循以下要求。

(一) 真实可靠

虚假的会计报表会导致会计报表使用者对会计主体的财务状况、经营成果和现金流量情况作出错误的评价与判断,致使其作出错误的决策,所以会计报表中的各项数字必须真实准确。为保证这一点,必须按规定结账、认真对账、进行财产清查和试算平衡,在账证相符、账账相符、账实相符的基础上编制会计报表。同时,做到会计报表之间、会计报表各项目之间有对应关系的数字应相互一致,会计报表中本期与上期的有关数字应相互衔接。

(二) 全面完整

会计报表应全面披露企业的财务状况、经营成果和现金流量情况,完整地反映企业财务活动的过程和结果。为了保证会计报表的全面、完整,企业在编制会计报表时,应按照《企业会计准则》规定的格式和内容填报。如果某些重要会计事项报表中没有列项或某些非数量化的事项难以表达,应用附注等形式列示,不得漏报或任意取舍。

(三) 相关可比

企业会计报表所提供的财务会计信息必须与报表使用者的决策需要相关。只有提供相关可比的信息,才能有助于报表使用者分析企业在整个社会特别是在同行业中所处的位置,了解判断企业过去、现在的情况,预测企业未来的发展趋势,从而为报表使用者进行决策服务。

(四) 编报及时

为保证财务会计信息的时效性,企业必须按规定的时间编制、报送报表,使会计信息得到及时利用。否则,由于编报不及时,也会使会计报表的真实可靠性、全面完整性、相关可比性失去意义。

(五) 便于理解

由于会计报表是为广大会计报表使用者提供服务的,如果提供的会计报表晦涩难懂、不可理解,使用者就不能据此作出准确的判断,会计报表的作用也会受到影响,这就要求编制会计报表时做到清晰明了、便于理解。

五、编制财务报告的意义

财务报告可为报表使用者提供经济决策中关于财务状况、经营成果和财务状况变动的对决策有用的会计信息。由于不同的报表使用者对信息的需求不同,同时受经济、法律、政治和社会环境的影响,财务报告只提供报表使用者需要的通用会计信息,而不提供全部信息资料。

六、财务报告的局限性

财务报告的局限性体现在以下三个方面:

一是它只反映某一会计主体的会计信息,并不代表全部产业和整个行业。

二是许多会计信息来自判断确认和近似计量,不一定精确。

三是它只反映与价值流相关的信息流,而这不是决策最需要的信息的全部。

任务二 资产负债表

一、资产负债表概述

资产负债表是反映企业在某一特定日期(如月末、季末、半年末、年末)财务状况的会计报表,属于静态会计报表。它根据资产、负债和所有者权益之间的相互关系,按照"资产=负债+所有者权益"这一基本会计等式,依照一定的分类标准和一定的顺序,把企业在一定日期的资产、负债、所有者权益反映出来。由此可见,资产负债表是根据编报日的资产、负债和所有者权益账户的期末余额填列。

二、资产负债表的格式

资产负债表的编制格式有账户式、报告式和财务状况式三种。其中,账户式资产负债表分为左右两方,左方列示资产项目,右方列示负债和所有者权益项目,左右两方的合计数保持平衡。这种格式的资产负债表应用最广,我国企业会计准则要求采用的就是这种格式的资产负债表。

资产负债表一般有表首和正表两部分。其中,表首概括地说明报表名称、编制单位、编制日期、报表编号、货币名称、计量单位等。正表是资产负债表的主体,列示了用以说明企业财务状况的各个项目。资产负债表正表的格式一般有两种：报告式资产负债表和账户式资产负债表。报告式资产负债表是上下结构，上半部列示资产，下半部列示负债和所有者权益。具体排列形式又有两种：一是按"资产＝负债＋所有者权益"的原理排列；二是按"资产－负债＝所有者权益"的原理排列。账户式资产负债表是左右结构，左边列示资产，右边列示负债和所有者权益。不管采取什么格式，资产各项目的合计等于负债和所有者权益各项目的合计这一等式不变。

在我国，资产负债表采用账户式。每个项目又分为"期末余额"和"年初余额"两栏分别填列。资产负债表格式如表8-1所示。

表8-1　　　　　　　　　　　　　　资产负债表

会企01表

编制单位：　　　　　　　　　　　　　　　年　　月　　日　　　　　　　　　　　　单位：元

资　产	期末余额	年初余额	负债和所有者权益（或股东权益）	期末余额	年初余额
流动资产：			流动负债：		
货币资金			短期借款		
交易性金融资产			交易性金融负债		
衍生金融资产			衍生金融负债		
应收票据及应收账款			应付票据及应付账款		
预付款项			预收款项		
其他应收款			合同负债		
存货			应付职工薪酬		
合同资产			应交税费		
持有待售资产			其他应付款		
一年内到期的非流动资产			持有待售负债		
其他流动资产			一年内到期的非流动负债		
流动资产合计			其他流动负债		
非流动资产：			流动负债合计		
债权投资			非流动负债：		
其他债权投资			长期借款		
长期应收款			应付债券		
长期股权投资			其中：优先股		
其他权益工具投资			永续债		
其他非流动金融资产			长期应付款		
投资性房地产			预计负债		
固定资产			递延收益		

(续表)

资　　产	期末余额	年初余额	负债和所有者权益 （或股东权益）	期末余额	年初余额
在建工程			递延所得税负债		
生产性生物资产			其他非流动负债		
油气资产			非流动负债合计		
无形资产			负债合计		
开发支出			所有者权益（或股东权益）：		
商誉			实收资本（或股本）		
长期待摊费用			其他权益工具		
递延所得税资产			其中：优先股		
其他非流动资产			永续债		
非流动资产合计			资本公积		
			减：库存股		
			其他综合收益		
			盈余公积		
			未分配利润		
			所有者权益（或股东权益） 合计		
资产总计			负债和所有者权益 （或股东权益）总计		

表 8-1 适用于执行《企业会计准则第 22 号——金融工具确认和计量》（财会〔2017〕7 号）和企业会计准则第 14 号——收入（财会〔2017〕22 号）的企业。

三、资产负债表的编制方法

资产负债表"年初余额"栏内各数据，应根据上年年末资产负债表"期末余额"栏内所示数字填列。如果本年度该表规定的各个项目的名称和内容与上一年不一致，应对上年年末该表各项目的名称和数字按照本年度规定加以调整后，再列入本年度该表"年初余额"栏内。

（一）资产负债表中"年末余额"栏主要有以下几种填列方法

（1）根据总账账户余额填列。如"短期借款""资本公积"等项目，根据"短期借款""资本公积"各总账账户的余额直接填列；有些项目则需根据几个总账账户的期末余额计算填列，如"货币资金"项目，需根据"库存现金""银行存款""其他货币资金"三个总账账户的期末余额的合计数填列。

（2）根据明细账户余额计算填列。如"应付票据及应付账款"项目，需要根据"应付票据"账户的期末余额，以及"应付账款"和"预付账款"两个账户所属的相关明细账户的期末贷方余额计算填列；"应收票据及应收账款"项目，需要根据"应收票据"和"应收账款"账户的期末余额，减去"坏账准备"账户中相关坏账准备期末余额后的金额填列；"预付款项"项目，需要根据"应付账款"账户借方余额和"预付账款"账户借方余额减去与"预付账款"有关的坏账准备贷方余额计算填列;"预收款项"项目,需要根据"应收账款"账户贷方余额和"预收账款"账户贷方余额计算填列;"开发支出"项目,需要根据"研发支出"账户中所属的"资本化支出"明细账户期末余额计算填列;"应付职工薪酬"项目,需要根据"应付职工薪酬"账户的明细账户期末余额计算填列;"一年内到期的非流动资产""一年内到期的非流动负债"项目,需要根据有关非流动资产和非流动负债项目的明细账户余额计算填列;"未分配利润"项目,需要根据"利润分配"账户中所属的"未分配利润"明细账户期末余额填列。

(3) 根据总账账户和明细账户余额分析计算填列。如"长期借款"项目,需要根据"长期借款"总账账户余额扣除"长期借款"账户所属的明细账户中将在 1 年内到期且企业不能自主地将清偿义务展期的长期借款后的金额计算填列;"其他非流动资产"项目,应根据有关账户的期末余额减去将于 1 年内(含 1 年)收回数后的金额计算填列;"其他非流动负债"项目,应根据有关账户的期末余额减去将于 1 年内(含 1 年)到期偿还数后的金额计算填列。

(4) 根据有关账户余额减去其备抵账户余额后的净额填列。如资产负债表中"应收票据及应收账款""长期股权投资""在建工程"等项目,应当根据"应收票据""应收账款""长期股权投资""在建工程"等账户的期末余额减去"坏账准备""长期股权投资减值准备""在建工程减值准备"等备抵账户余额后的净额填列。"投资性房地产""固定资产"项目,应当根据"投资性房地产""固定资产"账户的期末余额,减去"投资性房地产累计折旧""投资性房地产减值准备""累计折旧""固定资产减值准备"等备抵账户的期末余额,以及"固定资产清理"账户期末余额后的净额填列;"无形资产"项目,应当根据"无形资产"账户的期末余额,减去"累计摊销""无形资产减值准备"等备抵账户余额后的净额填列。

(5) 综合运用上述填列方法分析填列。如资产负债表中的"存货"项目,需要根据"原材料""库存商品""委托加工物资""周转材料""材料采购""在途物资""发出商品""材料成本差异"等总账账户期末余额的分析汇总数,再减去"存货跌价准备"科目余额后的净额填列。

(二) 资产负债表项目的填列说明

1. 资产项目的填列说明

(1) "货币资金"项目,反映企业库存现金、银行结算户存款、外埠存款、银行汇票存款、银行本票存款、信用卡存款、信用证保证金存款等的合计数。本项目应根据"库存现金""银行存款""其他货币资金"账户期末余额的合计数填列。

(2) "应收票据及应收账款"项目,反映资产负债表日以摊余成本计量的、企业因销售商品、提供服务等经营活动应收取的款项,以及收到的商业汇票,包括银行承兑汇票和商业承兑汇票。该项目应根据"应收票据"和"应收账款"账户的期末余额,减去"坏账准备"账户中相关坏账准备期末余额后的金额填列。

(3) "预付款项"项目,反映企业按照购货合同规定预付给供应单位的款项等。本项目应根据"预付账款"和"应付账款"账户所属明细账户的期末借方余额合计数,减去"坏账准备"账户中有关预付账款计提的坏账准备期末余额后的净额填列。如"预付账款"账户所属明细账户期末有贷方余额的,应在资产负债表"应付票据及应付账款"项目内填列。

(4) "其他应收款"项目,反映企业除应收票据及应收账款、预付账款等经营活动以外的其他各种应收、暂付的款项。本项目应根据"应收利息""应收股利"和"其他应收款"账户的期末余额合计数,减去"坏账准备"账户中相关坏账准备期末余额后的金额填列。

（5）"存货"项目,反映企业期末在库、在途和在加工中的各种存货的可变现净值或成本（成本与可变现净值孰低）。存货包括各种材料、商品、在产品、半成品、包装物、低值易耗品、委托代销商品等。本项目应根据"材料采购""原材料""低值易耗品""库存商品""周转材料""委托加工物资""委托代销商品""生产成本""受托代销商品"等账户的期末余额合计数,减去"受托代销商品款""存货跌价准备"账户期末余额后的净额填列。材料采用计划成本核算,以及库存商品采用计划成本核算或售价核算的企业,还应按加或减材料成本差异、商品进销差价后的金额填列。

（6）"持有待售资产"项目,反映资产负债表日划分为持有待售类别的非流动资产及划分为持有待售类别的处置组中的流动资产和非流动资产的期末账面价值。该项目应根据"持有待售资产"账户的期末余额,减去"持有待售资产减值准备"账户的期末余额后的金额填列。

（7）"一年内到期的非流动资产"项目,反映企业将于1年内到期的非流动资产项目金额。本项目应根据有关账户的期末余额分析填列。

（8）"长期应收款"项目,反映企业融资租赁产生的应收款项和采用递延方式分期收款、实质上具有融资性质的销售商品和提供劳务等经营活动产生的应收款项。本项目应根据"长期应收款"账户的期末余额,减去相应的"未实现融资收益"账户和"坏账准备"账户所属相关明细账户期末余额后的金额填列。

（9）"长期股权投资"项目,反映投资方对被投资单位实施控制、重大影响的权益性投资,以及对其合营企业的权益性投资。本项目应根据"长期股权投资"账户的期末余额,减去"长期股权投资减值准备"账户的期末余额后的净额填列。

（10）"固定资产"项目,反映资产负债表日企业固定资产的期末账面价值和企业尚未清理完毕的固定资产清理净损益。该项目应根据"固定资产"账户的期末余额,减去"累计折旧"和"固定资产减值准备"账户的期末余额后的金额,以及"固定资产清理"账户的期末余额填列。

（11）"在建工程"项目,反映资产负债表日企业尚未达到预定可使用状态的在建工程的期末账面价值和企业为在建工程准备的各种物资的期末账面价值。该项目应根据"在建工程"账户的期末余额,减去"在建工程减值准备"账户的期末余额后的金额,以及"工程物资"账户的期末余额,减去"工程物资减值准备"账户的期末余额后的金额填列。

（12）"无形资产"项目,反映企业持有的专利权、非专利技术、商标权、著作权、土地使用权等无形资产的成本减去累计摊销和减值准备后的净值。本项目应根据"无形资产"账户的期末余额,减去"累计摊销"和"无形资产减值准备"账户期末余额后的净额填列。

（13）"开发支出"项目,反映企业开发无形资产过程中能够资本化形成无形资产成本的支出部分。本项目应当根据"研发支出"账户中所属的"资本化支出"明细账户期末余额填列。

（14）"长期待摊费用"项目,反映企业已经发生但应由本期和以后各期负担的分摊期限在1年以上的各项费用。长期待摊费用中在1年内(含1年)摊销的部分,在资产负债表"一年内到期的非流动资产"项目填列。本项目应根据"长期待摊费用"账户的期末余额,减去将于1年内(含1年)摊销的数额后的金额分析填列。

(15)"递延所得税资产"项目,反映企业根据所得税准则确认的可抵扣暂时性差异产生的所得税资产。本项目应根据"递延所得税资产"账户的期末余额填列。

(16)"其他非流动资产"项目,反映企业除上述非流动资产以外的其他非流动资产。本项目应根据有关账户的期末余额填列。

2. 负债项目的填列说明

(1)"短期借款"项目,反映企业向银行或其他金融机构等借入的期限在1年以下(含1年)的各种借款。本项目应根据"短期借款"账户的期末余额填列。

(2)"应付票据及应付账款"项目,反映资产负债表日企业因购买材料、商品和接受服务等经营活动应支付的款项,以及开出、承兑的商业汇票,包括银行承兑汇票和商业承兑汇票。该项目应根据"应付票据"账户的期末余额,以及"应付账款"和"预付账款"账户所属的相关明细账户的期末贷方余额合计数填列。

(3)"预收款项"项目,反映企业按照购货合同规定预收供应单位的款项。本项目应根据"预收账款"和"应收账款"账户所属各明细账户的期末贷方余额合计数填列。如"预收账款"账户所属明细账户期末有借方余额的,应在资产负债表"应收票据及应收账款"项目内填列。

(4)"应付职工薪酬"项目,反映企业为获得职工提供的服务或解除劳动关系而给予的各种形式的报酬或补偿。企业提供给职工配偶、子女、受赡养人、已故员工遗属及其他受益人等的福利,也属于职工薪酬。职工薪酬主要包括短期薪酬、离职后福利、辞退福利和其他长期职工福利。本项目应根据"应付职工薪酬"账户所属各明细账户的期末贷方余额分析填列。外商投资企业按规定从净利润中提取的职工奖励及福利基金,也在本项目列示。

(5)"应交税费"项目,反映企业按照税法规定计算应交纳的各种税费,包括增值税、消费税、城市维护建设税、教育费附加、企业所得税、资源税、土地增值税、房产税、城镇土地使用税、车船税、矿产资源补偿费等。企业代扣代缴的个人所得税,也通过本项目列示。企业所交纳的税金不需要预计应交数的,如印花税、耕地占用税等,不在本项目列示。本项目应根据"应交税费"账户的期末贷方余额填列,如"应交税费"账户期末为借方余额,应以"-"号填列。需要说明的是,"应交税费"账户下的"应交增值税""未交增值税""待抵扣进项税额""待认证进项税额""增值税留抵税额"等明细账户期末借方余额应根据情况,在资产负债表中的"其他流动资产"或"其他非流动资产"项目列示;"应交税费——待转销项税额"等账户期末贷方余额应根据情况,在资产负债表中的"其他流动负债"或"其他非流动负债"项目列示;"应交税费"账户下"未交增值税""简易计税""转让金融商品应交增值税""代扣代缴增值税"等账户期末贷方余额应在资产负债表中的"应交税费"项目列示。

(6)"其他应付款"项目,反映企业除应付票据、应付账款、应付职工薪酬、应交税费等经营活动以外的其他各项应付、暂收的款项。应根据"应付利息""应付股利"和"其他应付款"账户的期末余额合计数填列。

(7)"持有待售负债"项目,反映资产负债表日处置组中与划分为持有待售类别的资产直接相关的负债的期末账面价值。该项目应根据"持有待售负债"账户的期末余额填列。

（8）"一年内到期的非流动负债"项目，反映企业非流动负债中将于资产负债表日后一年内到期部分的金额，如将于1年内偿还的长期借款。本项目应根据有关账户的期末余额分析填列。

（9）"长期借款"项目，反映企业向银行或其他金融机构借入的期限在1年以上（不含1年）的各项借款。本项目应根据"长期借款"账户的期末余额，扣除"长期借款"账户所属的明细账户中将在资产负债表日起1年内到期且企业不能自主地将清偿义务展期的长期借款后的金额计算填列。

（10）"应付债券"项目，反映企业为筹集长期资金而发行的债券本金（和利息）。本项目应根据"应付债券"账户的期末余额分析填列。

（11）"长期应付款"项目，反映资产负债表日企业除长期借款和应付债券以外的其他各种长期应付款项的期末账面价值。该项目应根据"长期应付款"账户的期末余额，减去相关的"未确认融资费用"账户的期末余额后的金额，以及"专项应付款"账户的期末余额填列。

（12）"预计负债"项目，反映企业根据或有事项等相关准则确认的各项预计负债，包括对外提供担保、未决诉讼、产品质量保证、重组义务以及固定资产和矿区权益弃置义务等产生的预计负债。本项目应根据"预计负债"账户的期末余额填列。

（13）"递延收益"项目，反映尚待确认的收入或收益。本项目核算包括企业根据政府补助准则确认的应在以后期间计入当期损益的政府补助金额、售后租回形成融资租赁的售价与资产账面价值差额等其他递延性收入。本项目应根据"递延收益"账户的期末余额填列。

（14）"递延所得税负债"项目，反映企业根据所得税准则确认的应纳税暂时性差异产生的所得税负债。本项目应根据"递延所得税负债"账户的期末余额填列。

（15）"其他非流动负债"项目，反映企业除以上非流动负债以外的其他非流动负债。本项目应根据有关账户期末余额，减去将于1年内（含1年）到期偿还数后的余额分析填列。非流动负债各项目中将于1年内（含1年）到期的非流动负债，应在"一年内到期的非流动负债"项目内反映。

3. 所有者权益项目的填列说明

（1）"实收资本（或股本）"项目，反映企业各投资者实际投入的资本（或股本）总额。本项目应根据"实收资本（或股本）"账户的期末余额填列。

（2）"其他权益工具"项目，反映企业发行的除普通股以外分类为权益工具的金融工具的账面价值，并下设"优先股"和"永续债"两个项目，分别反映企业发行的分类为权益工具的优先股和永续债的账面价值。

（3）"资本公积"项目，反映企业收到投资者出资超出其在注册资本或股本中所占的份额以及直接计入所有者权益的利得和损失等。本项目应根据"资本公积"账户的期末余额填列。

（4）"其他综合收益"项目，反映企业其他综合收益的期末余额。本项目应根据"其他综合收益"账户的期末余额填列。

（5）"盈余公积"项目，反映企业盈余公积的期末余额。本项目应根据"盈余公积"账户的期末余额填列。

（6）"未分配利润"项目，反映企业尚未分配的利润。未分配利润是指企业实现的净利润经过弥补亏损、提取盈余公积和向投资者分配利润后留存在企业的、历年结存的利润。本项目应根据"本年利润"账户和"利润分配"账户的余额计算填列。未弥补的亏损在本项目内以"－"号填列。

四、编制资产负债表注意事项

不论是何种格式的资产负债表，在编制时，需要把所有项目按一定的标准进行分类，并以适当的顺序加以排列。世界上大多数国家所采用的就是按流动性排序的资产负债表，它把所有项目分为资产、负债、所有者权益三个部分，并按项目的流动性程度来决定其排列顺序。

资产项目按其流动性排列，流动性大的排在前，流动性小的排在后；负债项目按其到期日的远近排列，到期日近的排在前，到期日远的排在后；所有者权益项目按其永久程度高低排列，永久程度高的排在前，永久程度低的排在后。

任务三 利 润 表

一、利润表概述

利润表是反映企业在一定时期（如月份、季度、半年度、年度）经营成果的会计报表。

通过利润表，可以反映企业在一定会计期间收入、费用、利润（或亏损）的金额和构成情况，帮助财务报表使用者全面了解企业的经营成果，分析企业的获利能力及盈利增长趋势，从而为其作出经济决策提供依据。

利润表包括的项目主要有营业收入、营业成本、税金及附加、销售费用、管理费用、研发费用、财务费用、资产减值损失、其他收益、投资收益、公允价值变动收益、资产处置收益、营业利润、营业外收入、营业外支出、利润总额、所得税费用、净利润、其他综合收益的税后净额、综合收益总额、每股收益等。

一、利润表的结构

利润表的结构有单步式和多步式两种。单步式利润表是先将当期所有的收入列在一起，所有的费用列在一起，然后将两者相减得出当期净损益。我国企业的利润表采用多步式格式，即通过对当期的收入、费用、支出项目按性质加以归类，按利润形成的主要环节列示一些中间性利润指标，分步计算当期净损益，以便财务报表使用者理解企业经营成果的不同来源。

利润表一般由表头、表体两部分组成。表头部分应列明报表名称、编制单位名称、编制日期、报表编号和计量单位。表体部分是利润表的主体，列示了形成经营成果的各个项目和计算过程。

为了使财务报表使用者通过比较不同期间利润的实现情况,判断企业经营成果的未来发展趋势,企业需要提供比较利润表。为此,利润表还需就各项目再分为"本期金额"和"上期金额"两栏分布填列。我国企业利润表的格式一般如表8-2所示。

表8-2　　　　　　　　　　　利　润　表　　　　　　　　　　会企02表

编制单位：　　　　　　　　　　___年___月　　　　　　　　　　单位：元

项　　目	本期金额	上期金额
一、营业收入		
减：营业成本		
税金及附加		
销售费用		
管理费用		
研发费用		
财务费用		
其中：利息费用		
利息收入		
资产减值损失		
信用减值损失		
加：其他收益		
投资收益（损失以"—"号填列）		
其中：对联营企业和合营企业的投资收益		
净敞口套期收益（损失以"—"号填列）		
公允价值变动收益（损失以"—"号填列）		
资产处置收益（损失以"—"号填列）		
二、营业利润（亏损以"—"号填列）		
加：营业外收入		
减：营业外支出		
三、利润总额（亏损总额以"—"号填列）		
减：所得税费用		
四、净利润（净亏损以"—"号填列）		
（一）持续经营净利润（净亏损以"—"号填列）		
（二）终止经营净利润（净亏损以"—"号填列）		
五、其他综合收益的税后净额		

(续表)

项　目	本期金额	上期金额
（一）不能重分类进损益的其他综合收益		
1. 重新计量设定受益计划变动额		
2. 权益法下不能转损益的其他综合收益		
3. 其他权益工具投资公允价值变动		
4. 企业自身信用风险公允价值变动		
……		
（二）将重分类进损益的其他综合收益		
1. 权益法下可转损益的其他综合收益		
2. 其他债权投资公允价值变动		
3. 金融资产重分类计入其他综合收益的金额		
4. 其他债权投资信用减值准备		
5. 现金流量套期储备		
6. 外币财务报表折算差额		
……		
六、综合收益总额		
七、每股收益：		
（一）基本每股收益		
（二）稀释每股收益		

表 8-2 适用于执行《企业会计准则第 22 号——金融工具确认和计量》（财会〔2017〕7 号）和企业会计准则第 14 号——收入（财会〔2017〕22 号）的企业。

二、利润表编制

利润表编制的原理是"收入－费用＝利润"的会计平衡公式和收入与费用的配比原则。企在生产经营中不断地取得各项收入，同时发生各种费用，收入减去费用，剩余的部分就是企业的盈利。取得的收入和发生的相关费用的对比情况就是企业的经营成果。如果企业经营不当，发生的生产经营费用超过取得的收入，企业就发生了亏损；反之，企业就能取得一定的利润。企业将经营成果的核算过程和结果编制成报表，就形成了利润表。

（一）利润表项目的填列方法

我国企业利润表的主要编制步骤和内容如下：

第一步，以营业收入为基础，减去营业成本、税金及附加、销售费用、管理费用、研发费用、财务费用、资产减值损失、信用减值损失，加上其他收益、投资收益（或减去投资损失）、公允价值变动收益(或减去公允价值变动损失)、资产处置收益(或减去资产处置损失),计算出营业利润。

第二步,以营业利润为基础,加上营业外收入,减去营业外支出,计算出利润总额。

第三步,以利润总额为基础,减去所得税费用,即计算出净利润(或净亏损)。

第四步,以净利润(或净亏损)为基础,计算出每股收益。

第五步,以净利润(或净亏损)和其他综合收益为基础,计算出综合收益总额。

利润表各项目均需填列"本期金额"和"上期金额"两栏。其中"上期金额"栏内各项数字,应根据上年该期利润表的"本期金额"栏内所列数字填列。"本期金额"栏内各期数字,除"基本每股收益"和"稀释每股收益"项目外,应当按照相关账户的发生额分析填列。如"营业收入"项目,根据"主营业务收入""其他业务收入"账户的发生额分析计算填列;"营业成本"项目,根据"主营业务成本""其他业务成本"账户的发生额分析计算填列。

(二) 利润表项目的填列说明

(1) "营业收入"项目,反映企业经营主要业务和其他业务所确认的收入总额。本项目应根据"主营业务收入"和"其他业务收入"账户的发生额分析填列。

(2) "营业成本"项目反映企业经营主要业务和其他业务所发生的成本总额。本项目应根据"主营业务成本"和"其他业务成本"账户的发生额分析填列。

(3) "税金及附加"项目,反映企业经营业务应负担的消费税、城市维护建设税、教育费附加、资源税、土地增值税及房产税、车船税、城镇土地使用税、印花税等相关税费。本项目应根据"税金及附加"账户的发生额分析填列。

(4) "销售费用"项目,反映企业在销售商品过程中发生的包装费、广告费等费用和为销售本企业商品而专设的销售机构的职工薪酬、业务费等经营费用。本项目应根据"销售费用"账户的发生额分析填列。

(5) "管理费用"项目,反映企业为组织和管理生产经营发生的管理费用。本项目应根据"管理费用"账户的发生额分析填列。

(6) "研发费用"项目,反映企业进行研究与开发过程中发生的费用化支出。该项目应根据"管理费用"账户下的"研发费用"明细账户的发生额分析填列。

(7) "财务费用"项目,反映企业为筹集生产经营所需资金等而发生的筹资费用。本项目应根据"财务费用"账户的发生额分析填列。其中,"利息费用"项目,反映企业为筹集生产经营所需资金等而发生的应予费用化的利息支出,该项目应根据"财务费用"账户的相关明细账户的发生额分析填列。"利息收入"项目,反映企业确认的利息收入,该项目应根据"财务费用"账户的相关明细账户的发生额分析填列。

(8) "资产减值损失"项目,反映企业各项资产发生的减值损失。本项目应根据"资产减值损失"账户的发生额分析填列。

(9) "信用减值损失"项目,反映企业计提的各项金融工具减值准备所形成的预期信用损失。该项目应根据"信用减值损失"账户的发生额分析填列。

(10) "其他收益"项目,反映计入其他收益的政府补助等。本项目应根据"其他收益"账户的发生额分析填列。

(11) "投资收益"项目,反映企业以各种方式对外投资所取得的收益。本项目应根据

"投资收益"账户的发生额分析填列。如为投资损失,本项目以"－"号填列。

（12）"公允价值变动收益"项目,反映企业应当计入当期损益的资产或负债公允价值变动收益。本项目按"公允价值变动损益"账户发生额分析填列,如为净损失,本项目以"－"号填列。

（13）"资产处置收益"项目,反映企业出售划分为持有待售的非流动资产（金融工具、长期股权投资和投资性房地产除外）或处置组（子公司和业务除外）时确认的处置利得或损失,以及处置未划分为持有待售的固定资产、在建工程、生产性生物资产及无形资产而产生的处置利得或损失。债务重组中因处置非流动资产产生的利得或损失和非货币性资产交换中换出非流动资产产生的利得或损失也包括在本项目内。该项目应根据"资产处置损益"账户的发生额分析填列；如为处置损失,以"－"号填列。

（14）"营业利润"项目,反映企业实现的营业利润。如为亏损,以"－"号填列。

（15）"营业外收入"项目,反映企业发生的除营业利润以外的收益,主要包括债务重组利得、与企业日常活动无关的政府补助、盘盈利得、捐赠利得（企业接受股东或股东的子公司直接或间接的捐赠,经济实质属于股东对企业的资本性投入的除外）等。该项目应根据"营业外收入"账户的发生额分析填列。

（16）"营业外支出"项目,反映企业发生的除营业利润以外的支出,主要包括债务重组损失、公益性捐赠支出、非常损失、盘亏损失、非流动资产毁损报废损失等。该项目应根据"营业外支出"账户的发生额分析填列。

（17）"利润总额"项目,反映企业实现的利润,如为亏损,以"－"号填列。

（18）"所得税费用"项目,反映企业应从当期利润总额中扣除的所得税费用。本项目应根据"所得税费用"账户的发生额分析填列。

（19）"净利润"项目,反映企业实现的净利润。如为亏损,以"－"号填列。

（20）"其他综合收益的税后净额"项目,反映企业根据企业会计准则规定未在损益中确认的各项利得和损失扣除所得税影响后的净额。

（21）"综合收益总额"项目,反映企业净利润与其他综合收益金额。

（22）"每股收益"项目,包括基本每股收益和稀释每股收益两项指标,反映普通股或潜在普通股已公开交易的企业,以及正处在公开发行普通股或潜在普通股过程中的企业的每股收益信息。

（23）"（一）持续经营净利润"和"（二）终止经营净利润"项目,分别反映净利润中与持续经营相关的净利润和与终止经营相关的净利润；如为净亏损,以"－"号填列。该两个项目应按照《企业会计准则第42号——持有待售的非流动资产、处置组和终止经营》的相关规定分别列报。

项目小结

财务报告是由会计主体对外提供、反映经济状况和经营成果等信息的通用书面文件。它包括财务报表及其附表、附注和财务情况说明书两部分。财务报表包括资产负债表、利润表、现金流量表或财务状况变动表,及其附表和附注。本项目重点介绍资产负债表和利润表的编制方法及应用。通过阐述,要求掌握一般企业的资产负债表和利润表的格式及编制方法。

项目考核

一、单选题

1. 关于财务报表的列报,下列说法中不正确的是(　　)。
   A. 企业如果采用了不恰当的会计政策,不能通过在附注中披露予以更正
   B. 财务报表项目的列报应当在各个会计期间保持一致,不得随意变更
   C. 财务报表项目可以以总额列报,也可以以净额列报,企业可以自行决定
   D. 一般情况下,在财务报表项目的列报需要发生变更时,企业应对上期比较数据按照当期列报要求进行调整,并在附注中披露调整的原因和性质

2. 下列报表项目中,应根据相应明细账账户余额计算填列的是(　　)。
   A. 货币资金　　　　　　　　　　　B. 长期借款
   C. 开发支出　　　　　　　　　　　D. 交易性金融资产

3. 某企业期末"工程物资"账户借方余额为100万元,"发出商品"账户借方余额为80万元,"原材料"账户借方余额为100万元,"生产成本"账户借方余额50万元,"制造费用"账户借方余额20万元,"材料成本差异"账户贷方余额为10万元,"存货跌价准备"账户贷方余额为5万元。假定不考虑其他因素,该企业期末资产负债表中"存货"项目的金额为(　　)万元。
   A. 170　　　　B. 165　　　　C. 265　　　　D. 235

4. 20×9年度,甲公司发生交易或事项如下:
   (1) 处置一项投资性房地产,价款为1 500万元。
   (2) 出售一项交易性金融资产,价款为400万元(不考虑交易费用)。出售当日,交易性金融资产的成本为300万元,持有期间公允价值变动收益为50万元。
   (3) 甲公司持有的一项以权益法核算的长期股权投资,持股比例为20%,被投资方宣告分配20×8年现金股利50万元。
   (4) 转让一项非专利技术,取得银行存款20万元,产生转让净收益5万元。
   根据上述资料,下列关于甲公司利润表项目填列的表述中,不正确的是(　　)。
   A. 处置投资性房地产取得的收入应填入利润表"营业收入"项目
   B. 出售交易性金融资产影响利润表"营业利润"项目50万元
   C. 确认现金股利影响利润表"投资收益"项目10万元
   D. 转让非专利技术影响利润表"营业外收入"项目5万元

5. 甲公司对所得税采用资产负债表债务法核算,适用的所得税税率为25%。20×9年发生的营业收入为1 200万元,营业成本为600万元,税金及附加为30万元,销售费用为20万元,管理费用为50万元,财务费用为10万元,投资损失为40万元,资产减值损失为70万元,公允价值变动损失为80万元,可供出售金融资产的公允价值上升确认其他综合收益50万元,发行股票确认了资本公积100万元,营业外收入为25万元,营业外支出为15万元。不考虑其他因素,甲公司20×9年利润表中综合收益总额列示的金额为(　　)万元。

A. 270 B. 345 C. 232.5 D. 225

6. 下列关于中期财务报告的说法中,不正确的是(　　)。

  A. 中期财务报告是指以中期为基础编制的财务报告

  B. 中期财务报告包括月度财务报告、季度财务报告、半年度财务报告,也包括年初至本中期末的财务报告

  C. 编制中期财务报告时可以不包括现金流量表

  D. 中期财务报告附注可以适当简化,但至少应当披露中期财务报告准则规定的信息

二、多选题

1. 企业应当按照权责发生制编制的会计报表有(　　)。

  A. 现金流量表 B. 资产负债表
  C. 利润表 D. 所有者权益变动表

2. 关于资产负债表,下列表述中正确的有(　　)。

  A. 资产负债表反映的是企业在某一特定日期财务状况的会计报表

  B. 资产负债表反映的是企业在某一特定日期财务状况、经营成果和现金流量的报表

  C. 资产负债表反映企业在某一特定日期所拥有或控制的经济资源、所承担的现时义务和所有者对净资产的要求权

  D. 资产负债表采用账户式结构

3. 下列各项中,应划分为流动负债的有(　　)。

  A. 自资产负债表日起1年内到期,企业有意图且有能力自主地将清偿义务展期至资产负债表日后1年以上的负债

  B. 企业在资产负债表日或之前违反了长期借款协议,导致贷款人可随时要求清偿的负债

  C. 划分为持有待售的负债

  D. 企业为交易目的而持有的负债

4. 下列项目中,影响利润表"综合收益总额"项目金额的有(　　)。

  A. 与发行权益性证券直接相关的手续费

  B. 企业实现净利润

  C. 以权益结算的股份支付期末确认的资本公积

  D. 可供出售金融资产期末公允价值上升

5. 下列各项中,属于企业财务报表附注应披露的内容有(　　)。

  A. 企业的基本情况 B. 财务报表的编制基础
  C. 遵循企业会计准则的声明 D. 重要会计政策和会计估计

三、综合题

甲公司为增值税一般纳税人,适用的增值税税率为16%,商品、原材料售价中均不含增值税。假定销售商品、原材料和提供劳务均符合收入确认条件,其成本在确认收入时逐笔结转。20×9年度,甲公司发生如下交易或事项:

(1) 销售商品一批,售价为1 000万元,增值税销项税额为170万元,款项尚未收回。该批商品实际成本为720万元,未计提跌价准备。

(2) 计提并支付职工薪酬 320 万元,其中行政管理人员的职工薪酬为 200 万元,在建工程人员的职工薪酬为 120 万元。

(3) 向乙公司转让一项专利权的使用权,一次性收取使用费 20 万元并存入银行,且不再提供后续服务,该专利权的预计使用寿命不能确定。

(4) 购入原材料一批,增值税专用发票注明的购买价款为 200 万元(不含增值税),款项已经通过银行存款支付。

(5) 以银行存款支付管理费用 20 万元,财务费用 10 万元(全部为短期借款的利息支出),支付违约金 5 万元。

(6) 期末确认交易性金融资产公允价值变动收益 25 万元。

(7) 收到子公司宣告并分派的现金股利 20 万元。

(8) 可供出售金融资产公允价值下降 20 万元,该下跌为暂时性下跌。

假定不考虑所得税和其他因素的影响。

要求:

计算上述交易或事项对利润表相关项目的影响金额并填列在表 8-3 中。

表 8-3　　　　　　　　　　　对利润表影响的项目　　　　　　　　　　单位:万元

项目	影响金额(损失以"-"号填列)
营业收入	
营业成本	
营业利润	
利润总额	
净利润	
其他综合收益	
综合收益总额	

五、实账演练

根据项目四、项目五和项目六中,美华企业 20×9 年 9 月份主要业务编制的会计分录,练习填制记账凭证,登记各类账簿,编制会计报表。

要求:编制资产负债表和利润表。

项目九

账务处理程序

知识教学目标

- 了解账务处理程序的概念、意义和种类。
- 理解不同账务处理程序的特点和适用范围。
- 掌握记账凭证账务处理程序、科目汇总表账务处理程序和汇总记账凭证账务处理程序的具体应用。

任务一 账务处理程序概述

一、账务处理程序的概念

账务处理程序又称会计核算组织程序或会计核算形式,是指会计凭证、会计账簿、会计报表相结合的方式,包括账簿组织和记账程序。账簿组织是指会计凭证和会计账簿的种类、格式,会计凭证与账簿之间的联系方法。记账程序是指由填制、审核原始凭证到填制、审核记账凭证,登记日记账、明细分类账和总分类账,编制会计报表的工作程序和方法等。

二、账务处理程序的意义

实际工作中,各单位由于经济规模、业务性质、管理要求各不相同,它们对需要设置的会计凭证、账簿以及相应的记账程序和记账方法也不完全一致,形成了不同的账务处理程序。不同的账务处理程序又有不同的方法、特点和适用范围。科学合理地选择适用于本单位的账务处理程序,对于有效地组织会计核算具有重要意义。

(1) 有利于会计工作程序的规范化。通过确定合理的凭证账簿与报表之间的联系方式,保证会计信息加工过程的严密性,提高会计信息的质量。

(2) 有利于保证会计记录的完整性、正确性。通过凭证账簿及报表之间的牵制作用,增强会计信息的可靠性。

(3) 有利于减少不必要的会计核算环节。通过井然有序的账务处理程序,提高会计工作效率,保证会计信息的及时性。

三、账务处理程序的种类

当前我国各单位采用的账务处理程序有以下几种:
(1) 记账凭证账务处理程序。
(2) 科目汇总表账务处理程序。
(3) 汇总记账凭证账务处理程序。
(4) 多栏式日记账账务处理程序。
(5) 日记总账账务处理程序。

其中前三种较为常用,它们之间的主要区别为登记总分类账的依据和方法不同。

四、不同账务处理程序的异同点

不同账务处理程序的共同点在于都要经过以下程序:
(1) 根据原始凭证编制记账凭证。
(2) 根据收款凭证、付款凭证逐笔登记日记账。
(3) 根据记账凭证及其后面所附的原始凭证登记各种明细分类账。

(4)期末,将日记账和明细分类账余额分别与有关总分类账的余额相核对。

(5)期末,根据账簿记录,编制会计报表。

不同账务处理程序的主要区别在于登记总分类账的依据和方法不同。

不同的账务处理程序各有其优缺点,各单位都应根据国家统一的会计制度的要求,结合本单位的实际情况和具体条件,在保证会计核算质量、提高会计核算工作效率的基础上,力求降低会计核算成本,选择适合本单位经营管理需要的核算形式。

> **温馨提示**
>
> 作为财务人员,在为企业设置账簿时,应充分考虑本单位规模的大小、业务的繁简、会计机构和会计人员的设置情况,在保证准确、及时和完整地提供会计信息的同时,力求降低会计核算成本,体现成本效益原则。

任务二 记账凭证账务处理程序

记账凭证账务处理程序是指对发生的经济业务事项,都要根据原始凭证或汇总原始凭证编制记账凭证然后直接根据记账凭证逐笔登记总分类账的一种账务处理程序。其特点是直接根据每张记账凭证逐笔登记总分类账。

一、记账凭证账务处理程序下的账簿组织和记账程序

采用记账凭证账务处理程序时,记账凭证可以采用通用记账凭证,也可以采用专用记账凭证(分设收款凭证、付款凭证和转账凭证)。需要设置库存现金日记账、银行存款日记账、明细分类账和总分类账。其中,库存现金日记账、银行存款日记账和总分类账的账页格式一般采用三栏式,明细分类账的账页格式根据需要可以采用三栏、多栏式、数量金额式和横线登记式。其记账程序如下:

(1)根据原始凭证或原始凭证汇总表,编制记账凭证。

(2)根据收款凭证、付款凭证逐笔登记库存现金日记账和银行存款日记账。

(3)根据原始凭证、汇总原始凭证和记账凭证,登记各种明细分类账。

(4)根据记账凭证逐笔登记总分类账。

(5)期末,将库存现金日记账、银行存款日记账和明细分类账的余额分别与有关总分类账的余额核对相符。

(6)期末,根据总分类账和明细分类账的记录,编制会计报表。

记账凭证账务处理程序的工作流程如图9-1所示。

记账凭证账务处理程序举例如下。

实战演练

【例9-1】 美华企业20×9年9月有关资料如下:

(1)期初各总分类账余额如表9-1所示。

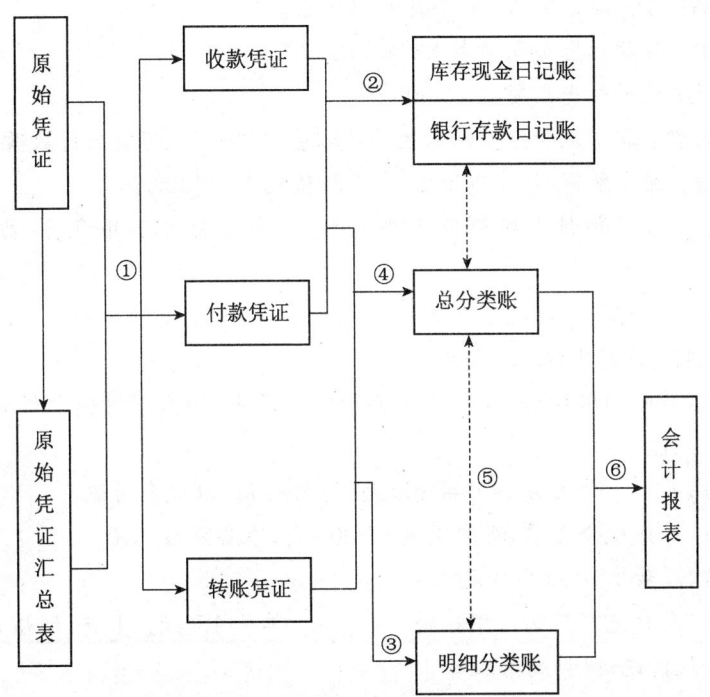

图 9-1　记账凭证财务处理程序的工作流程

表 9-1　　　　　　　　　　　　期初各总分类账余额表　　　　　　　　　　　　单位：元

账户名称	借方余额	账户名称	贷方余额
固定资产	1 000 000	实收资本	780 000
原材料	80 000	累计折旧	225 000
生产成本	150 000	长期借款	270 000
预付账款	12 000	短期借款	208 000
库存商品	80 000	应付账款	15 000
库存现金	900	其他应付款	9 600
银行存款	280 000	应交税费	71 000
应收账款	82 500	本年利润	370 000
利润分配	276 000	应付职工薪酬	92 000
在建工程	79 200		
合计	2 040 600	合计	2 040 600

(2) 期初有关明细分类账余额。

① 原材料：甲材料 200 千克，单价 150 元/千克，共计 3 000 元；乙材料 500 千克，单价 100 元，共计 5 000 元。

② 生产成本：A 产品 1 000 件，其中包括材料费用 85 000 元、生产工人工资费用 45 000 元、制造费用 20 000 元。

③ 库存商品：A产品500件，每件成本160元。
④ 应收账款：应收福源公司货款82 500元。
⑤ 应付账款：应付红光厂货款15 000元。
⑥ 其他应付款：其中应付经营租入生产线租金6 200元，其他应付款项3 400元。
⑦ 应交税费：应交所得税55 000元，应交增值税16 000元。
⑧ 预付账款：8月预付人民商场1年期的(本年9月至下年9月)办公用品购置费12 000元。
⑨ 其他明细分类账户资料略。

(3) 美华企业9月发生以下经济业务：

① 9月1日，车间领用材料，投入A产品生产。其中，领用甲材料150千克，乙材料200千克，共计42 500元。
② 9月1日，购买厂部用办公用品300元，直接领用，以现金付讫。
③ 9月3日，开出现金支票，提取现金41 000元，准备发放工资。
④ 9月3日，发放工资41 000元。
⑤ 9月3日，向红光工厂购入甲材料200千克，单价150元/千克，增值税税率为16%，价税款以银行存款付讫，材料尚未入库。
⑥ 9月5日，开出银行支票归还前欠红光工厂甲材料款15 000元。
⑦ 9月5日，甲材料200千克已验收入库，按实际成本转账。
⑧ 9月7日，职工刘敏出差预借差旅费500元，以现金支付。
⑨ 9月7日，开出银行转账支票，上交上月欠交的所得税5 000元。
⑩ 9月7日，开出银行转账支票，上交上月欠交的增值税12 000元。
⑪ 9月9日，车间一般耗用领用甲材料20千克，每千克150元，共计3 000元。
⑫ 9月9日，开出支票，购买生产车间工人劳保用品，共计2 500元，直接发放使用。
⑬ 9月11日，销售A产品100件，每件220元，增值税税率16%，价税款已收到并存入银行。
⑭ 9月11日，收到福源公司转来前欠货款65 000元，存入银行。
⑮ 9月11日，厂办职工刘敏出差回来，报销差旅费400元，余100元现金交回。
⑯ 9月13日，以银行存款退还包装物押金1 000元。
⑰ 9月13日，销售A产品400件，每件220元，增值税税率16%，价税款已收到并存入银行。
⑱ 9月15日，销售A产品600件，每件220元，增值税税率16%，对方交来不带息商业汇票一张，付款期20天。
⑲ 9月15日，开出支票支付本月管理咨询费500元。
⑳ 9月17日，投资者投入不需要安装的新设备一台，原价10 000元。
㉑ 9月17日，开出支票支付车间经常性修理费1 500元。
㉒ 9月17日，从银行提取现金1 500元，以备零用。
㉓ 9月19日，以现金付给职工顾强生活困难补助费500元。
㉔ 9月19日，银行转来结息通知单，转入银行存款利息10 000元。

㉕ 9月19日，经批准报废旧机器一台，原价9 500元，已提折旧9 500元。
㉖ 9月21日，购入一台不需安装的新机器，价税合计50 000元，以银行存款支付。
㉗ 9月21日，收到福源公司前欠货款17 500元，存入银行。
㉘ 9月23日，计提应付本月车间设备租赁费1 240元。
㉙ 9月23日，收到人民商场办公用品1 000元，款项已事先预付。
㉚ 9月25日，分配本月应付工资：其中生产A产品的生产工人工资30 000元，车间管理人员工资5 000元，厂部管理人员工资6 000元。
㉛ 9月25日，按以上工资的14%计提职工福利费。
㉜ 9月25日，计提本月份折旧（月折旧率0.5%），车间用固定资产原值800 000元，厂部用固定资产原值00 000元。
㉝ 9月25日，发生大修理费1 800元。其中车间用固定资产发生1 100元；其余700元为管理部门发生，款项未付。
㉞ 9月30日，将本月发生的制造费用19 040元全部转入A产品成本。
㉟ 9月30日，本月份A产品1 600件全部完工，将实际成本245 740元转入库存商品。
㊱ 9月30日，结转本月已售A产品1 100件的生产成本（按加权平均成本计算）170 626元。
㊲ 9月30日，计算并结转本月销售A产品的主营业务收入242 000元、主营业务成本170 626元、管理费用10 740元、财务费用贷方10 000元。
㊳ 9月30日，按25%的税率，进行所得税纳税调整后，计算本月应交所得税为23 309元。
㊴ 9月30日，结转上述所得税。
㊵ 9月30日，按税后利润的10%计算本月应提盈余公积4 732元。
㊶ 9月30日，其余利润的80%转作应付股利，金额为34 074元。

(4) 记账凭证账务处理程序工作流程如下：

① 根据经济业务按时间顺序编制记账凭证（为简化业务的处理，以会计分录簿代替，如表9-2所示）。

表9-2　　　　　　　　　　　会计分录簿

20×9年		凭证号数	摘要	借方			贷方		
月	日			一级科目	明细科目	金额	一级科目	明细科目	金额
9	1	转字01	A产品领用原材料	生产成本	A产品	42 500	原材料	甲材料	22 500
								乙材料	20 000
		现付01	厂部购买办公用品	管理费用		300	库存现金		300
	3	银付01	提现备发工资	库存现金		41 000	银行存款		41 000
		现付02	发放工资	应付职工薪酬		41 000	库存现金		41 000
		银付02	付红光厂甲材料款，料未入库	在途物资 应交税费	甲材料 应交增值税	30 000 4 800	银行存款		34 800

(续表)

20×9年		凭证号数	摘要	借方			贷方		
月	日			一级科目	明细科目	金额	一级科目	明细科目	金额
	5	银付03	归还红光厂前欠款	应付账款	红光厂	15 000	银行存款		15 000
		转字02	甲材料入库	原材料	甲材料	30 000	在途物资	甲材料	30 000
	7	现付03	刘敏借差旅费	其他应收款	刘敏	500	库存现金		500
		银付04	上交上月所得税	应交税费	应交所得税	55 000	银行存款		55 000
		银付05	上交上月增值税	应交税费	应交增值税	12 000	银行存款		12 000
	9	转字03	车间领用一般耗材	制造费用		3 000	原材料	甲材料	3 000
		银付06	车间购劳保用品	制造费用		2 500	银行存款		2 500
	11	银收01	销售A产品,款存入银行	银行存款		25 520	主营业务收入	A产品	22 000
							应交税费	应交增值税	3 520
		银收02	收回福源公司欠款	银行存款		65 000			65 000
		转字04	刘敏报销	管理费用		400	其他应收款	刘敏	400
		现收01	刘敏报销退回余款	库存现金		100	其他应收款	刘敏	100
	13	银付07	退包装物押金	其他应付款		1 000	银行存款		1 000
	13	银收03	销售A产品,款存入银行	银行存款		102 080	主营业务收入	A产品	88 000
							应交税费	应交增值税	14 080
	15	转字05	销售A产品收到商业汇票,20天付款	应收票据		153 120	主营业务收入	A产品	132 000
							应交税费	应交增值税	21 120
		银付08	支付管理咨询费用	管理费用		500	银存款		500
	17	转字06	投资者投入设备	固定资产		10 000	实收资本		10 000
		银付09	支付车间经常修理费	制造费用		1 500	银行存款		1 500
		银付10	提取以备零用	库存现金		1 500	银行存款		1 500
	19	现付04	支付职工困难补助	应付职工薪酬		500	库存现金		500
		银收04	收到银行利息	银行存款		10 000	财务费用		10 000
		转字07	报废旧机器一台	累计折旧		9 500	固定资产		9 500
	21	银付11	购入新机器一台	固定资产		50 000	银行存款		50 000
		银收05	收回福源公司欠款	银行存款		17 500	应收账款	福源公司	17 500
	23	转字08	应付设备租赁费	制造费用		1 240	其他应付款		1 240
		转字09	收到办公用品	管理费用		1 000	预付账款	人民商场	1 000
	25	转字10	分配本月工资	生产成本	A产品	30 000	应付职工薪酬		41 000

(续表)

20×9年		凭证号数	摘要	借方			贷方		
月	日			一级科目	明细科目	金额	一级科目	明细科目	金额
				制造费用		5 000			
				管理费用		6 000			
		转字11	提取应付福利费	生产成本	A产品	4 200	应付职工薪酬		5 640
				制造费用		700			
				管理费用		840			
		转字12	提取本月折旧费	制造费用		4 000	累计折旧		5 000
				管理费用		1 000			
		转字13	应付大修理费	制造费用		1 100	其他应付款		1 800
				管理费用		700			
	30	转字14	结转本月制造费用	生产成本	A产品	19 040	制造费用		19 040
		转字15	结转生产成本(A)	库存商品	A产品	245 740	生产成本		245 740
		转字16	结转销售成本(A)	主营业务成本	A产品	170 626	库存商品		170 626
		转字17	结转销售收入(A)和财务费用	主营业务收入	A产品	242 000	本年利润		252 000
				财务费用		10 000			
		转字18	结转销售成本(A)和管理费用	本年利润		181 366	主营业务成本		170 626
							管理费用		17 040
		转字19	计算本月所得税	所得税费用		23 309	应交税费	应交所得税	23 309
		转字20	结转所得税	本年利润		23 309	所得税费用		23 309
		转字21	计提盈余公积	利润分配	提取法定盈余公积	4 732			4 732
		转字22	计提应付股利	利润分配	应付普通股股利	34 074	应付股利		34 074

② 根据收款凭证、付款凭证逐笔登记库存现金日记账和银行存款日记账,如表9-3和表9-4所示。

表9-3　　　　　　　　　　　　库存现金日记账　　　　　　　　　　单位:元

20×9年		凭证号数	摘要	对方科目	借方	贷方	余额
月	日						
9	1		期初余额				900
		现付01	厂部购买办公用品	管理费用		300	600
	3	银付01	提现备发工资	银行存款	41 000		41 600
		现付02	发放工资	应付职工薪酬		41 000	600

(续表)

20×9年		凭证号数	摘要	对方科目	借方	贷方	余额
月	日						
	7	现付03	刘敏借差旅费	其他应收款		500	100
	11	现收01	刘敏报销退回余额	其他应收款	100		200
	17	银付10	提现以备零用	银行存款	1 500		1 700
	19	现付04	支付职工困难补助	应付职工薪酬		500	1 200
	30		本月发生额及余额		42 600	42 300	1 200

表9-4　　　　　　　　　　　　　　　银行存款日记账　　　　　　　　　　　　　　单位：元

20×9年		凭证号数	摘要	对方科目	借方	贷方	余额
月	日						
9	1		期初余额				280 000
	3	银付01	提现备发工资	库存现金		41 000	239 000
		银付02	付红光厂购入甲材料款及其税费	在途物资		30 000	209 000
				应交税费		4 800	204 200
	5	银付03	归还红光厂前欠款	应付账款		15 000	189 200
	7	银付04	上交上月所得税	应交税费		55 000	134 200
		银付05	上交上月增值税	应交税费		12 000	122 200
	9	银付06	车间购劳保用品并发放	制造费用		2 500	119 700
	11	银收01	销售A产品，款存入银行	主营业务收入	22 000		141 700
				应交税费	3 520		145 220
		银收02	收回福源公司欠款	应收账款	65 000		210 220
	13	银付07	退回包装物押金	其他应付款		1 000	209 220
		银收03	销售A产品，款存入银行	主营业务收入	88 000		297 220
				应交税费	14 080		311 300
	15	银付08	支付管理咨询费	管理费用		500	310 800
	17	银付09	支付车间经常修理费	制造费用		1 500	309 300
		银付10	提现以备零用	库存现金		1 500	307 800
	19	银收04	收到银行利息	财务费用	10 000		317 800
	21	银付11	购入新机器一台	固定资产		50 000	267 800
		银收05	收回福源公司欠款	应收账款	17 500		285 300
	30		本月发生额及余额		220 100	214 800	285 300

③ 根据记账凭证及后面所附的原始凭证，登记各种明细分类账。

为了简化业务,本书只列应收账款明细分类账(采用三栏式)、原材料(甲材料)明细分类账(采用数量金额式)和生产成本明细分类账(采用多栏式)的登记,其他明细分类账的登记略,如表9-5至表9-7所示。

表 9-5　　　　　　　　　　　应收账款明细分类账
二级或明细账户:福源公司　　　　　　　　　　　　　　　　　　　　第　页

20×9年		凭证		摘要	借方	贷方	借或贷	余额
月	日	类别	号数					
9	1			期初余额			借	82 500
	11	银收	02	收回欠款		65 000	借	17 500
	21	银收	05	收回欠款		17 500	平	—
	30			本期发生额及余额		82 500	平	—

表 9-6　　　　　　　　　　　原材料明细分类账　　　　　　　　第　页
　　　　　　　　　　　　　　　　　　　　　　　　　　　　　　计量单位:千克
类　别:　　　　计划单价:　　　　最高储量:　　　　存放地点:
品名规格:甲材料　材料代码:　　　最低储量:　　　　编　号:

20×9年		凭证号数	摘要	收入			发出			结存		
月	日			数量	单价	金额	数量	单位	金额	数量	单价	金额
9	1		期初余额							200	150	30 000
	1	转字01	领用				150	150	22 500	50	150	7 500
	5	转字02	购入	200	150	30 000				250	150	37 500
	9	转字03	领用				20	150	3 000	230	150	34 500
	30		本期发生额及余额	200	150	30 000	170	150	25 500	230	150	34 500

表 9-7　　　　　　　　　生产成本明细分类账(产品成本计算单)
　　　　　　　　　　　　　　产品名称:A产品　　　　　　　　　　单位:元

20×9年		凭证号数	摘要	借方发生额				转出
月	日			直接材料	直接人工	制造费用	合计	
9	1		期初余额	85 000	45 000	20 000	150 000	
	1	转字01	领用原材料	42 500			42 500	
	25	转字10	分配本月工资费用		30 000		30 000	
	25	转字11	提取本月福利费		4 200		4 200	
	30	转字14	结转本月制造费用			19 040	19 040	
	30		本月合计	42 500	34 200	19 040	95 740	
	30		产品完工转出成本	−127 500	−79 200	−39 040		245 740

④ 根据记账凭证逐笔登记总分类账,如表9-8至表9-37所示。

表9-8　　　　　　　　　　　　　总 分 类 账

会计科目:固定资产

20×9年		记账凭证	摘要	借方	贷方	借或贷	余额
月	日						
9	1		期初余额			借	1 000 000
	17	转字06	投资者投入设备	10 000			
	19	转字07	报废旧机器一台		9 500		
	21	银付11	购入新机器一台	50 000			
	30		本月发生额及余额	60 000	9 500	借	1 050 500

表9-9　　　　　　　　　　　　　总 分 类 账

会计科目:原材料

20×9年		记账凭证	摘要	借方	贷方	借或贷	余额
月	日						
9	1		期初余额			借	80 000
	1	转字01	A产品领用原材料		42 500		
	5	转字02	甲材料入库	30 000			
	9	转字03	车间领用一般耗材		3 000		
	30		本期发生额及余额	30 000	45 500	借	64 500

表9-10　　　　　　　　　　　　　总 分 类 账

会计科目:生产成本

20×9年		记账凭证	摘要	借方	贷方	借或贷	余额
月	日						
9	1		期初余额			借	150 000
	1	转字01	A产品领用原材料	42 500			
	25	转字10	分配本月工资	30 000			
		转字11	提取应付福利费	4 200			
	30	转字14	结转本月制造费用	19 040			
		转字15	结转生产成本(A)		245 740		
	30		本月发生额及余额	95 740	245 740	平	—

表 9-11   总 分 类 账
                                                      会计科目：预付账款

20×9		记账凭证	摘要	借方	贷方	借或贷	余额
月	日						
9	1		期初余额			借	12 000
	23	转字 09	收到办公用品		1 000		
	30		本期发生额及余额		1 000	借	11 000

表 9-12   总 分 类 账
                                                      会计科目：库存商品

20×9年		记账凭证	摘要	借方	贷方	借或贷	余额
月	日						
9	1		期初余额			借	80 000
	30	转字 15	结转生产成本(A)	245 740			
		转字 16	结转销售成本(A)		170 626		
	30		本期发生额及余额	245 740	170 626	借	155 114

表 9-13   总 分 类 账
                                                      会计科目：库存现金

20×9年		记账凭证	摘要	借方	贷方	借或贷	余额
月	日						
9	1		期初余额			借	900
	1	现付 01	厂部购买办公用品		300		
	3	银付 01	提现备发工资	41 000			
		现付 02	发放工资		41 000		
	7	现付 03	刘敏借差旅费		500		
	11	现收 01	刘敏报销退回余额	100			
	17	银付 10	提现已备零用	1 500			
	19	现付 04	支付职工困难补助		500		
	30		本期发生额及余额	42 600	42 300	借	1 200

表9-14 总分类账

会计科目：银行存款

20×9年		记账凭证	摘要	借方	贷方	借或贷	余额
月	日						
9	1		期初余额			借	280 000
	3	银付01	提现备发工资		41 000		
		银付02	付红光厂甲材料款,料未入库		34 800		
	5	银付03	归还红光厂前欠款		15 000		
	7	银付04	上交上月所得税		55 000		
		银付05	上交上月增值税		12 000		
	9	银付06	车间购劳保用品		2 500		
	11	银收01	销售A产品,款存入银行	25 520			
		银收02	收回福源公司欠款	65 000			
	13	银收07	退包装物押金		1 000		
		银收03	销售A产品,款存入银行	102 080			
	15	银付08	支付管理咨询费用		500		
	17	银付09	支付车间经常修理费		1 500		
		银付10	提现已备零用		1 500		
	19	银收04	收到银行利息	10 000			
	21	银付11	购入新机器一台		50 000		
		银收05	收回福源公司欠款	17 500			
	30		本期发生额及余额	220 100	214 800	借	285 300

表9-15 总分类账

会计科目：应收账款

20×9年		记账凭证	摘要	借方	贷方	借或贷	余额
月	日						
9	1		期初余额			借	82 500
	11	银收02	收回福源公司欠款		65 000		
	21	银收05	收回福源公司欠款		17 500		
	30		本期发生额及余额		82 500	平	—

表 9-16　　　　　　　　　　　　总 分 类 账

会计科目：利润分配

20×9年		记账凭证	摘要	借方	贷方	借或贷	余额
月	日						
9	1		期初余额			借	276 000
	30	转字 21	计提盈余公积	4 732			
		转字 22	计提应付股利	34 074			
	30		本期发生额及余额	38 806		借	314 806

表 9-17　　　　　　　　　　　　总 分 类 账

会计科目：在建工程

2013年		记账凭证	摘要	借方	贷方	借或贷	余额
月	日						
9	1		期初余额			借	79 200
	30		本期发生额及余额			借	79 200

表 9-18　　　　　　　　　　　　总 分 类 账

会计科目：实收资本

20×9年		记账凭证	摘要	借方	贷方	借或贷	余额
月	日						
9	1		期初余额			贷	225 000
	17	转字 06	投资者投入设备		10 000		
	30		本期发生额及余额		10 000	贷	220 500

表 9-19　　　　　　　　　　　　总 分 类 账

会计科目：累计折旧

20×9年		记账凭证	摘要	借方	贷方	借或贷	余额
月	日						
9	1		期初余额			贷	225 000
	19	转字 07	报废旧机器一台	9 500			
	25	转字 12	计提本月折旧费		5 000		
	30		本期发生额及余额	9 500	5 000	贷	220 500

表9-20   总分类账

会计科目：长期借款

20×9年		记账凭证	摘要	借方	贷方	借或贷	余额
月	日						
9	1		期初余额			贷	270 000
	30		本期发生额及余额			贷	270 000

表9-21   总分类账

会计科目：短期借款

20×9年		记账凭证	摘要	借方	贷方	借或贷	余额
月	日						
9	1		期初余额			贷	208 000
	30		本期发生额及余额			贷	208 000

表9-22   总分类账

会计科目：应付账款

20×9年		记账凭证	摘要	借方	贷方	借或贷	余额
月	日						
9	1		期初余额			贷	15 000
	5	银付03	归还红光厂前欠款	15 000			
	30		本期发生额及余额	15 000		平	—

表9-23   总分类账

会计科目：应交税费

20×9年		记账凭证	摘要	借方	贷方	借或贷	余额
月	日						
9	1		期初余额			贷	71 000
	3	银付02	支付红光厂甲材料款,料未入库	4 800			
	7	银付04	上交上月所得税	55 000			
		银付05	上交上月增值税	12 000			
	11	银收01	销售A产品,款存入银行		3 520		
	13	银收03	销售A产品,款存入银行		14 080		
	15	转字05	销售A产品收到商业汇票,20天付款		21 120		
	30	转字19	计提本月所得税		23 309		
	30		本期发生额及余额	71 800	62 029	贷	61 229

表 9-24   总分类账

会计科目：本年利润

20×9年		记账凭证	摘要	借方	贷方	借或贷	余额
月	日						
9	1		期初余额			贷	370 000
	30	转字 17	结转销售收入(A)和财务费用		252 000		
		转字 18	结转销售成本(A)和管理费用	181 366			
		转字 20	结转所得税	23 309			
	30		本期发生额及余额	204 675	252 000	贷	417 325

表 9-25   总分类账

会计科目：应付职工薪酬

20×9年		记账凭证	摘要	借方	贷方	借或贷	余额
月	日						
9	1		期初余额			贷	92 000
	3	现付 02	发放工资	41 000			
	19	现付 04	支付职工困难补助	500			
	25	转字 10	分配本月工资		41 000		
	25	转字 11	提取应付福利费		5 740		
	30		本期发生额及余额	41 500	46 740		97 240

表 9-26   总分类账

会计科目：其他应付款

20×9年		记账凭证	摘要	借方	贷方	借或贷	余额
月	日						
9	1		期初余额			贷	9 600
	13	银付 07	退包装物押金	1 000			
	23	银付 08	应付设备租赁费		1 240		
	25	转字 13	应付大修理费		1 800		
	30		本期发生额及余额	1 000	3 040	贷	11 640

表 9-27   总 分 类 账

会计科目：管理费用

20×9年		记账凭证	摘要	借方	贷方	借或贷	余额
月	日						
9	1	现付 01	厂部购买办公用品	300			
	11	转字 04	刘敏报销	400			
	15	银付 08	支付管理咨询费用	500			
	23	转字 09	收到办公用品	1 000			
	25	转字 10	分配本月工资	6 000			
		转字 11	提取应付福利费	840			
		转字 12	提取本月折旧费	1 000			
		转字 13	预提本月大修理费	700			
	30	转字 18	结转管理费用		10 740		
	30		本期发生额及余额	10 740	10 740	平	—

表 9-28   总 分 类 账

会计科目：财务费用

20×9年		记账凭证	摘要	借方	贷方	借或贷	余额
月	日						
9	19	银收 04	收到银行利息		10 000		
	30	转字 17	结转财务费用	10 000			
	30		本期发生额及余额	10 000	10 000	平	—

表 9-29   总 分 类 账

会计科目：制造费用

20×9年		记账凭证	摘要	借方	贷方	借或贷	余额
月	日						
9	9	转字 03	车间领用一般耗用	3 000			
		银付 06	车间购买劳保用品	2 500			
	17	银付 09	支付车间经常修理费	1 500			
	23	转字 08	预提设备租赁费	1 240			
	25	转字 10	分配本月工资	5 000			
		转字 11	提取应付职工薪酬	700			
		转字 12	提取本月折旧费	4 000			
		转字 13	预提本月大修理费	1 100			
	30	转字 14	结转本月制造费用		19 040		
	30		本期发生额及余额	19 040	19 040	平	—

表 9-30　　　　　　　　　　　　　总 分 类 账

会计科目：所得税费用

20×9年		记账凭证	摘要	借方	贷方	借或贷	余额
月	日						
9	30	转字 19	计算本月所得税	23 309			
		转字 20	结转所得税		23 309		
	30		本期发生额及余额	23 309	23 309	平	—

表 9-31　　　　　　　　　　　　　总 分 类 账

会计科目：应收票据

20×9年		记账凭证	摘要	借方	贷方	借或贷	余额
月	日						
9	15	转字 05	销售A产品收到商业汇票(20天付款)	153 120			
	30		本期发生额及余额	153 120		借	153 120

表 9-32　　　　　　　　　　　　　总 分 类 账

会计科目：在途物资

20×9年		记账凭证	摘要	借方	贷方	借或贷	余额
月	日						
9	3	银付 02	支付红光厂甲材料款,料未入库	30 000			
	5	转字 02	甲材料入库		30 000		
	30		本期发生额及余额	30 000	30 000	平	—

表 9-33　　　　　　　　　　　　　总 分 类 账

会计科目：主营业务成本

20×9年		记账凭证	摘要	借方	贷方	借或贷	余额
月	日						
9	30	转字 16	结转销售成本(A)	170 626			
		转字 18	结转销售成本(A)		170 626		
	30		本期发生额及余额	170 626	170 626	平	—

表 9-34　　　　　　　　　　　　总 分 类 账

会计科目：主营业务收入

20×9年		记账凭证	摘要	借方	贷方	借或贷	余额
月	日						
9	11	银收01	销售A产品,款存入银行		22 000		
	13	银收03	销售A产品,款存入银行		88 000		
	15	转字05	销售A产品收到商业汇票(20天付款)		132 000		
	30	转字17		242 000			
	30		本期发生额及余额	242 000	242 000	平	—

表 9-35　　　　　　　　　　　　总 分 类 账

会计科目：盈余公积

20×9年		记账凭证	摘要	借方	贷方	借或贷	余额
月	日						
9	30	转字21	计提盈余公积金		4 732		
	30		本期发生额及余额		4 732	平	4 732

表 9-36　　　　　　　　　　　　总 分 类 账

会计科目：应付股利

20×9年		记账凭证	摘要	借方	贷方	借或贷	余额
月	日						
9	30	转字22	计提应付投资者利润		34 074		
	30		本期发生额及余额		34 074	贷	34 074

表 9-37　　　　　　　　　　　　总 分 类 账

会计科目：其他应收款

20×9年		记账凭证	摘要	借方	贷方	借或贷	余额
月	日						
9	7	现付03	刘敏借差旅费	500			
		转字04	刘敏报销		400		
		现收01	刘敏报销退回余额		100		
	30		本期发生额及余额	500	500	平	—

⑤ 月末,将库存现金日记账、银行存款日记账和明细分类账的余额同有关总分类账的余额核对,编制试算平衡表,如表9-38所示。

表9-38　　　　　　　　　　　　　　　试算平衡表　　　　　　　　　　　　　　　单位:元

账户名称	期初余额		本期发生额		期末余额	
	借方	贷方	借方	贷方	借方	贷方
固定资产	1 000 000		60 000	9 500	1 050 500	
原材料	80 000		30 000	45 500	64 500	
生产成本	150 000		95 740	245 740		
预付账款	12 000			1 000	11 000	
库存商品	80 000		245 740	170 626	155 114	
库存现金	900		42 600	42 300	1 200	
银行存款	280 000		220 100	214 800	285 300	
应收账款	82 500			82 500		
利润分配	276 000		38 806		314 806	
在建工程	79 200				79 200	
实收资本		780 000		10 000		790 000
累计折旧		225 000	9 500	5 000		220 500
长期借款		270 000				270 000
短期借款		208 000				208 000
应付账款		15 000	15 000			
应交税费		71 000	71 800	62 029		61 229
本年利润		370 000	204 675	252 000		417 325
应付职工薪酬		92 000	41 500	46 740		97 240
其他应付款		9 600	1 000	3 040		11 640
管理费用			10 740	10 740		
财务费用			10 000	10 000		
制造费用			19 040	19 040		
所得税费用			23 309	23 309		
应收票据			153 120		153 120	
在途物资			30 000	30 000		

(续表)

账户名称	期初余额		本期发生额		期末余额	
	借方	贷方	借方	贷方	借方	贷方
主营业务成本			170 626	170 626		
主营业务收入			242 000	242 000		
盈余公积				4 732		4 732
应付股利				34 074		34 074
其他应收款			500	500		
合计	2 040 600	2 040 600	1 735 796	1 735 796	2 114 740	2 114 740

⑥ 月末,根据核对无误的总分类账和明细分类账的记录,编制会计报表。本例仅列示资产负债表(表9-39)和利润表(表9-40)。资产负债表和利润表编制方法详见项目八中的任务二和任务三。

表9-39　　　　　　　　　　　资产负债表(简表)

编制单位：　　　　　　　20×9年09月30日　　　　　　　　　　单位：元

资　产	期末余额	年初余额（略）	负债和所有者权益（或股东权益）	期末余额	年初余额（略）
流动资产：			流动负债：		
货币资金	286 500		短期借款	208 000	
应收票据及应收账款	153 120		应付票据及应付账款		
预付款项	11 000		预收款项		
其他应收款			应付职工薪酬	97 240	
存货	219 614		应交税费	61 229	
持有待售资产			其他应付款	45 714	
流动资产合计	670 234		其他流动负债		
非流动资产：			流动负债合计	412 183	
固定资产	830 000		非流动负债：		
在建工程	79 200		长期借款	270 000	
其他非流动资产			非流动负债合计	270 000	
非流动资产合计	909 200		负债合计	682 183	
			所有者权益(或股东权益)：		
			实收资本(或股本)	790 000	

(续表)

资产	期末余额	年初余额（略）	负债和所有者权益（或股东权益）	期末余额	年初余额（略）
			盈余公积	4 732	
			未分配利润	102 519	
			所有者权益(或股东权益)合计	897 251	
资产总计	1 579 434		负债和所有者权益(或股东权益)总计	1 579 434	

表 9-40　　　　　　　　　　　利润表(简表)

编制单位：　　　　　　　　　20×9年9月　　　　　　　　　　单位：元

项目	本期金额	上期金额
一、营业收入	242 000	
减：营业成本	170 626	
税金及附加		
销售费用		
管理费用	10 740	
研发费用		
财务费用	−10 000	
其中：利息费用		
利息收入	10 000	
资产减值损失		
加：其他收益		
投资收益(损失以"−"号填列)		
其中：对联营企业和合营企业的投资收益		
公允价值变动收益(损失以"−"号填列)		
资产处置收益(损失以"−"号填列)		
二、营业利润(亏损以"−"号填列)	70 634	
加：营业外收入		
减：营业外支出		
三、利润总额(亏损总额以"−"号填列)	70 634	
减：所得税费用	23 309	
四、净利润(净亏损以"−"号填列)	47 325	

三、记账凭证账务处理程序的优缺点和适用范围

记账凭证账务处理程序的优点是：账务处理程序简单明了，易于理解；总分类账可以详细清晰地反映经济业务的发生情况，便于查账、对账和分析。其缺点是：根据记账凭证逐笔登记总分类账，工作量较大，不便于会计人员的分工记账。

记账凭证账务处理程序中，为了减少登记总分类账的工作量，可以把业务内容相同的原始凭证编制成原始凭证汇总表，再根据原始凭证汇总表编制记账凭证，以减轻登记总账的工作量，如发料凭证汇总表、收料凭证汇总表等。

记账凭证账务处理程序一般适用于规模较小经济业务量较少、记账凭证不多的单位。

任务三　科目汇总表账务处理程序

科目汇总表账务处理程序又称记账凭证汇总表账务处理程序。它是指根据记账凭证定期编制科目汇总表，再根据科目汇总表登记总分类账的一种账务处理程序。其特点在于定期编制科目汇总表并据以登记总分类账。

一、科目汇总表账务处理程序下的账簿记账程序

采用科目汇总表账务处理程序时，记账凭证、账簿的设置与记账凭证账务处理程序基本相同，也需要设置日记账、明细分类账和总分类账。除设置专用记账凭证（收款凭证、付款凭证和转账凭证）或通用记账凭证外，还应设置科目汇总表。

科目汇总表是指根据一定时期内的全部记账凭证，按照相同的科目归类汇总填制的一种汇总记账凭证。编制时，首先，将待汇总的记账凭证所涉及的会计科目，填入科目汇总表"会计科目"栏；其次，汇总出每一个会计科目的借方发生额和贷方发生额，填入科目汇总表各科目相应的"借方"栏和"贷方"栏；对于"库存现金"和"银行存款"科目的借方发生额和贷方发生额，也可以直接根据库存现金日记账和银行存款日记账的收支合计数填列；最后，计算出所有科目的借方发生额合计和贷方发生额合计，进行发生额的试算平衡。平衡无误后，可以据以登记总分类账。

科目汇总表编制时间间隔，应根据各单位业务量大小而定。科目汇总表通常定期（旬、半月、月）汇总一次，编制后，登记一次总账。每次汇总都应注明汇总记账凭证的起讫字号，以便检查。其记账程序如下：

（1）根据原始凭证或汇总原始凭证编制记账凭证。
（2）根据收款凭证、付款凭证逐笔登记库存现金日记账和银行存款日记账。
（3）根据原始凭证、汇总原始凭证和记账凭证登记各种明细分类账。
（4）根据各种记账凭证编制科目汇总表。
（5）根据科目汇总表登记总分类账。
（6）期末，将库存现金日记账、银行存款日记账和明细分类账的余额分别与有关总分类

账的余额核对相符。

(7) 期末,根据总分类账和明细分类账的记录,编制财务报表。

科目汇总表账务处理程序的工作流程如图9-2所示。

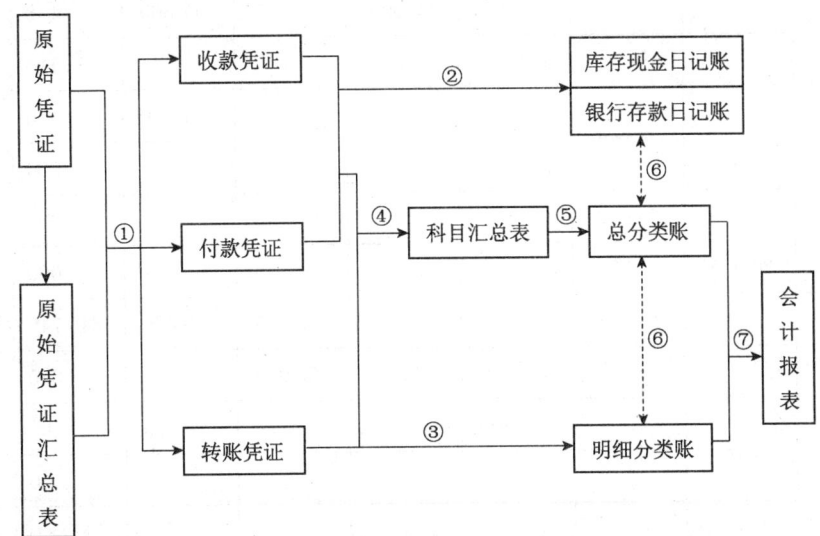

图9-2 科目汇总表账务处理程序的工作流程

二、科目汇总表账务处理程序举例

实战 演练

【例9-2】 承[例9-1],以美华企业20×9年9月有关资料为例。科目汇总表账务处理程序工作流程如下:

(1) 根据经济业务按时间顺序编制记账凭证(见表9-2)。

(2) 根据收款凭证、付款凭证逐笔登记库存现金日记账和银行存款日记账(见表9-3和表9-4)。

(3) 根据原始凭证、原始凭证汇总表和记账凭证登记各种明细分类账(表9-5至表9-7)。

(4) 根据各种记账凭证编制科目汇总表。

该公司按照汇总,每月编制科目汇总表一张,按年进行编号并据以登记总账。分别于10日、20日、30日将本旬全部记账凭证,按同一总账科目汇总,填在科目汇总表内。其格式和内容如表9-41所示。

表9-41　　　　　　　　　　　科目汇总表

20×9年09月　　　　　　　　　　　　　　　第09号

账户名称	1~10日发生额		11~20日发生额		21~30日发生额		本期发生额合计	
	借方	贷方	借方	贷方	借方	贷方	借方	贷方
库存现金	41 000	41 800	1 600	500			42 600	42 300
银行存款	160 300	202 600	4 500	17 500	50 000		220 100	214 800

(续表)

账户名称	1~10日发生额		11~20日发生额		21~30日发生额		本期发生额合计	
	借方	贷方	借方	贷方	借方	贷方	借方	贷方
应收账款				65 000		17 500	0	82 500
应收票据			153 120				153 120	0
预付账款						1 000	0	1 000
其他应收款	500			500			500	500
在途物资	30 000	30 000					30 000	30 000
原材料	30 000	45 500					30 000	45 500
库存商品					245 740	170 626	245 740	170 626
固定资产			10 000	9 500	50 000		60 000	9 500
累计折旧				9 500		5 000	9 500	5 000
在建工程							0	0
短期借款							0	0
应付账款	15 000						15 000	0
应付职工薪酬	41 000		500			46 740	41 500	46 740
应交税费	71 800			38 720		23 309	71 800	62 029
应付股利						34 074	0	34 074
其他应付款			1 000			3 040	1 000	3 040
长期借款							0	0
实收资本				10 000			0	10 000
盈余公积						4 732	0	4 732
本年利润					204 675	252 000	204 675	252 000
利润分配					38 806		38 806	0
生产成本	42 500				53 240	245 740	95 740	245 740
制造费用	5 500		1 500		12 040	19 040	19 040	19 040
主营业务收入				242 000	242 000		242 000	242 000
主营业务成本					170 626	170 626	170 626	170 626
管理费用	300		900		9 540	10 740	10 740	10 740
财务费用					10 000	10 000	10 000	10 000
所得税费用					23 309	23 309	23 309	23 309
合计	277 600	277 600	380 720	380 720	1 077 476	1 077 476	1 735 796	1 735 796

(5) 根据科目汇总表登记总分类账。

这里仅以"库存现金""银行存款""应付账款""实收资本""生产成本""主营业务收入"六个账户的登记方法为例,如表9-42至9-47所示。(其他总账的登记略)

表9-42　　　　　　　　　　　总 分 类 账

会计科目:库存现金

20×9年		记账凭证	摘要	借方	贷方	借或贷	余额
月	日						
9	1		期初余额			借	900
	30	科汇09	1~10日发生额	41 000	41 000		
		科汇09	11~20日发生额	1 600	500		
	30		本期发生额及余额	42 600	42 300	借	1 200

表9-43　　　　　　　　　　　总 分 类 账

会计科目:银行存款

20×9年		记账凭证	摘要	借方	贷方	借或贷	余额
月	日						
9	1		期初余额			借	280 000
	30	科汇09	1~10日发生额		160 300		
		科汇09	11~20日发生额	202 600	4 500		
		科汇09	21~30日发生额	17 500	50 000		
	30		本期发生额及余额	220 100	214 800	借	285 300

表9-44　　　　　　　　　　　总 分 类 账

会计科目:应付账款

20×9年		记账凭证	摘要	借方	贷方	借或贷	余额
月	日						
9	1		期初余额			贷	15 000
	30	科汇09	1~10日发生额	15 000			
	30		本期发生额及余额	15 000		平	—

表9-45　　　　　　　　　　　总 分 类 账

会计科目:实收资本

20×9年		记账凭证	摘要	借方	贷方	借或贷	余额
月	日						
9	1		期初余额			贷	780 000
	30	科汇09	11~20日发生额		10 000		
	30		本期发生额及余额		10 000	贷	790 000

表 9-46　　　　　　　　　　　　总 分 类 账

会计科目：生产成本

20×9年		记账凭证	摘要	借方	贷方	借或贷	余额
月	日						
9	1		期初余额			借	150 000
	30	科汇09	1～10日发生额	42 500			
		科汇09	21～30日发生额	53 240	245 740		
	30		本期发生额及余额	95 740	245 740	平	—

表 9-47　　　　　　　　　　　　总 分 类 账

会计科目：主营业务收入

20×9年		记账凭证	摘要	借方	贷方	借或贷	余额
月	日						
9	30	科汇09	11～20日发生额		242 000		
		科汇09	21～30日发生额	242 000			
	30		本期发生额及余额	242 000	242 000	平	—

（6）月末，将库存现金日记账、银行存款日记账和明细分类账的余额同有关总分类账的余额核对，编制试算平衡表(见表9-38)。

（7）月末，根据核对无误的总分类账和明细分类账的记录，编制会计报表(见表9-39和表9-40)。

三、科目汇总表账务处理程序的优缺点和适用范围

科目汇总表账务处理程序应用比较广泛，其优点是：根据科目汇总表登记总账，大大减少了登记总分类账的工作量；通过编制科目汇总表，可以进行试算平衡，便于及时发现记账过程中的差错从而保证会计核算工作质量。同时，科目汇总表的编制简明易懂，方便易学。其缺点是：科目汇总表无法反映账户之间的对应关系和经济业务事项的来龙去脉，不便于查对账目，不便于对经济业务进行检查和分析。

科目汇总表账务处理程序适用于规模较大、经济业务量较多的大中型企业。对于规模小、经济业务量不多的企业，则起不到简化核算的作用。

任务四　汇总记账凭证账务处理程序

汇总记账凭证账务处理程序是指根据原始凭证或原始凭证汇总表编制记账凭证，定期根据记账凭证分类编制汇总收款凭证、汇总付款凭证和汇总转账凭证，再根据汇总记账凭证

登记总分类账的一种账务处理程序。其特点在于定期将记账凭证汇总编制成汇总记账凭证并据以登记总分类账。

一、汇总记账凭证账务处理程序下的账簿组织和记账程序

汇总记账凭证是指根据一定时期内同类记账凭证定期加以汇总而重新编制的记账凭证,包括汇总收款凭证、汇总付款凭证和汇总转账凭证。采用汇总记账凭证账务处理程序时,除设置收款凭证、付款凭证和转账凭证外,还应设置汇总收款凭证、汇总付款凭证和汇总转账凭证。为了便于汇总,转账凭证只能按一借一贷或一贷多借来填制。账簿的设置与记账凭证账务处理程序基本相同。

为了使总分类账的内容与各种汇总记账凭证相一致,总分类账账页格式应采用设有对方科目的三栏式账簿,以便清晰反映账户之间的对应关系。

实际工作中,通常贷方记录要比借方记录少,所以,汇总转账凭证按贷方账户设置,可以减少编制汇总转账凭证的数量,简化登记总账的工作。为了适应这种编制要求,转账凭证应按一借一贷或一贷多借列示账户的对应关系。

需要注意的是:汇总转账凭证中,贷方发生额的合计数不一定是该科目的全部发生额。因为涉及库存现金、银行存款收款业务的贷方发生额,已填列在汇总收款凭证中。汇总记账凭证一般可5天或10天汇总填列一次,每月编制一张。其记账程序如下:

(1) 根据原始凭证或原始凭证汇总表,编制记账凭证。
(2) 根据收款凭证、付款凭证逐笔登记库存现金日记账和银行存款日记账。
(3) 根据记账凭证及其后面所附的原始凭证,登记各种明细分类账。
(4) 根据各种记账凭证编制有关汇总记账凭证。
(5) 根据各种汇总记账凭证登记总分类账。
(6) 期末,将库存现金日记账、银行存款日记账和明细分类账的余额分别与有关总分类账的余额核对相符。
(7) 期末,根据总分类账和明细分类账的记录,编制财务报表。

汇总记账凭证账务处理程序的工作流程如图9-3所示。

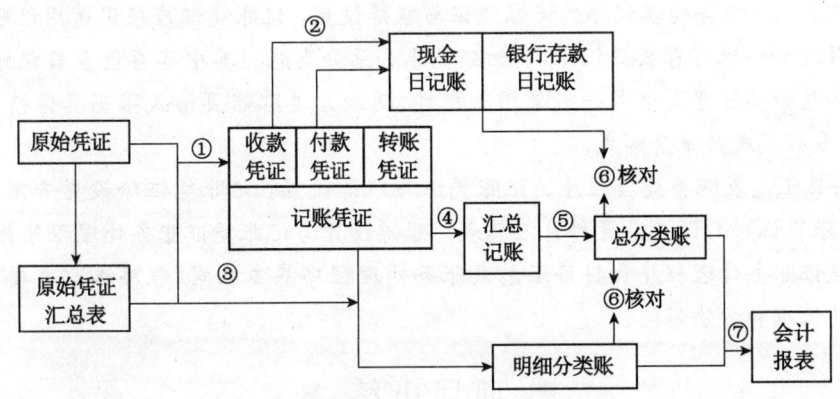

图9-3 汇总记账凭证账务处理程序

二、汇总记账凭证账务处理程序的优缺点和适用范围

汇总记账凭证账务处理程序的优点是：根据汇总记账凭证登记总分类账，减轻了登记总分类账的工作量；汇总记账凭证根据记账凭证按照账户对应关系进行归类、汇总编制，便于了解账户之间的对应关系以及经济业务的来龙去脉。其缺点是：按照每一贷方科目而不是按照经济业务性质编制汇总转账凭证，不利于日常会计核算的合理分工；同时，编制汇总记账凭证的工作量也较大。

汇总记账凭证账务处理程序适用于规模较大、经济业务较多、管理上要求总分类核算提供详细资料的大型单位。

实战演练

【例9-3】 王静是某职业技术学院2019届财务管理专业毕业生，在校期间取得了初级会计资格证书。毕业后，王静被一家会计师事务所录用，经过上岗培训，被派往两个单位担当代理记账员。其中，一个单位是来料加工企业，每月只购进原材料，加工半成品，并交付委托单位，然后计算发放工人工资，收取加工费。支付管理费用，大约20多笔业务；另一个单位是食品加工企业，每月需要购进不同类型的材料，产品销给20多个客户，往来频繁，同时还要和银行、税务等部门发生业务往来，大约100多笔业务。王静接手工作后，根据两个单位的不同情况选取了不同的账务处理程序。

案例分析：

（1）王静对于两个单位分别应该采用哪种账务处理程序？

（2）依据所采用的账务处理程序，应选择何种格式的凭证和账簿？

（3）王静在两个单位采用的账务处理程序如何？主要区别在哪里？

分析要点：

（1）"一分耕耘，一分收获"，王静在校期间认真学习，取得了初级会计资格证书，为毕业后顺利就业打下了良好的基础。接手工作后根据两个单位的不同情况，王静分别采用不同的账务处理程序。对第一个来料加工企业采用记账凭证账务处理程序；对第二个食品加工企业采用科目汇总表账务处理程序。

（2）记账凭证账务处理程序的记账凭证与账簿设置：记账凭证应采用通用记账凭证；账簿设置库存现金和银行存款日记账，明细分类账和总分类账。其中库存现金日记账、银行存款日记账和总分类账账页格式一般采用三栏式，明细分类账账页格式根据具体情况可以采用三栏式、多栏式或数量金额式。

（3）科目汇总表账务处理程序的记账凭证与账簿设置：记账凭证除设置专用记账凭证（或通用记账凭证）外，还应设置科目汇总表。账簿设置与记账凭证账务处理程序相同。

记账凭证账务处理程序和科目汇总表账务处理程序基本相同（程序略），主要区别在于登记总账的依据和方法不同。

项目小结

账务处理程序也称会计核算组织程序或会计核算形式，是指会计凭证、会计账簿、会计报表相互结合的方式，包括会计凭证和账簿的种类、格式，会计凭证与账簿之间的联系方式，

以及从审核原始凭证开始,经过编制记账凭证、登记明细分类账和总分类账,直到编制会计报表的工作程序和方法。

实际工作中,各单位一般采用的账务处理程序主要有:记账凭证账务处理程序、科目汇总表账务处理程序、汇总记账凭证账务处理程序等。

记账凭证账务处理程序的特点在于直接根据每一张记账凭证逐笔登记总分类账,是最基本的账务处理程序,一般适用于规模较小、经济业务量较少、记账凭证不多的单位;科目汇总表账务处理程序的特点在于定期编制科目汇总表并据以登记总分类账,主要适用于经济业务较多,但又不是很复杂的单位;汇总记账凭证账务处理程序的特点在于定期编制汇总收款凭证、汇总付款凭证和汇总转账凭证,再根据汇总记账凭证登记总分类账,主要适用于规模较大、经济业务较多的单位。各单位要根据自己的实际情况,综合分析,选择科学合理的账务处理程序。

项目考核

一、单选题

1. 各种会计核算形式的主要区别是( )。
   A. 填制会计凭证的依据和方法不同　　B. 登记总账的依据和方法不同
   C. 登记明细账的依据和方法不同　　　D. 设置日记账的格式不同
2. 直接根据记账凭证逐笔登记总分类账的会计核算形式是( )。
   A. 日记总账核算形式　　　　　　　　B. 多栏式日记账核算形式
   C. 记账凭证核算形式　　　　　　　　D. 通用日记账核算形式
3. 汇总记账凭证核算形式下,总分类账账页的格式一般采用( )。
   A. 数量金额式　　B. 三栏式　　C. 两栏式　　D. 多栏式
4. 规模小,业务简单,使用会计科目少的单位一般采用( )。
   A. 记账凭证核算形式　　　　　　　　B. 汇总记账凭证核算形式
   C. 科目汇总表核算形式　　　　　　　D. 日记总账核算形式
5. 科目汇总表账务处理程序的主要缺点在于( )。
   A. 登记总分类账的工作量较大　　　　B. 不能反映科目之间的对应关系
   C. 登记明细分类账的工作量较大　　　D. 编制会计报表的方法较复杂
6. 在会计核算中最基本的账务处理程序是( )。
   A. 记账凭证账务处理程序　　　　　　B. 科目汇总表账务处理程序
   C. 汇总记账凭证账务处理程序　　　　D. 日记总账账务处理程序
7. 编制汇总转账凭证时正确的方法是( )。
   A. 按转账凭证的每一贷方科目分别设置,按与其相对应的借方科目归类汇总
   B. 按转账凭证的每一借方科目分别设置,按与其相对应的贷方科目归类汇总
   C. 按收款凭证的每一贷方科目分别设置,按与其相对应的借方科目归类汇总
   D. 按收款凭证的每一借方科目分别设置,按与其相对应的贷方科目归类汇总
8. 科目汇总表账务处理程序( )。
   A. 便于分析经济业务　　　　　　　　B. 可以看清经济业务的来龙去脉

C. 能清楚地反映账户的对应关系　　　　D. 不能反映账户的对应关系

9. 汇总记账凭证账务处理程序的主要优点是(　　)。
   A. 能减少填制记账凭证
   B. 能清楚地反映各账户间的对应关系
   C. 能把分类核算与序时核算结合起来
   D. 银行存款日记账能反映收支业务的对应关系

二、多选题

1. 会计核算形式规定了(　　)。
   A. 账簿组织及登记方法　　　　B. 会计报表的编制步骤和方法
   C. 记账程序和方法　　　　　　D. 凭证组织及填制方法
2. 登记总分类账的根据可以有(　　)。
   A. 记账凭证　　　　　　　　　B. 汇总记账凭证
   C. 科目汇总表　　　　　　　　D. 原始凭证汇总表
3. 在汇总记账凭证核算形式下,登记明细账的依据有(　　)。
   A. 汇总记账凭证　　　　　　　B. 记账凭证
   C. 原始凭证　　　　　　　　　D. 原始凭证汇总表
4. 科目汇总表的作用有(　　)。
   A. 减少总分类账的登记工作　　B. 进行总账登记前的试算平衡
   C. 反映经济业务的来龙去脉　　D. 反映账户的对应关系
5. 可以简化登记总账工作量的会计核算形式有(　　)。
   A. 记账凭证核算形式　　　　　B. 科目汇总表核算形式
   C. 汇总记账凭证核算形式　　　D. 多栏式日记账核算形式
6. 以记账凭证为依据,按有关科目的贷方设置,按借方科目归类的有(　　)。
   A. 汇总收款凭证　　　　　　　B. 汇总转账凭证
   C. 汇总付款凭证　　　　　　　D. 科目汇总表
7. 在采用汇总记账凭证账务处理程序时,登记总分类账的依据可以有(　　)。
   A. 汇总收款凭证　　　　　　　B. 汇总付款凭证
   C. 汇总转账凭证　　　　　　　D. 总分类账
8. 在采用科目汇总表账务处理程序时,编制科目汇总表的依据可以有(　　)。
   A. 收款凭证　　B. 付款凭证　　C. 转账凭证　　D. 原始凭证
9. 账务处理程序的主要内容包括(　　)。
   A. 会计凭证和会计账簿的种类及格式
   B. 会计凭证与账簿之间的联系方法
   C. 会计机构及会计岗位的设置
   D. 会计工作人员职责
10. 汇总转账凭证的编制要求是所有转账凭证的填制应当是(　　)。
    A. 一借一贷　　　　　　　　　B. 一借多贷
    C. 多借一贷　　　　　　　　　D. 多借多贷

三、判断题

1. 记账凭证核算形式是其他核算形式的基础。（   ）
2. 记账凭证核算形式是适用于任何一种企业的会计核算形式。（   ）
3. 汇总记账凭证必须按月填制,每月填写一次。（   ）
4. 各种账簿都要直接根据记账凭证登记。（   ）
5. 采用科目汇总表核算形式,总分类账和明细分类账以及日记账都应该根据科目汇总表登记。（   ）
6. 科目汇总表账务处理程序能科学地反映账户的对应关系,且便于账目核对。（   ）
7. 汇总记账凭证账务处理程序不仅可以起到试算平衡的作用,而且可以反映账户之间的对应关系。（   ）
8. 各种账务处理程序的区别主要在于编制会计报表的依据和方法不同。（   ）
9. 账务处理程序不同,其库存现金日记账、银行存款日记账登记的依据也不同。（   ）
10. 在科目汇总表账务处理程序下,总分类账必须逐日逐笔进行登记。（   ）

四、简答题

1. 什么是账务处理程序?
2. 简述记账凭证账务处理程序的基本步骤。
3. 简述不同账务处理程序的异同点。
4. 合理组织账务处理程序的意义是什么?
5. 试述各种账务处理程序的优缺点和适用范围。

五、业务题

1. 目的:练习记账凭证账务处理程序。
2. 资料:

【资料一】 祥盛公司采用记账凭证账务处理程序,20×9年6月1日有关资料如表9-48和表9-49所示。

表9-48　　　　　　　　有关账户余额　　　　　　　　单位:元

会计科目	借方	贷方	会计科目	借方	贷方
库存现金	3 500		短期借款		1 570 000
银行存款	300 000		应付账款		400 000
应收账款	200 000		应交税费		50 000
其他应收款	10 000		应付股利		70 000
预付账款	12 000		其他应付款		35 000
原材料	900 000		实收资本		2 000 000
库存商品	600 000		盈余公积		150 000
制造费用	300 000		本年利润		300 000
固定资产	3 000 000		利润分配	250 000	
累计折旧		1 000 000			

表 9-49　　　　　　　　　　　原材料明细账户资料　　　　　　　　　　单位：元

材料名称	明细账户	计量单位	数量	单价	金额
原材料	甲材料	千克	1 500	400	600 000
原材料	乙材料	千克	2 000	1 500	300 000

【资料二】 该企业6月发生下列业务：

(1) 2日，购进甲材料100千克，单价400元/千克，材料验收入库，贷款由银行存款支付。

(2) 5日，购进乙材料400千克，单价150元/千克，材料验收入库，贷款未付。

(3) 15日，仓库发出材料，发料汇总表如表9-50所示。

表 9-50　　　　　　　　　　　发料汇总表　　　　　　　　　　单位：千克

　　　　　　　　　　　　　　　　　　　　　　　　　　　　　　　金额单位：元

项目	甲材料		乙材料		合计	
	数量	金额	数量	金额	数量	金额
制造产品消耗	120	48 000	450	67 500		115 500
A产品	70	28 000	200	30 000		58 000
B产品	50	20 000	250	37 500		57 500
行政管理部门耗用	10	4 000				4 000
合计	130	52 000	450	67 500		119 500

(4) 16日，用现金支付行政管理部门日常的零星开支2 000元。

(5) 17日，用银行存款支付应付房租12 000元。

(6) 20日，从银行提取现金50 000元以备发放工资。

(7) 20日，用现金50 000元发放工资。

(8) 25日，用银行存款8 000元支付水电费，其中A产品耗用4 000元，B产品耗用2 500元，车间管理耗用1 500元。

(9) 25日，销售A产品100件，贷款180 000元存入银行。

(10) 26日，销售B产品200件，贷款100 000元，收回60 000元存入银行，其余部分尚未收回。

(11) 28日，用银行存款支付销售费用3 000元。

(12) 30日，分配本月工资，其中A产品生产工人工资30 000元，B产品生产工人工资15 000元，行政管理人员工资5 000元。

(13) 30日，计提固定资产折旧，其中A产品负担3 000元，B产品负担2 000元，行政管理部门负担1 000元。

(14) 30日，结转本月完工产品成本，其中A产品完工180件，总成本216 000元；B产品完工300件，总成本120 000元。

(15) 30日，计算本月应交纳的销售税金28 000元。

(16) 30日，结转本月的销售收入。

(17) 30日,结转本月的销售成本,其中 A 产品销售成本 120 000 元,B 产品销售成本 80 000 元。

(18) 30日,结转本月其他各项支出。

(19) 30日,经计算,本月应交所得税 10 000 元。

(20) 30日,经计算,本月应提取盈余公积 10 000 元,应分给投资人的利润 10 000 元。

3. 要求:

(1) 根据以上经济业务编制会计分录。

(2) 根据收、付款凭证逐日逐笔登记库存现金和银行存款日记账。

(3) 根据原始凭证、记账凭证登记原材料、生产成本明细账。

项目十 会计档案

知识教学目标

- 掌握会计档案的基本概念。
- 掌握会计档案的保管要求和期限。
- 掌握会计档案的销毁要求。

任务一　会计档案的含义和内容

一、会计档案的含义

(一)会计档案的概念

会计档案是指各单位在进行会计核算过程中接收或形成的,记录和反映单位经济业务事项的,具有保存价值的文字、图表等各种形式的会计资料,包括计算机等电子设备形成、传输和存储的电子会计档案。会计档案的保管期限和销毁办法,由国务院财政部门会同有关部门制定。

(二)会计档案的作用

会计档案是会计活动的产物,是记录和反映经济活动的重要史料和证据,其重要作用表现在以下方面。

(1)会计档案是总结经验、揭露责任事故、打击经济领域犯罪、分析和判断事故原因的重要依据。

(2)利用会计档案提供的过去经济活动的史料,有助于各单位进行经济前景的预测,进行经营决策,编制财务、成本计划。

(3)会计档案资料可以为解决经济纠纷、处理遗留的经济事务提供依据。此外,会计档案在经济学的研究活动中,有着重要的史料价值。各单位必须加强对会计档案管理工作的领导,建立会计档案的立卷、归档、保管、查阅、销毁等管理制度,保证会计档案妥善保管、有序存放、方便查阅,严防损毁、散失和泄密。

(三)会计档案的种类

会计档案的种类主要有两个分类依据:按会计工作性质分类和按管理期限分类。

(1)按会计工作性质可以将会计档案分为三种:公司、企业会计档案,预算会计档案和银行会计档案。

(2)按管理期限可以将会计档案分为两种:永久会计档案和定期会计档案。

二、会计档案的内容

会计档案的内容一般包括会计凭证、会计账簿、会计报表以及其他会计核算资料四个部分。

(一)会计凭证

会计凭证是指记录经济业务、明确经济责任的书面证明。它包括自制原始凭证、外来原始凭证、原始凭证汇总表、记账凭证(收款凭证、付款凭证、转账凭证三种)记账凭证汇总表、银行存款(借款)对账单、银行存款余额调节表等内容。

(二)会计账簿

会计账簿是指由一定格式、相互联结的账页组成,以会计凭证为依据,全面、连续、系统地记录各项经济业务的簿籍。它包括按会计科目设置的总分类账、各类明细分类账、库存现金日记账、银行存款日记账、固定资产卡片以及其他辅助性账簿等。

(三) 会计报表

会计报表是指反映企业财务状况和经营成果的总结性书面文件，主要有月度、季度、半年度、年度会计报表等。

(四) 其他会计核算资料

其他会计核算资料包括银行存款余额调节表、银行对账单、纳税申报表、会计档案移交清册、保管清册、销毁清册、三种清册会计档案鉴定意见书及其他具有保存价值的会计资料。

任务二　会计档案的装订和保管

一、会计档案的装订要求

(一) 会计档案的整理

会计年度终了后，对会计资料进行整理立卷。会计档案的整理一般采用"三统一"的办法，即分类标准统一、档案形成统一、管理要求统一，并分门别类按各卷顺序编号。

1. 分类标准统一

一般将财务会计资料分成一类账簿，二类凭证，三类报表，四类文字资料及其他。

2. 档案形成统一

案册封面、档案卡夹、存放柜和存放序列统一。

3. 管理要求统一

建立财务会计资料档案簿、会计资料档案目录，会计凭证装订成册，报表和文字资料分类立卷，其他零星资料按年度排序汇编装订成册。

(二) 会计档案的装订

会计档案的装订主要包括会计凭证、会计账簿、会计报表及其他文字资料的装订。

1. 会计凭证的装订

一般每月装订一次，装订好的凭证按年分月妥善保管归档。

1) 会计凭证装订前的准备工作

(1) 分类整理，按顺序排列，检查日数、编号是否齐全。

(2) 按凭证汇总日期归集（如按上、中、下旬汇总归集），确定装订成册的本数。

(3) 摘除凭证内的金属物（如订书针、大头针、回形针），对大的张页或附件要折叠成记账凭证大小，且要避开装订线，以便翻阅时保持数字完整。

(4) 整理检查凭证顺序号，如有颠倒要重新排列，发现缺号要查明原因，再检查附件是否有漏缺，领料单、入库单、工资、奖金发放单是否随附齐全。

(5) 记账凭证上有关人员（如财务主管、复核、记账、制单等）的印章是否齐全。

2) 会计凭证装订时的要求

(1) 用"三针引线法"装订，装订凭证应使用棉线，在左上角部位打上三个针眼，实行三眼一线打结，结扣应是活的，并放在凭证封皮的里面，装订时尽可能缩小所占部位，使记账凭证及其附件保持尽可能大的显露面，以便事后查阅。

(2) 凭证外面要加封面,封面纸用上好的牛皮纸印制,封面规格略大于所附记账凭证。

(3) 装订凭证厚度一般为1.5厘米,方可保证装订牢固,美观大方。

3) 会计凭证装订后的注意事项

(1) 每本封面上填写好凭证种类、起止号码、凭证张数、会计主管人员和装订人员签章。

(2) 在封面上编好卷号,按编号顺序入柜,并要在显露处标明凭证种类编号,以便于调阅。

2. 会计账簿的装订

各种会计账簿年度结账后,除跨年使用的账簿外,其他账簿应按时整理立卷。

1) 基本要求

账簿装订前,首先按账簿启用表的使用页数核对各个账户是否相符,账页数是否齐全,序号排列是否连续;然后按会计账簿封面、账簿启用表、账户目录、该账簿按页数顺序排列的账页、会计账簿装订封底的顺序装订。

2) 活页账簿装订要求

(1) 保留已使用过的账页,将账页数填写齐全,去除空白页和撤掉账夹,用质量好的牛皮纸做封面、封底,装订成册。

(2) 多栏式活页账、三栏式活页账、数量金额式活页账等不得混装,应按同类业务、同类账页装订在一起。

(3) 在本账的封面上填写好账目的种类,编好卷号,会计主管人员和装订人(经办人)签章。

3) 账簿装订后的其他要求

(1) 会计账簿应牢固、平整,不得有折角、缺角、错页、掉页、加空白纸的现象。

(2) 会计账簿的封口要严密,封口处要加盖有关印章。

(3) 封面应齐全、平整,并注明所属年度及账簿名称、编号,编号为一年一编,编号顺序为总账、库存现金日记账、银行存(借)款日记账、分类明细账。

(4) 会计账簿按保管期限分别编制卷号,如库存现金日记账全年按顺序编制卷号,总账、各类明细账、辅助账全年按顺序编制卷号。

3. 会计报表的装订

编制完成及时报送后,留存的报表按月装订成册谨防丢失。小企业可按季装订成册。

(1) 会计报表装订前要按编报目录核对是否齐全,整理报表页数,上边和左边对齐压平,防止折角,如有损坏,应在修补后,完整无缺地装订。

(2) 会计报表装订顺序为:会计报表封面、会计报表编制说明、按编号顺序排列的各种会计报表、会计报表的封底。

(3) 按保管期限编制卷号。

二、会计档案的保管

《会计档案管理办法》规定:"当年会计档案,在会计年度终了后,可暂由本单位财务会计部门保管一年,期满之后原则上应由财务会计部门编制清册移交本单位的档案部门保管。"根据上述规定,会计档案的保管要求主要有以下几点。

(一) 会计档案的移交手续

交接会计档案时,交接双方应当按照会计档案移交清册所列内容逐项交接,并由交接双方的单位有关负责人负责监督。交接完毕后,交接双方经办人和监督人应当在会计档案移交清册上签名或盖章。

电子会计档案应当与其元数据一并移交,特殊格式的电子会计档案应当与其读取平台一并移交。档案接收单位应当对保存电子会计档案的载体及其技术环境进行检验,确保所接收电子会计档案的准确、完整、可用和安全。

(二) 会计档案的保管要求

(1) 会计档案室应选择在干燥防水的地方,并远离易燃品堆放地,周围应备有适应的防火器材。

(2) 采用透明塑料膜作防尘罩、防尘布,遮盖所有档案架和堵塞鼠洞。

(3) 会计档案室内应经常用消毒药剂喷洒,保持清洁卫生,以防虫蛀。

(4) 会计档案室保持通风透光,并有适当的空间、通道和查阅地方,以利查阅,并防止潮湿。

(5) 设置归档登记簿、档案目录登记簿、档案借阅登记簿,严防毁坏损失、散失和泄密。

(6) 会计电算化档案保管要注意采取防盗、防磁等安全措施。

(7) 电子会计档案的管理要求。

单位内部形成的电子会计资料,同时满足下列条件的,可仅以电子形式归档保存:

① 形成的电子会计资料来源真实有效,由计算机等电子设备形成和传输。

② 使用的会计核算系统能够准确、完整、有效接收和读取电子会计资料,能够输出符合国家标准归档格式的会计凭证、会计账簿、财务会计报表等会计资料,设定了经办、审核、审批等必要的审签程序。

③ 使用的电子档案管理系统能够有效接收、管理、利用电子会计档案,符合电子档案的长期保管要求,并建立了电子会计档案与相关联的其他纸质会计档案的检索关系。

④ 采取有效措施,防止电子会计档案被篡改。

⑤ 建立电子会计档案备份制度,能够有效防范自然灾害、意外事故和人为破坏的影响。

⑥ 形成的电子会计资料不属于具有永久保存价值或者其他重要保存价值的会计档案。

⑦ 电子会计资料附有符合《中华人民共和国电子签名法》规定的电子签名。

(三) 会计档案的借阅

(1) 会计档案通常只供本单位使用,原则上不得借出,有特殊需要须经上级主管单位或单位领导、会计主管人员批准。

(2) 外部借阅会计档案时,应持有单位正式介绍信,经会计主管人员或单位领导人批准后,方可办理借阅手续;单位内部人员借阅会计档案时,应经会计主管人员或单位领导人批准后,办理借阅手续。借阅人应认真填写档案借阅登记簿,将借阅人姓名、单位、日期、数量、内容、归期等情况登记清楚。

(3) 借阅会计档案人员不得在案卷中乱画、标记、拆散原卷册,也不得涂改抽换、携带外出或复制原件(如有特殊情况,须经领导批准后方能携带外出或复制原件)。

(4) 借出的会计档案,会计档案管理人员要按期如数收回,并办理注销借阅手续。为了全面反映会计档案情况,档案部门应设置"会计档案备查表",及时记载会计档案的保存数、借阅数和归档数,做到心中有数、不出差错。

任务三　会计档案的保管期限

　　会计档案的重要程度不同,其保管期限也有所不同。会计档案的保管期限,根据其特点,分为永久、定期两类。永久档案即长期保管,不可以销毁的档案;定期档案根据保管期限分为10年和30年两类。会计档案的保管期限,从会计年度终了后的第一天算起。

　　《会计档案管理办法》规定了中国企业和其他组织、预算单位等会计档案的保管期限,该办法规定的会计档案保管期限为最低保管期限,具体规定如下:

　　(1) 需要永久保存的会计档案有:年度决算财务会计报告;资本金、股金及股权明细;开销户登记簿;客户挂失申请书、挂失登记簿、补发凭单(卡)收据;账销案存的清单或资料;会计档案保管登记簿、销毁清册;有价单证、业务公章销毁清册;机构变动交接清册;有权机关查询、冻结及扣划书;已用凭证、账簿登记簿;会计系统数据移植日的所有会计档案;会计初始环境文本、基础数据维护修改有关记录、文件;其他需要永久保管的档案。

　　(2) 定期保管期限有10年和30年两类。

　　① 保管期限为10年的会计档案有:各级行本身及汇总全辖的统计表;会计系统运行日志;不定期报表;会计检查工作底稿、检查报告、整改情况等检查资料;流水账;下级行上报的中期财务会计报告(月度、季度、半年度报表及附件、说明);联行往来清单及查询查复书;密押代号表使用保管登记簿;存、贷款单位余额对账回单;固定资产卡片、固定资产报废清理后卡片;客户申请办理电子支付业务的基本资料、协议;其他需要保管5年的会计档案;国家金库编送的各种报表及缴库退库凭证;各收入机关编送的报表;财政总预算保管行政单位和事业单位决算、税收年报、国家金库年报、基本建设拨货款年报;税收会计报表(包括票证报表);其他辅助会计资料等。

　　② 保管期限为30年的会计档案有:会计凭证类;总账、明细账、库存现金和银行存款日记账;税收日记账(总账)和税收票证分类出纳账和辅助账簿(不包括现金和银行存款);会计移交清册;行政单位和事业单位的各种会计凭证;各种完税凭证和缴退库凭证;财政总预算拨款凭证及其他会计凭证;农牧业税结算凭证;会计移交清册等。

　　属于当年归档范围的会计资料,一般应当在会计年度终了后半年内,由单位会计机构向档案机构或档案工作人员进行移交。因工作需要确需推迟移交、由会计机构临时保管的,应当经档案机构或档案工作人员所属机构同意,且最多不超过3年。

实战演练

【例10-1】 下列关于会计档案保管期限的描述中,正确的有(　　)。

A. 根据《会计档案管理办法》的规定,会计档案保管期限分为永久和定期两类
B. 计算会计档案保管期限的开始时间是每一会计年度终了后的第一天
C. 根据《会计档案管理办法》的规定,原始凭证的保管期限是30年
D. 根据《会计档案管理办法》的规定,银行存款日记账的保管期限是25年

【答案】 ABC

任务四　会计档案的销毁

一、销毁程序

单位应当定期对已到保管期限的会计档案进行鉴定,并形成会计档案鉴定意见书。经鉴定,仍需继续保存的会计档案,应当重新划定保管期限;对保管期满,确无保存价值的会计档案,可以销毁。

会计档案鉴定工作应当由单位档案管理机构牵头,组织单位会计、审计、纪检监察等机构或人员共同进行。经鉴定可以销毁的会计档案,应当按照以下程序销毁:

(1) 单位档案管理机构编制会计档案销毁清册,列明拟销毁会计档案的名称、卷号、册数、起止年度、档案编号、应保管期限、已保管期限和销毁时间等内容。

(2) 单位负责人、档案管理机构负责人、会计管理机构负责人、档案管理机构经办人、会计管理机构经办人在会计档案销毁清册上签署意见。

(3) 单位档案管理机构负责组织会计档案销毁工作,并与会计管理机构共同派员监销。监销人在会计档案销毁前,应当按照会计档案销毁清册所列内容进行清点核对;在会计档案销毁后,应当在会计档案销毁清册上签名或盖章。

① 一般企业、事业单位的会计档案,由单位会计机构和档案机构共同派员监销;② 国家机关的会计档案,应由同级财政、审计部门派员参加监销;③ 财政部门的会计档案,应由同级审计部门派员监销。

(4) 会计档案销毁后,监销人员在销毁清册上签名或盖章,并及时将监销情况向单位负责人报告。

电子会计档案的销毁还应当符合国家有关电子档案的规定,并由单位档案管理机构、会计管理机构和信息系统管理机构共同派员监销。

二、销毁的注意事项

期满的会计档案,在销毁时应注意以下事项:

(1) 会计档案保管期满、需要销毁时由本单位档案机构会同会计机构共同提出销毁意见,会同财务会计部门共同鉴定、严格审查,编造会计档案销毁清册。

(2) 机关、团体、事业单位和非国有企业会计档案要销毁时,报本单位领导批准后销毁;国有企业经企业领导审查,报请上级主管单位批准后销毁。

(3) 会计档案保管期满,但其中未了结的债权、债务的原始凭证,应单独抽出,另行立卷,由档案部门保管到结清债权、债务时为止;建设单位在建设期间的会计档案,不得销毁。

(4) 销毁档案前,应按会计档案销毁清册所列的项目逐一清查核对;各单位销毁会计档案时应由档案部门和财务会计部门共同派员监销;各级行政主管部门销毁会计档案时,应由同级财政部门、审计部门派员参加监销;财政部门销毁会计档案时,应由同级审计部门派员参加监销;会计档案销毁后经办人在"销毁清册"上签章,注明"已销毁"字样和销毁日期,以示负责,同时将监销情况写出书面报告,一式两份,一份报本单位领导,一份归入档案备查。

实战演练

【例 10-2】 下列有关会计档案查阅、复制和销毁的表述中,正确的有( )。

A. 保管期满但未结清的债权、债务原始凭证可以销毁,但应有单位负责人签署意见

B. 会计档案销毁时,应由单位档案机构提出销毁意见

C. 会计档案销毁时应当编制会计档案销毁清册并由单位负责人在会计档案销毁清册上签署意见

D. 会计档案销毁时,应由档案机构和会计机构共同派员监销

E. 会计档案不得借出,如有特殊需要可以提供查阅或者复制,查阅或复制时,应办理登记手续

【答案】 BCDE

项目小结

会计档案是指各单位在进行会计核算过程中接收或形成的,记录和反映单位经济业务事项的,具有保存价值的文字、图表等各种形式的会计资料,包括计算机等电子设备形成、传输和存储的电子会计档案。会计档案的装订和保管要满足相应的要求和程序。会计档案的重要程度不同,其保管期限也有所不同。会计档案的保管期限,根据其特点,分为永久、定期两类。永久档案即长期保管、不可以销毁的档案;定期档案根据保管期限分为 10 年和 30 年。期满的会计档案需按要求进行销毁的,应按照相关规定进行。

通过本项目的学习,学生应进一步了解会计档案的内容及实践中的处理方法,增强实践意识,秉公守法地开展会计工作。

项目考核

一、单选题

1. 保管期限为 30 年的会计档案是( )。
   A. 各类会计凭证和会计账簿
   B. 银行存款余额调节表和银行对账单
   C. 库存现金、银行存款及税收日记账
   D. 月度和季度财务会计报告

2. 财政部门销毁会计档案时,应由( )派员参加监销。
   A. 同级财政部门   B. 同级财政部门和审计部门
   C. 同级审计部门   D. 上级财政部门和审计部门

3. 国家机关销毁会计档案时,应由( )派员参加监销。
   A. 同级财政部门   B. 同级财政部门和审计部门
   C. 同级审计部门   D. 上级财政部门和审计部门

4. 根据财政部、国家档案局《会计档案管理办法》的规定,企业的银行存款日记账的保管期限( )。

A. 10年　　　　　B. 15年　　　　　C. 30年　　　　　D. 永久
5. 关于会计档案的销毁,下列说法正确的是(　　)。
   A. 单位所有的会计档案均不得销毁
   B. 会计档案在保管期满后,可以直接销毁
   C. 对于保管期满但尚未结清的债权、债务的原始凭证不得销毁
   D. 国家财政部门销毁会计档案可以不派人监销
6. 定期保管的会计档案期限最长为(　　)年。
   A. 20　　　　　B. 15　　　　　C. 30　　　　　D. 10
7. 会计档案的保管期限是从(　　)算起。
   A. 编制完成之日　　　　　B. 编制完会计档案保管清册之日
   C. 会计年度终了后第一天　　　　　D. 移交档案管理机构之日
8. 下列会计档案中,不需要永久保存的是(　　)。
   A. 会计档案销毁清册　　　　　B. 辅助账簿
   C. 年度财务报告　　　　　D. 会计档案保管清册
9. 各种会计档案的保管期限,根据其特点分为永久、定期两类。定期保管期限分为(　　)。
   A. 1年、3年、5年、10年、25年5种　　　　　B. 3年、5年、10年、15年、20年5种
   C. 15年、25年2种　　　　　D. 10年、30年2种
10. 下列各项中,不属于企业会计档案的是(　　)。
    A. 差旅费报销单　　　　　B. 银行对账单
    C. 原材料明细账　　　　　D. 年度财务计划
11. 企业的明细分类账的保管期限为(　　)。
    A. 10年　　　　　B. 15年　　　　　C. 30年　　　　　D. 永久

二、多选题

1. 《会计档案管理办法》规定了我国(　　)等的会计档案的保管期限。
   A. 企业　　　　　B. 其他组织
   C. 行政、事业单位　　　　　D. 家庭
2. 按照《会计档案管理办法》的规定,下列说法中正确的有(　　)。
   A. 在会计档案销毁清册上必须有单位负责人签署的意见
   B. 财政部门销毁会计档案时,应当由同级审计部门派员参加监销
   C. 固定资产卡片于固定资产报废清理后保管10年
   D. 正在项目建设期间的建设单位,其保管期满的会计档案不得销毁
3. 下列有关会计档案查阅的表述中,正确的有(　　)。
   A. 会计档案可以借出
   B. 外部人员查阅会计档案需持有单位正式介绍信
   C. 单位内部人员查阅会计档案,应经会计主管人员或单位负责人批准
   D. 查阅人员可以自行拆散原卷册
4. 会计档案销毁清册中应包括所销毁会计档案的(　　)。

  A. 起止年度和档案编号   B. 已保管期限
  C. 销毁时间   D. 应保管期限

5. 下列企业和其他组织的各项会计档案中,按照《会计档案管理办法》的规定,保管期限为30年的有( )。
  A. 会计凭证   B. 总账、明细账和辅助账簿
  C. 会计移交清册   D. 银行存款余额调节表和银行对账单

6. 会计档案的内容包括( )。
  A. 会计凭证类   B. 会计账簿类
  C. 会计报表类   D. 其他会计核算资料

7. 下列会计档案中需要永久保管的有( )。
  A. 会计移交清册   B. 行政事业单位决算
  C. 银行存款日记账   D. 会计档案销毁清册

8. 保管期限为10年的会计档案有( )。
  A. 财政总预算会计月度报表   B. 企业季度财务报告
  C. 企业月度财务报告   D. 财政总预算会计句报

9. 对移交本单位档案机构保管的会计档案,需要拆封重新整理的,应由( )同时参与,以分清责任。
  A. 单位负责人   B. 经办人
  C. 财务会计部门   D. 本单位档案机构

10. 会计档案的保管期限分为( )。
  A. 永久   B. 定期   C. 临时   D. 短期

三、判断题

1. 正在项目建设期间的建设单位,其保管期满的会计档案不得销毁。( )
2. 保管期满但尚未结清的债权、债务原始凭证,不得销毁,应单独抽出立卷。( )
3. 各单位对会计凭证、会计账簿、财务会计报告和其他会计核算资料应当建立档案,妥善保管。( )
4. 当年形成的会计档案,在会计年度终了后,可暂由本单位会计机构保管5年。( )
5. 企业员工查阅会计档案,必须经本单位负责人批准。( )
6. 会计档案销毁后,监销人员应当在销毁清册上签名或盖章,并及时将监销情况向本单位负责人报告。( )
7. 总账和日记账的保管期限均为30年。( )
8. 单位所有的会计档案均不得销毁。( )

项目十一

计算机会计和手工会计

知识教学目标

- 了解计算机会计的基本内容。
- 了解计算机会计和手工会计的异同。
- 了解《会计法》对会计电算化的要求。

任务一 计算机会计概述

一、计算机会计的产生

电子计算机于1946年在美国诞生,在20世纪50年代已被一些工业发达国家应用于会计领域。1954年10月,美国通用电气公司第一次在计算机上计算职工工资,从而引起了会计处理技术的变革。最初的处理内容仅限于工资计算、库存材料的收发核算等一些数据处理量大、计算简单且重复次数多的经济业务。它以模拟手工会计核算的形式代替了部分手工劳动,提高了这些劳动强度较大的工作效率。

20世纪50年代中期到60年代,人们利用电子计算机对会计数据进行综合处理,系统地提供经济分析、决策所需要的会计信息,手工簿记系统被电算化信息系统取代。这个时期计算机会计(也称会计电算化)的特点是电子计算机几乎完成了手工簿记系统的全部业务,打破了手工方式下的一些常规结构,更重视数据的综合加工处理,并加强了内部管理。这一时期,所开发的系统具有一定的反馈功能,能为基层和中层管理提供信息,但各种功能之间还未实现信息共享。

20世纪70年代,计算机技术迅猛发展,计算机网络的出现和数据库管理系统的应用,形成了应用电子计算机的管理信息系统。企业管理中全面地应用了电子计算机,各个功能系统可以共享储存在计算机上的整个企业生产经营成果的数据库。电算化会计信息系统成为管理信息系统中的一个部分,企业、公司的最高决策也借助计算机管理信息系统提供的信息,这提高了工作效率和管理水平。

20世纪80年代,微电子技术蓬勃发展,微型计算机大批涌现,进入社会的各个领域,包括家庭在内。信息革命逐渐成为新技术革命的主要标志和核心内容,使人类进入了信息社会。微型电子计算机不仅受到大、中型企业的欢迎,也得到了小型企业的青睐,它促使各部门把小型机、微型机的通信线路相互连接,形成计算机网络,提高了计算和数据处理的能力,取代了大型电子计算机。国际会计师联合会于1987年10月在日本东京召开的以"计算机在会计中的应用"为中心议题的"第13届世界会计师大会",成为电算化会计信息系统广泛普及的重要标志。

20世纪90年代,随着计算机技术的飞速发展,电算化会计信息系统在国际上也呈现广泛普及之势。美国在这一领域已步入较高的发展阶段,始终处于国际最高水平。美国会计软件的应用也非常普及。据有关资料显示,美国有300~400种商品化会计软件在市场上流通。会计软件产业已成为美国计算机软件产业的一个重要分支。

二、计算机会计的基本内容

(一) 研究以计算机系统为工具的会计基本理论

会计与社会、政治、经济、技术等各方面环境的关系十分密切,处于不同环境中的会计会受到不同的影响,会计理论和方法体系也会有所差别。这些影响和差别包括以下几点:

(1) 全球经济一体化和信息化使企业面临市场竞争全球化的压力。

(2) 客户需求的个性化使企业面临用户越来越苛刻的要求。

(3) 计算机技术和现代信息技术,特别是网络技术被广泛引入经济活动领域,为企业带来了诸如电子商务(EC)网上营销等全新的经营方式。这些经营方式的出现不可避免地带来很多需要解决的会计问题。这些问题是:交易有效性的确认和电子签名的鉴别;电子资金转账的处理;维护贸易各方商业信息的完整、统一及安全,以防止意外差错和欺诈行为的发生;纳税的处理等。

(4) 以计算机系统作为基本工具处理会计业务及与会计有关的辅助业务,也会对会计产生重大影响。这些影响包括:更科学,也更复杂的核算方法的引入;各种经济分析方法在会计领域的应用;先进管理模式(如实时生产管理和"零"库存管理等)引入后会计数据的采集和利用等。

(二) 开发适用于不同企业不同层次水平的会计软件

基于我国目前各地经济发展水平差异较大、企业管理水平高低不同的实际情况,适用于中小型企业的、以会计核算为主同时能够提供相当的管理信息的小型软件仍有较大的市场。因此,专业软件公司应该根据社会需求和自身条件开发适用于不同企业、不同层次的高水平的会计软件产品系列,以满足不同层次的需求。

(三) 计算机会计管理与应用

计算机会计的管理与应用可分为宏观和微观两个方面。从宏观角度看,计算机会计管理工作主要有以下几种:

(1) 建立和健全各级财政部门的计算机会计管理机构,以协调政府主管部门、软件公司和使用单位的工作。

(2) 加速电算化会计信息系统管理制度的建设,以便在原则上对计算机会计发展的重大问题作出明确的规定。

从基层单位开展计算机会计工作的微观角度看,计算机会计管理工作主要是制定企业管理信息化发展规划和电算化会计信息系统使用管理制度。

三、由手工会计过渡到计算机会计的意义

从会计发展的历史来看,计算机会计的出现和发展是一次重大的变革。在纷繁复杂的市场经济环境中,其意义不仅在于节省了人力和时间,还在于转换企业经营机制,增强企业竞争能力,提高企业经营管理水平。具体表现在以下几方面。

(一) 提高会计核算的水平和质量

电算化会计信息系统极大地提高了会计核算工作的水平和质量,主要表现在以下几个方面:

(1) 减轻了会计人员的劳动强度,提高了工作效率。会计人员可以从繁重的记账、算账、报账任务中解脱出来,凭借计算机的自动化处理,及时完成各项会计核算任务,大大提高工作效率。

(2) 缩短了会计数据处理的周期,提高了会计数据的时效性。在会计电算化环境下只要会计凭证录入计算机,即可审核入账,形成最新的账户余额和发生额资料。

(3) 提高了会计数据处理的正确性和规范性。在手工操作环境下,会计核算有时因不

规范的核算工作出现误差也是不可避免的。在会计电算化环境下,由于数据处理工作由计算机根据合法规范的会计软件自动处理,只要保证会计数据输入的正确性与合法性,便同时保证了整个会计数据处理过程及其结果的正确性和合法性。

(二)提高了企业经营管理水平

实现会计核算电算化是会计电算化的基础,全面提高企业管理水平则是会计电算化的主要目的。实现会计电算化,提高企业管理水平主要体现在以下几个方面:

(1)为从经验管理向科学化管理转变创造了条件。在手工操作环境下,受人工处理信息能力的限制,企业的日常管理很难建立在科学及时的定量决策基础上,管理和决策的随意性很大。

(2)为从事后管理向事中控制、事先预测转变创造了条件。在手工操作环境下,受人工处理信息能力的限制,企业的日常管理建立在事后定期核算管理的基础上。实现会计电算化后,既可以实现对经营管理过程的事中控制、反馈和管理,也可以通过计算机管理决策模型对各项管理活动进行事先预测和决策,使企业管理的现代化水平大大提高。

(3)为企业管理现代化奠定了基础。会计电算化的实现,将为企业建立全面的管理信息系统奠定基础。这是因为会计信息是企业管理信息中最重要的一个子集。企业组织的全部成员均可参与会计数据的产生,并且所有的管理人员均可在一定程度上利用会计信息。

(三)推动会计技术、方法、理论创新和观念更新,促进会计工作进一步发展

会计电算化的产生和发展,使传统会计学的理论和实践均受到影响,许多地方需要改革后才能适应这一新的情况。会计电算化不仅使传统会计使用的介质、工具簿记格式等形式发生了变化,而且对会计核算的方式、程序、内容和方法,以及控制,甚至管理制度都提出了相应的变化要求,并进一步涉及会计学的理论问题。会计电算化的发展,必将对会计理论和会计实践提出许多新的问题和新的要求,从而促进会计理论与实践的进一步发展和完善。

任务二 计算机会计和手工会计的比较

一、计算机会计与手工会计信息系统的相同点

(1)系统目标一致,基本功能相同。两者都对企业的经济业务进行记录和核算,最终目标都是为了加强经营管理,提供会计信息,参与经营决策,提高企业经济效益。任何一个信息系统要达到上述目标,都应具备信息的采集输入、存贮、加工处理、传输和输出这五个功能。

(2)采用的基本会计理论与方法一致。在会计工作中,广泛运用计算机来处理经济业务是会计技术的革命,但这并没有改变会计的基本原理。计算机会计和手工会计一样都要遵循基本的会计理论和方法,都采用复式记账原理。

(3)都要遵守会计和财务制度,以及国家的各项财经法纪,严格贯彻执行会计法规,从措施、技术、制度上堵塞各种可能的漏洞,消除弊端,防止舞弊。

(4)编制会计报表的要求相同。计算机会计和手工会计都要编制会计报表,并且都必须按国家要求编制企业外部报表。

二、计算机会计与手工会计信息系统的不同点

(一) 系统初始化设置工作有差异

手工会计的初始化工作包括建立会计科目、开设总账、登录余额等;会计电算化的初始化设置工作则较为复杂,且带有一定的难度,其内容主要有会计系统的安装、账套的设置、网络用户的权限设置、操作员及权限的设置、软件运行环境的设置、科目级别与位长的设置、会计科目及其代码的建立、最明细科目初始余额的输入、凭证类型设置、自动转账分录定义、会计报表名称、格式、数据来源公式的定义等。

(二) 科目的设置和使用上存在差异

在手工会计中,由于手工核算的限制,明细账大多仅设到三级科目,此外,还需再开设辅助账户以满足管理核算上的需要;科目的设置和使用一般都仅为中文科目。而在会计电算化中,计算机可以处理各种复杂的工作,科目的级数和位长设置因不同的软件而异,有的财务软件科目的级数可设置到6级以上,完全满足了会计明细核算方面的需要;在科目的设置上,除设置中文科目外,还应设置与中文科目一一对应的科目代码。使用科目时,计算机只要求用户输入某一科目代码,而不要求输入该中文科目名称。但在显示或打印时,一般都将中文科目和与之对应的科目代码同时显示。

(三) 账务处理程序上存在差异

手工会计根据企业的生产规模、经营方式和管理形式的不同,采用不同的账务处理程序。常用的账务处理程序有记账凭证账务处理程序、科目汇总表账务处理程序、汇总记账凭证账务处理程序、日记账账务处理程序等,这些方法对业务数据采用了分散收集、分散处理、重复登记的操作方法,通过多人员、多环节进行内部牵制和相互核对,目的是为了简化会计核算的手续,减少舞弊和差错。而在会计电算化中账务处理程序一般要根据程序的设置来确定,常用的是日记账文件账务处理程序和凭证文件账务处理程序。在一个计算机会计系统中,通常只采用其中一种账务处理程序,对数据进行集中收集、统一处理、数据共享。

(四) 账簿格式存在差异

手工会计中,账簿的格式分为订本式、活页式和卡片式三种,并且对库存现金日记账、银行存款日记账和总账必须采用订本式账簿。而在计算机会计系统中,由于受到打印机的条件限制,不太可能打印出订本式账簿,因此,根据《会计电算化工作规范》规定,所有的账页均可按活页式打印后装订成册;总账账页的格式有传统三栏借贷式总账和科目汇总式总账,后者可代替前者;明细账的格式可有三栏式、多栏式、数量金额式等。

三、《会计法》对会计电算化的要求

(一)《会计法》明确了会计责任主体

《中华人民共和国会计法》(简称《会计法》)规定:单位负责人对本单位的会计工作和会计资料的真实性、完整性负责,单位负责人应当保证财务报告真实、完整。这些规定明确了单位会计行为的责任主体是单位负责人,从而明确了会计人员的地位。责任和权利是相对应、相统一的,这就要求单位负责人必须学习会计软件,更多地了解会计信息,精通和支持会计电算化工作,掌握第一手的会计材料,才能指导会计工作进行财务分析,作出合理化的经

营决策。

(二)《会计法》对会计核算规则作了较大的调整和补充

《会计法》规定：使用电子计算机进行会计核算的,其软件及其生成的会计凭证、会计账簿、财务报告和其他会计资料应当符合国家统一的会计制度的规定。《会计法》还规定：使用电子计算机进行会计核算的,其会计账簿的登记、更正,应当符合国家统一会计制度的规定。这些规定对会计电算化工作提出了明确的核算要求。

(三)《会计法》对会计监督赋予了新的含义

会计法扩大了会计监督主体,扩展了会计监督的含义,在法律上构成了由内部监督、社会监督和国家监督"三位一体"的会计监督体系。《会计法》规定：各单位应当建立、健全本单位会计监督制度。对于会计电算化工作来说,就是要限制各财务人员使用财务软件的权限,为此,必须进行合理的分工,达到"相互分离,相互制约"的目的。同时,社会监督和国家监督检查部门的监督也应该尽快适应企业的会计电算化工作,实施监督的注册会计师和国家监督检查部门的工作人员要努力提高自己的计算机操作水平和对各种统一财务软件的熟悉程度,尽可能地实行监督、审计工作电算化。

(四)《会计法》进一步明确了法律主体

《会计法》规定：伪造、变造会计凭证和会计账簿,变造虚假财务报告,构成犯罪的,依法追究刑事责任。会计电算化工作的违法行为有其特殊性,常见的违法行为有不通过财务软件的正常步骤修改财务数据、非法删除会计记录等。一旦查出,应按照《会计法》的规定严肃处理。与此同时,财务部门应协同财务软件开发部门做好财务软件的加密工作。

总之,会计电算化工作由于其特殊性,需要专门的法规来规范其会计行为。随着会计电算化的日益普及,亟待出台更详细的、与《会计法》相配套的相关法规来解决实际操作中出现的新问题。

项目小结

本项目主要介绍了计算机会计的产生、工作内容及从手工会计过渡到计算机会计的意义,指出了计算机会计和手工会计的相同点和不同点。具体列举了《会计法》对会计电算化的要求,即《会计法》明确了责任主体、调整了会计核算规则、赋予了会计监督新的含义、进一步明确了法律主体等内容。随着计算机会计工作的开展和日益普及,亟待出台更详细的、与《会计法》相配套的相关法规来解决实际操作中出现的新问题。

项目考核

一、简答题

1. 简述计算机会计工作的基本内容。
2. 简要分析计算机会计和手工会计的异同。
3. 简述《会计法》对会计电算化的要求。

二、案例分析

张华是一家公司的会计,其公司的会计业务一直是手工处理的。由于公司业务较多,张华的工作量一直较大,每月的工作时间都花在账务处理上,到月底时往往还要加班加点。一天,经理找张华谈话,要求他不仅要处理好公司的账务资料,还要注意财务管理工作,为公司发展出谋划策。张华感到压力很大,因为按目前的工作情况,他根本抽不出时间去从事账务处理以外的工作。一次同学聚会时,张华向好朋友赵瑞道出了自己的苦恼。赵瑞也是一家公司的会计,听完了张华的倾诉,马上说:"你应该建议你们单位实施会计电算化,这样就可以使你从繁重的日常账务处理工作中解脱出来了。"

根据以上材料分析:

1. 什么是会计电算化?
2. 实施会计电算化真的具有如此神奇的功效吗?为什么?